Top im Abi
Abiwissen kompakt

Deutsch

Schroedel

Deutsch

Autoren:

Helmut Lindzus ist Leiter des Zentrums für schulpraktische Lehrerausbildung in Hagen. Auf der Grundlage seiner langjährigen Unterrichtserfahrung hat er bereits zahlreiche Schulbücher und Lernhilfen für die Sekundarstufe II verfasst.

Petra Tonsky-Katzer war mehrere Jahre Fachbetreuerin für Deutsch und unterrichtet das Fach seit 2001 in Abiturkursen des bayerischen Gymnasiums. Gleichzeitig ist sie seit einigen Jahren als Autorin für Prüfungsvorbereitungen aktiv.

© 2014 Bildungshaus Schulbuchverlage
Westermann Schroedel Diesterweg Schöningh Winklers GmbH, Braunschweig
www.schroedel.de

Das Werk und seine Teile sind urheberrechtlich geschützt. Jede Nutzung in anderen als den gesetzlich zugelassenen Fällen bedarf der vorherigen schriftlichen Einwilligung des Verlages. Hinweis zu §52a UrhG: Weder das Werk noch seine Teile dürfen ohne eine solche Einwilligung gescannt und in ein Netzwerk eingestellt werden. Dies gilt auch für Intranets von Schulen und sonstigen Bildungseinrichtungen.
Auf verschiedenen Seiten dieses Buches befinden sich Verweise (Links) auf Internet-Adressen. Haftungshinweis: Trotz sorgfältiger inhaltlicher Kontrolle wird die Haftung für die Inhalte der externen Seiten ausgeschlossen. Für den Inhalt dieser externen Seiten sind ausschließlich deren Betreiber verantwortlich. Sollten Sie bei dem angegebenen Inhalt des Anbieters dieser Seite auf kostenpflichtige, illegale oder anstößige Inhalte treffen, so bedauern wir dies ausdrücklich und bitten Sie, uns umgehend per E-Mail davon in Kenntnis zu setzen, damit beim Nachdruck der Verweis gelöscht wird.

Druck [1] / Jahr 2014

Redaktion: Dr. Christine Steinhoff, Katrin Spiller
Herstellung: Druckreif! Sandra Grünberg, Braunschweig
Umschlaggestaltung: Janssen Kahlert Design & Kommunikation, Hannover
Innenlayout: Janssen Kahlert Design & Kommunikation, Hannover
Satz und Grafik: imprint, Zusmarshausen
Druck und Bindung: westermann druck GmbH, Braunschweig

ISBN 978-3-507-23112-2

Vorwort

Top im Abi Deutsch bietet eine zeitlich ökonomische und dabei gleichzeitig umfassende Vorbereitung sowohl auf die mündliche Prüfung als auch auf die schriftlichen Aufgaben im Abitur. Bei der Zusammenstellung der Haupt- und Teilkapitel wurden die Lernbereiche, Inhalte, Themen und Gegenstände berücksichtigt, die in allen Richtlinien und Lehrplänen der verschiedenen Bundesländer von Bedeutung sind. Sofern einzelne Bundesländer bei der Auswahl von Inhalten bzw. bei der Art der Aufgabenstellung unterschiedliche Schwerpunkte setzen, wird darauf ausdrücklich hingewiesen. Auf jeden Fall sollten Sie sich frühzeitig darüber informieren, welche Vorgaben zu den Abituraufgaben in Ihrem Bundesland gestellt werden. Informationen dazu finden sich auf den Seiten der Schulministerien im Internet.

Verschaffen Sie sich zunächst einen Überblick über das umfangreiche Angebot in **Top im Abi Deutsch**, indem Sie das Inhaltsverzeichnis genau studieren. Blättern Sie im Stichwortverzeichnis am Ende des Buchs und verfolgen Sie einige von Ihnen ausgewählte Begriffe, um Aufbau und Inhalt der einzelnen Teilkapitel kennenzulernen.

Eine zielgerichtete und zügige Vorbereitung legt nahe, die Kapitel des Buches nicht chronologisch durchzuarbeiten, sondern eine individuelle Auswahl zu treffen. Sie sollten sich also zunächst vor allem mit dem Stoff auseinandersetzen, der Ihnen noch nicht so vertraut ist bzw. mit dem Sie noch Probleme haben.

Passend zum Buch gibt es eine App mit interaktiven Multiple-Choice-Aufgaben. Diese App ermöglicht es Ihnen, alle wichtigen Themenbereiche aus dem Buch aktiv zu trainieren. Sie erhalten die App, indem Sie im jeweiligen App-Store „Top im Abi" eingeben und sich die kostenlose Mantel-App herunterladen. Mithilfe des Codes d e 4 – 7 f x können Sie dann innerhalb der App die Aufgaben für das Fach Deutsch freischalten.

Wir wünschen Ihnen schon an dieser Stelle viel Erfolg beim Abitur!

Inhalt

Vorwort	**3**

1	**Literaturgeschichte**	**6**
1.1	Der Begriff „Literatur"	6
1.2	Die Einteilung der Literatur in Epochen	10
1.3	Mittelalter und Renaissance	14
1.4	Barock	17
1.5	Das 18. Jahrhundert	22
1.6	Das 19. Jahrhundert	52
1.7	Das 20. Jahrhundert	72
1.8	Das 21. Jahrhundert	86

2	**Reflexion über Sprache**	**93**
2.1	Zeichen und Kommunikation	93
2.2	Sprachgeschichte – Sprachvarietäten	97
2.3	Sprache – Denken – Wirklichkeit	103
2.4	Einfluss der Medien auf die Sprache	110

3	**Analysieren – Interpretieren**	**117**
3.1	Grundprinzipien und Begrifflichkeit	117
3.2	Vorgehensweise bei der Interpretation poetischer Texte im Abitur	120
3.3	Interpretation von lyrischen Texten	137
3.4	Interpretation von epischen Texten	146
3.5	Interpretation von dramatischen Texten	155
3.6	Analyse von Sachtexten	172
3.7	Klassische Rhetorik – ein kurzer Abriss	182

4	**Erörtern – Argumentieren**	**196**
4.1	Grundprinzipien der Erörterung	196
4.2	Erörtern im Anschluss an literarische Texte	209
4.3	Erörtern und Argumentieren im Anschluss an Sachtexte	211

Stichwortverzeichnis **216**

Literaturverzeichnis **223**

1 Literaturgeschichte

Die Geschichte der Literatur in deutscher Sprache umfasst einen Zeitraum von gut 1250 Jahren. Eine gewisse Übersicht und Orientierung sind erforderlich und sehr hilfreich, um ältere Texte besser verstehen zu können, aber auch um ein Verständnis für die Literatur der Gegenwart entwickeln zu können. Denn jeder literarische Text, der heute geschrieben wird, setzt diese lange Geschichte fort, unabhängig davon, ob Traditionen aufgegriffen werden oder eine bewusste Abgrenzung stattfindet.

1.1 Der Begriff „Literatur"

Beschäftigt man sich mit der deutschen Literaturgeschichte – also der Geschichte der deutschsprachigen Literatur –, ist zunächst zu klären, was genau mit dem Begriff „Literatur" gemeint ist. Denn in einer ganz allgemeinen, umfassenden Bedeutung bezeichnet der Begriff alles, was geschrieben ist. Man spricht dann von **Literatur im weiteren Sinn**. Literaturgeschichte – so wie sie seit Mitte des 18. Jahrhunderts verstanden wird – trifft aber aus diesem breiten Spektrum eine Auswahl. Sie befasst sich mit künstlerisch gestalteten Werken (oder der „hohen" bzw. „anspruchsvollen" Literatur). Ihr Gegenstand ist die **Literatur im engeren Sinn**.

Da zu keinem Zeitpunkt völlig unumstritten war, was ein künstlerisches Werk ist und was nicht, soll im Folgenden zunächst kurz erläutert werden, wie sich die Maßstäbe dieser Beurteilung entwickelt haben und welche Definition heute im Allgemeinen zur Abgrenzung der Literatur im engeren Sinn von der im weiteren Sinn verwendet wird.

Um Literatur im weiteren Sinn handelt es sich bei allem Geschriebenen, wenn man von der ursprünglichen Wortbedeutung (lat. *litteratura* = Buchstabenschrift) ausgeht. In der Praxis erwies sich ein so weit gefasster Literaturbegriff als nicht praktikabel. Lange Zeit wurde daher der Begriff Literatur synonym zu **großer und hoher Dichtung** verwendet.

Problematisch an einer derartigen Eingrenzung allerdings ist, dass die Bestimmung, welcher Text zur großen und hohen Dichtung gehört, auf eher subjektiven und zeitgeschichtlich sich wandelnden Werturteilen beruht. Die Geschichte belegt dies, da es sowohl Texte und Dichter gegeben hat, die in ihrer Zeit hoch geschätzt wurden und die man später mehr oder weniger vergessen hat, als auch genau umgekehrte Fälle. Seit jeher bemühte man sich, allgemeingültige Kriterien für eine Bewertung von Literatur zu finden, wobei im Verlauf der Geschichte dabei sehr unterschiedliche Akzente gesetzt wurden, die häufig in sogenannten „Poetiken" (Lehre von der Dichtkunst) der jeweiligen Zeit deutlich werden.

Bis weit ins 18. Jahrhundert berief man sich auf die Poetik des **Aristoteles** (384–322 v. Chr.). Im Mittelpunkt der deutschen Poetiken, die seit dem Barock (**Martin Opitz**, 1597–1639: *Buch von der deutschen Poeterey*, 1624) bis in die erste Hälfte der Aufklärung hinein (**Johann Christoph Gottsched**, 1700–1766: *Versuch einer kritischen Dichtkunst für die Deutschen*, 1730) verfasst wurden, stand das dichterische Werk. In normativsystematischer Art und Weise befasste man sich mit dem Wesen der Dichtkunst (Mimesis, d.h. Nachahmung der Natur), ihren wesentlichen Strukturelementen, den Gattungen und Typen sowie vor allem auch mit den lehr- und lernbaren Mitteln der Literatur und deren Wirkung (Katharsis).

Diese normativen Poetiken nannte man auch Regelpoetiken, da der Schreibende ihnen entnehmen konnte, was ein gutes Gedicht, einen guten Roman oder ein gutes Drama ausmacht. Es ist vor allem **Gotthold Ephraim Lessing** (1729–1781), einem der bedeutendsten Vertreter der → Aufklärung (ca. 1720–1785) zu verdanken, dass die für Autor und Leser daraus resultierenden starren Bewertungsmaßstäbe zunehmend gelöst wurden, indem der Schaffensprozess stärker mit einbezogen wurde. In seinen bekannten Schriften *Laokoon* (1766) und *Hamburgische Dramaturgie* (1767–1769) stellte Lessing neben die Normen der Regelpoetiken seiner Zeit die Subjektivität des Dichters, der seine eigenen Normen schafft. Die wesentliche Funktion der Literatur sei es, den Leser oder das Publikum zu unterhalten und ihm zu nützen (Horaz: *prodesse et delectare*).

Seit der Epoche des → Sturm und Drang (1767–1785), die man auch als Geniezeit bezeichnet, standen der Autor und der individuelle Schaffensprozess im Mittelpunkt der Poetiken. Die Vertreter der → Romantik (1798–1835) betonten sogar die absolute Freiheit des Dichters, sodass eine Vermischung der Gattungen und Stile möglich war und das Fantastische und Wunderbare verstärkt Einzug in die Literatur hielt.

Seit Mitte des 19. Jahrhunderts übernahm die Literaturwissenschaft die Aufgaben der Poetik. Es kam nicht mehr zu umfassenden und zusammenhängenden Poetiken, sondern es wurden Einzelthemen mit unterschiedlicher Akzentuierung (z.B. die Herleitung des Poetischen aus der Zeichentheorie oder die Verbindung der Literaturwissenschaft mit der Linguistik) behandelt.

Zunehmend gewann dabei die gesellschaftliche Funktion von Literatur an Bedeutung, und man befasste sich in besonderem Maße mit dem Leser und dem Rezeptionsprozess. Im Mittelpunkt standen die Fragen nach den gesellschaftlichen Bedingungen von Literatur und deren Wirkung. Im Hinblick auf die literarische Wertung bedeutete dies – provokant formuliert –, dass die Qualität eines literarischen Werkes daran gemessen wurde, in welchem Umfang es gelesen wurde bzw. welchen gesellschaftlichen Einfluss es besaß.

Diese Veränderungen wirkten sich unmittelbar auch auf die Literaturdidaktik (Wissenschaft von den Zielen, Inhalten und Methoden des Deutschunterrichts) aus, die in der Schule zur Favorisierung unterschiedlicher Interpretationsmethoden führte. Während lange Zeit fast ausschließlich die am Werk orientierte (werkimmanente) Interpretation gefordert wurde, erwartet man heute, dass darüber hinaus auch die Bedingungen der Entstehungssituation (Biografie, historischer Hintergrund usw.), die gesellschaftliche Rezeption des Werkes sowie die eigene Erstrezeption des Interpretierenden (erstes Textverständnis) einbezogen werden, soweit dies durch den Unterricht und entsprechende Vorkenntnisse möglich ist (→ Teilkapitel „Analysieren – Erschließen").

> **Abi-Tipp: Interpretationsmethoden**
> Lassen Sie in Ihrer Analyse, Erschließung bzw. Interpretation deutlich werden, auf welcher Grundlage die Auseinandersetzung mit einem Text stattfindet. Vermeiden Sie reine Spekulationen, wenn Sie nicht über die entsprechenden Hintergrundinformationen verfügen. Die Zuordnung eines Textes zu einer literarischen Epoche z. B. verlangt eine Begründung, die eventuell auch Alternativen berücksichtigt.

Mit Blick auf eine Systematisierung und die Möglichkeit der Klassifizierung bezeichnet man als Literatur im engeren Sinn **künstlerisch gestaltete und zweckfreie Texte**, in denen Erfundenes und Erdachtes in meist geschriebener Sprache festgehalten wird. Daher unterscheidet man zwischen fiktionaler (Literatur im engeren Sinn) und nichtfiktionaler Literatur bzw. →Sachtexten. Die Grenzen sind dabei fließend, wie sich z. B. an der Textsorte Essay zeigen lässt. Der Essay setzt sich einerseits in argumentativer Form mit zeitgenössischen Themen auseinander und weist damit Parallelen zu den nichtfiktionalen Textsorten Bericht und Kommentar auf. Andererseits entfaltet er aber die Gedankengänge eher dadurch, dass er sich dem Kerngedanken von verschiedenen Seiten her annähert – unter Einbeziehung literarischer Mittel, die auf eine Nähe zur fiktionalen Literatur deuten.

> **Definition von „Literatur"** `Merke`
> → Literatur im weiteren Sinn: Alles Geschriebene im Sinne der Wortbedeutung von Literatur (lat. litteratura = Buchstabenschrift)
> → Literatur im engeren Sinn: Künstlerisch gestaltete und zweckfreie Texte, die Erdachtes in geschriebener Sprache festhalten

1.2 Die Einteilung der Literatur in Epochen

Im Folgenden werden die wichtigen Epochen der deutschen Literaturgeschichte vorgestellt. Die Zusammenstellung erhebt keinen Anspruch auf Vollständigkeit, sondern setzt deutliche Schwerpunkte. So werden vor allem diejenigen literarischen Epochen ausführlicher besprochen, die besonders bedeutsame Stationen in der Geschichte der deutschen Literatur repräsentieren und wichtig sind für eine Groborientierung sowie das grundsätzliche Verständnis von Literaturgeschichte. Dazu gehören vor allem jene Zeiträume, in denen sich entscheidende **Epochenumbrüche** vollzogen, wie zum Beispiel beim Übergang vom 18. zum 19. Jahrhundert (→ Sturm und Drang → Klassik → Romantik) sowie vom 19. zum 20. Jahrhundert (→ Naturalismus → Expressionismus). Um ein Verständnis für die Entstehung und den Verlauf literarischer Epochen zu erhalten, sind diese Schnittstellen sehr gut geeignet, da in der unmittelbaren Gegenüberstellung formale und inhaltliche Unterschiede sowie deren historisch-gesellschaftliche Bedingtheit augenfällig werden. Im Gegensatz dazu werden die frühen Epochen der deutschen Literatur (Mittelalter 750–1470, Renaissance, Humanismus, Reformation 1470–1600 und Barock 1600–1720) in der Darstellung stärker komprimiert, da sie eher selten zu den inhaltlichen Schwerpunkten im Zentralabitur gehören.

Da literaturgeschichtliche Epochen in einem engen Bezug zur Zeitgeschichte stehen und erst vor diesem Hintergrund wirklich verständlich und nachvollziehbar werden, sind den einzelnen Teilkapiteln tabellarische Übersichten zu den wichtigsten historischen Ereignissen beigefügt. Entsprechende Zusammenhänge, die mit der Nennung einer Jahreszahl zu verbinden sind, werden unter den Überschriften „Historisch-gesellschaftlicher Hintergrund" bzw. „Geistig-kultureller Hintergrund" ausführlicher erläutert.

Vergleicht man Übersichten zu den Epochen der deutschen Literatur, wird man unter Umständen etwas irritiert feststellen, dass z. B. die zeitliche Eingrenzung der Epochen sowie manchmal auch ihre Benennung nicht immer einheitlich sind. Ursache dafür ist unter anderem, dass die Zuordnung von Literatur vor dem Hintergrund gemeinsamer Merkmale nicht immer ganz unproblematisch ist. Nur in seltenen Fällen haben

1.2 Die Einteilung der Literatur in Epochen

sich die Dichter selbst einer bestimmten Zeitströmung zugeordnet und/ oder – wie z. B. im → Sturm und Drang – der Epoche auch selbst den Namen gegeben. Im Allgemeinen ist die Beschreibung und Beurteilung der Literaturgeschichte in starkem Maße geprägt durch weltanschauliche Überzeugungen und theoretische Vorentscheidungen, und die Epochenzuweisung erfolgt im Rückblick auf eine bereits vergangene Zeit und birgt eine gewisse Willkür. Die zeitlichen Grenzen – sofern nicht markante Ereignisse dafür verantwortlich sind – müssen eher fließend aufgefasst werden, und nicht jedes Werk bzw. jeder Dichter lässt sich in das so entstehende Raster einordnen.

Johann Wolfgang von Goethes (1749 – 1832) *Faust*, dessen Entstehungszeit – ausgehend von den ersten Skizzen bis zum Abschluss des zweiten Teils – sich von 1775 bis 1831 erstreckt, lässt sich z. B. – zeitlich, aber auch formal und inhaltlich – drei verschiedenen literarischen Epochen zuordnen: → Sturm und Drang (1767 – 1785), → Klassik (1786 – 1832) und → Romantik (1798 – 1835), siehe dazu auch Seite 44.

Aber auch die Zuordnung einzelner Autoren zu einer bestimmten literarischen Epoche hat nicht immer zum Konsens geführt. Nach wie vor umstritten ist z. B., ob man den österreichischen Schriftsteller Franz Kafka (1883 – 1924), der die längste Zeit seines Lebens in Prag lebte, der literarischen Epoche des → Expressionismus (1910 – 1925) zurechnen kann oder nicht, zumal Kafka selbst der Bewegung „Lärm und Wortgewimmel" vorwarf.

Daher muss jede zeitliche Begrenzung einer Epoche und deren Bezeichnung sowie die Zuordnung einzelner Dichter bzw. Werke zu einer Epoche als eine zwar durchaus begründete, aber dennoch individuelle Setzung aufgefasst werden. Trotz dieser hier angedeuteten Vorbehalte und Einschränkungen stellt eine solche Einteilung des literarischen Schaffens im Verlauf der Geschichte ein wichtiges Hilfsmittel dar, um sich selbst zu orientieren bzw. sich mit anderen über Literatur verständigen zu können. Daher wird – in Ergänzung zu der Zeitleiste im Buchumschlag – auf den nächsten Seiten ein grober Überblick über zentrale literaturgeschichtliche Entwicklungen gegeben.

1 Literaturgeschichte

750				
...	**750 bis 1000** althochdeutsche Literatur			
1000				
...	**1000 bis 1500** mittelhochdeutsche Literatur			
1500				
1550	**1500 bis 1600** frühneuhoch-deutsche Literatur			
1600				
1650	**1600 bis 1720** Barock			
1700				
1750	**1720 – 1785** Aufklärung	**1740 bis 1780** Empfindsamkeit		
			1767 bis 1785 Sturm und Drang	
1800	**1786 bis 1832** Klassik	**1798 bis 1835** Romantik		
			1820 bis 1850 Biedermeier	**1830 bis 1850** Junges Deutschland und Vormärz
1850	**1850 bis 1890** Realismus			
		1880 bis 1900 Naturalismus		
1900			**1890 bis 1920** Gegenströmungen zum Naturalismus	**1910 bis 1925** Expressionismus
	1920 bis 1933 Neue Sachlichkeit	**1933 bis 1945** Exilliteratur	Literatur des Dritten Reichs	
1950				
			1945 bis ca. 1965 Nachkriegsliteratur	
1960				

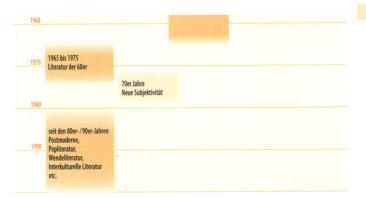

Namen der literarischen Epochen **Merke**

Die Namen der literarischen Epochen haben unterschiedliche Herkunft und sind auch verschieden gebildet. Teilweise
- → verweisen sie auf ein zentrales literarisch-gesellschaftliches Anliegen (z. B. Aufklärung),
- → beschreiben sie die Haltung ihrer Dichter (z. B. Sturm und Drang),
- → kennzeichnen sie schlagwortartig das künstlerische Programm (z. B. Expressionismus).

Um sich die Vielzahl der Epochen besser merken zu können, empfiehlt es sich, Eselsbrücken zu bilden, z. B. Sturm und Drang mit „Stürmern und Drängern" oder den „starken Kerlen" zu verbinden.

1.3 Mittelalter und Renaissance

Mittelalter (750 – 1470)

Die deutschsprachige Literatur des Mittelalters wird in drei Zeitabschnitte unterteilt. Diese Einteilung orientiert sich an der Geschichte und beschreibt zudem entscheidende Entwicklungsschritte der deutschen Sprache auf dem Weg zum heutigen Deutsch (→ Seite 100):

Zeittafel	
ca. 750 bis 1000	Frühes Mittelalter/althochdeutsche Literatur
ca. 1000 bis 1270	Hohes Mittelalter/mittelhochdeutsche Literatur
ca. 1270 bis 1470	Spätes Mittelalter/frühneuhochdeutsche Literatur

Überblick: Mittelalter	
Name	orientiert an der historischen Zeiteinteilung
Wichtige Ereignisse	→ ab 700 Ausbreitung des Christentums → 768 – 814 Herrschaft Karls des Großen → 1096 – 1099 Erster Kreuzzug → 1152 – 1190 Kaiser Friedrich I. (Stauferzeit) → um 1350 Pest in Europa → 1356 Goldene Bulle → 1452 Gutenbergs Bibeldruck → 1492 Kolumbus entdeckt Amerika → 1514 Entwicklung des heliozentrischen Weltbildes → 1517 Martin Luthers 95 Thesen → 1524/1525 Bauernaufstände
Gesellschaft	feudalistische, ständisch gegliederte Gesellschafts- und Wirtschaftsordnung zunächst Klöster als Kulturträger, dann vor allem auch das Rittertum
Weltbild	stark geprägt durch den christlichen Glauben und das Bemühen, Gott und der Welt zu gefallen
Literarische Gattungen	→ Höfische Dichtung prägend (Höfischer Roman, Höfischer Minnesang, Tagelied) → Helden- und Artusepik → Heldenlieder/ Stabreimdichtung → Minnelyrik → politische Lyrik

1.3 Mittelalter und Renaissance

Überblick: Mittelalter	
Literarische Werke	→ Hildebrandslied (um 810)
	→ Nibelungenlied (um 1200)
	→ Hartmann von Aue (1168–1220): *Gregorius, Der arme Heinrich*
	→ Wolfram von Eschenbach (um 1170–1220): *Parzival*
	→ Walther von der Vogelweide (um 1170–1228): Minnelyrik, politische Lyrik

Historisch-gesellschaftlicher Hintergrund

Der historische Begriff „Mittelalter" bezeichnet in der europäischen Geschichte die Zeit zwischen der Antike und der Neuzeit, wobei es in Bezug auf den Anfang und das Ende keine genaue zeitliche Festlegung gibt. Mit Beginn des frühen Mittelalters wurde die politische und kulturelle Vorherrschaft des griechischen und römischen Mittelmeerraums abgelöst durch die Entstehung **christlich orientierter Feudalstaaten**, die in der Regel durch eine ständische Gesellschaftsordnung geprägt waren. Eine sehr starke Ausrichtung am christlichen Glauben bestimmte das Welt- und Menschenbild, die Kunst, die Literatur und die Wissenschaft. Als Sprache der Kultur und Bildung war das Lateinische zunächst noch absolut dominant.

Geistig-kultureller Hintergrund

Die sehr deutliche **Orientierung am christlichen Glauben** bestimmte alle Bereiche des menschlichen Lebens im gesamten Mittelalter. Das zunächst als Spannung erfahrene Verhältnis zwischen Gott und der Welt führte im frühen Mittelalter zu einer verstärkten **Hinwendung zum Jenseits**. Demgegenüber fand in der höfischen Kultur des Hochmittelalters eine stärkere **Konzentration auf das Diesseits** statt, wobei allerdings die zentrale Aufgabe des Menschen vor allem darin gesehen wurde, Gott und den Menschen zu gefallen (treibendes Moment z.B. im *Parzival* Wolframs von Eschenbach). Das späte Mittelalter – als Wende zur Neuzeit – brachte zahlreiche Entdeckungen in den Wissenschaften hervor, die von nachhaltiger Bedeutung und Wirkung für das geistig-kulturelle Leben der Zeit waren. Besonders hervorzuheben ist dabei die Veränderung zum **heliozentrischen Weltbild** (Kopernikus, Galilei).

Kunst und Literatur

Vor dem Hintergrund der Christianisierung Europas standen insbesondere in der Literatur des frühen Mittelalters **christliche Themen und Motive** im Mittelpunkt, zumal die kulturelle Entwicklung in erster Linie von den Klöstern als Zentren der Bildung ausging. In der idealisierenden und eher wirklichkeitsfernen höfischen Literatur des Hochmittelalters sind die Protagonisten der Helden- und Artusepik Vertreter der feudalen Führungsschicht, wodurch eine stärker **weltliche Ausrichtung** der Stoffe stattfand. Nach dem Niedergang des Rittertums und damit der höfischen Dichtung orientierte sich die Literatur des späten Mittelalters stärker an **Realität und Rationalität**, sodass lehrhaft-didaktische Gattungen an Bedeutung gewannen.

Renaissance (1470–1600)

Überblick: Renaissance	
Name	Übernahme des Begriffs aus der Kunst- und Kulturgeschichte, erste Erwähnung 1550 in Italien
Wichtige Ereignisse	→ 1453 Eroberung Konstantinopels durch die Türken → 1492 Kolumbus entdeckt Amerika → 1514 Entwicklung des heliozentrischen Weltbildes → 1517 Martin Luthers 95 Thesen
Gesellschaft	feudalistische Gesellschafts- und Wirtschaftsordnung
Weltbild	Übergang vom Mittelalter zur Neuzeit: Reformation und Humanismus
Literarische Gattungen	→ Romane (meist Übersetzungen aus dem Italienischen) → humanistische Schuldramen und an antiken Vorbildern orientierte Lyrik in lateinischer Sprache
Literarische Werke	→ Brant: *Das Narrenschiff* (1494) → Bote: *Thyl Ulenspiegel* (ca. 1510/1511) → *Historia von D. Johann Fausten* (1587, anonym)

Die mit dem Begriff **Renaissance** (ital. *rinascita* oder *rinascimento* = Wiedergeburt) bezeichnete kultur- und literaturgeschichtliche Epoche, die von Italien ausging, markierte den Übergang vom Mittelalter zur Neuzeit. Kennzeichnend war die Rückbesinnung auf die philosophischen, künstlerischen und literarischen Vorbilder der griechischen und römischen Antike.

Auslösende Momente waren historisch bedeutsame Ereignisse: 1453 die Eroberung Konstantinopels durch die Türken und die Flucht zahlreicher griechischer Gelehrter nach Italien, die Entdeckung Amerikas durch Kolumbus 1492 und der Beginn der **Reformation** in Deutschland (1517). Religiöse Ideen erreichten in der Reformationsbewegung ihren Höhepunkt, während weltliche Ideen im **Humanismus** ihren stärksten Ausdruck fanden.

Die Entwicklung der neuhochdeutschen Sprache und damit auch die weitere Ausprägung einer deutschen Literatur wurden dadurch verzögert, dass Dichtung im Wesentlichen in lateinischer Sprache (Neulatein) verfasst wurde. Im Zentrum dieser Dichtung standen weniger ästhetische Aspekte als heftig geführte religiöse Diskurse oder pädagogisch-didaktische Inhalte. Neben diesen beiden Hauptströmungen in der Literatur gab es in der Renaissance volkstümliche, teilweise recht derbe Dichtung in deutscher Sprache.

1.4 Barock

Überblick: Barock		
Name	abgeleitet vom portugiesischen „barucco" (schiefrunde Perle), ursprünglich im abwertenden Sinne von „überladen", „Schwulst", zunächst Stilbegriff in der bildenden Kunst und Musik, erst im 20. Jahrhundert auf Literatur übertragen und als Epochenbegriff verwendet	
Wichtige Ereignisse	→ 1517	Luthers Thesenanschlag: Beginn des Gegensatzes zwischen katholischen und protestantischen Staaten in Deutschland
	→ 1618–1648	Dreißigjähriger Krieg
	→ 1643–1715	Ludwig XIV.: frz. Absolutismus
	→ 1701	Brandenburg-Preußen Königreich
Gesellschaftliche Ordnung	→ viele Fürstentümer und Kleinstaaten → Ständegesellschaft	
Menschen- und Weltbild	→ Vorstellung einer göttlichen Ordnung prägt Denken und Bewusstsein: irdisches Leben als Spiegelbild der göttlichen Heilsordnung → dualistisches Weltbild: Diesseits = Jammertal, Jenseits = Paradies	

Überblick: Barock	
Literarische Gattungen und Motive	→ Lyrik von prägender Bedeutung (Sonette und Oden mit geistlichen und weltlichen Themen) → zentrale Lyrikmotive: vanitas (Eitelkeit, Nichtigkeit, Vergänglichkeit), memento mori (gedenke des Todes), carpe diem (nutze den Tag) → Schelmenroman → Regelpoetik „Buch von der Deutschen Poeterey" (1624) des Dichters Martin Opitz begründet die Entstehung einer neuen hochdeutschen Dichtkunst → Emblem (Zusammensetzung aus Bild und Text) als eigene Kunstform
Wichtige Literatur	→ geistliche und weltliche Sonette von Simon Dach, Paul Fleming, Andreas Gryphius (z.B. „Thränen des Vaterlandes, 1636), Catharina Regina von Greiffenberg, Christian Hofmann von Hoffmannswaldau (z.B. „Vergänglichkeit der Schönheit", 1695) und Paul Gerhardt → Epigramme von Friedrich v. Logau → Schelmenroman *Der Abentheurliche Simplicissimus Teutsch* (1669) von Hans Jakob Christoffel von Grimmelshausen

Historisch-gesellschaftlicher Hintergrund

Politisch war das Zeitalter des Barock vor allem durch den **Dreißigjährigen Krieg** (1618 – 1648) geprägt. Auslöser und treibendes Element für die immer wieder in ganz Europa aufflammenden kriegerischen Auseinandersetzungen waren die Verteilung der Macht in Europa (habsburgische Dynastie vs. Frankreich, Niederlande, Dänemark und Schweden) sowie die Konflikte zwischen der Katholischen Liga und der Protestantischen Union (Religionskriege), die seit Beginn der Reformation durch Luthers Thesenanschlag 1517 zunahmen.

Neben den unmittelbaren Folgen der Kriegshandlungen litten die Menschen unter großen Hungersnöten und Seuchen, sodass in Deutschland teilweise ganze Landstriche entvölkert wurden. Beendet wurde der Dreißigjährige Krieg durch den am 24. Oktober 1648 geschlossenen **Westfälischen Frieden**. Aber es dauerte fast hundert Jahre bis einige Gebiete in Deutschland sich von den wirtschaftlichen und sozialen Verwüstungen erholten, die der Krieg dort angerichtet hatte.

| | **1.4 Barock** | 19 |

> **Gesellschaftliche Situation im Barockzeitalter** · Merke · 1
>
> → Flickenteppich deutscher Fürstentümer und Kleinstaaten
> → Ausbildung des monarchischen Absolutismus nach frz. Vorbild; Ständegesellschaft: Adel, Geistlichkeit, Bürger und Bauern
> → Fortbestand der geburtsständigen Ordnung des Mittelalters
> → keine allgemeine Bildung breiter Bevölkerungsschichten, Auslandsstudium adliger Männer als Zeichen privilegierter Bildung
> → Verbesserung der Chancen für gewerbetreibende Bürger durch das neue Wirtschaftssystem des Merkantilismus
> → Einfluss katholischer Jesuiten (Gegenreformation)

Geistig-kultureller Hintergrund

Das Barockzeitalter wird häufig auch als ein Zeitalter der Widersprüche bezeichnet. Den Gräueln der Glaubenskriege (z. B. Inquisition und Hexenverbrennungen), die sich als Konsequenzen aus der einsetzenden Gegenreformation ergaben, standen bedeutende Entdeckungen in der Mathematik und Naturwissenschaft gegenüber. Fehlende Bildung und wirtschaftliches Elend breiter Bevölkerungsschichten standen im direkten Kontrast zur prunkvollen absolutistischen Hofkultur nach französischem Vorbild (Ludwig XIV.).

Eine stark religiös begründete Ordnung prägte das Welt- und Menschenbild in der Zeit des Barock. Die irdische Ordnung wurde als Spiegelbild der göttlichen Heilsordnung aufgefasst (Einheit von Gott und Welt). Die Leiden der Menschen ebenso wie die sozialen Ungerechtigkeiten (feudalistische und absolutistische Herrschaftsformen) wurden als Wesensmerkmale des Irdischen und von Gott gegeben aufgefasst. Demgegenüber stand die Aussicht auf ein besseres Jenseits. Dieses **dualistische Weltbild** (Diesseits = Jammertal/Jenseits = göttliches Paradies) bestimmte das zwischen zwei gegensätzlichen Polen schwingende Lebensgefühl der Menschen. Einerseits herrschte das Bewusstsein vor, dass das menschliche Leben und alles Irdische vergänglich sind (**vanitas** = Vergänglichkeit, Eitelkeit), sodass irdisches Streben vergeblich und sinnlos erschien und nur die Hinwendung zum Jenseits und zu Gott dem Leben Sinn gab (**memento mori!** = denke daran, dass du sterben musst!).

Andererseits schürten Ängste und Not, die sich aus den politischen und gesellschaftlichen Konflikten der Zeit ergaben, den Wunsch danach, das Leben durch das Ausleben von Sinnesfreuden und die Präsentation materiellen Reichtums gemäß dem Motto **carpe diem!** (Nutze und genieße den Tag!) zu genießen. Erst durch die beginnende Aufklärung (→ Seite 22) löste sich dieses dualistische Weltbild allmählich auf: Die Einsicht in die Bedeutung der menschlichen Vernunft löste den bis dahin mit absoluter Gültigkeit herrschenden Glauben an den Wahrheitsgehalt der göttlichen Offenbarung ab.

Kunst und Literatur

Der Begriff „Barock" bezeichnet in der Kunst die Zeit zwischen der Renaissance und dem Klassizismus (ca. 1575–1770), wobei in der Kunstgeschichte zwischen Frühbarock (1600–1650), Hochbarock (1650–1720) und Spätbarock bzw. Rokoko (1720–1770) unterschieden wird. Als Kunstform des Absolutismus und der Gegenreformation zeichnete sich der barocke Stil durch eine Mischung verschiedener Stilrichtungen aus, die in einer üppigen **Prachtentfaltung** (kostbare und verspielte Verzierungen) zum Ausdruck kam. In Deutschland wurde dieser Stil von vielen als überladen und schwülstig kritisiert.

Der kunstgeschichtliche Stilbegriff „Barock" wurde im 20. Jahrhundert auch auf die Literatur übertragen und in der Literaturgeschichte seitdem als literarischer Epochenbegriff verwendet. Die Literatur des Barock war geprägt von den Widersprüchlichkeiten der Lebensumstände der Zeit: der Spannung zwischen Lebenslust und Todesangst (siehe oben: dualistisches Weltbild) sowie dem Konflikt zwischen der höfischen Kultur des Mittelalters und dem aufkommenden bürgerlichen Standesbewusstsein. Diese Spannungen spiegelten sich in den Gegensätzlichkeiten zwischen Stil und Stoff wider, die sich häufig in einer überladenen und gespreizt wirkenden Darstellungsweise äußerten. Obwohl die Dichter zunehmend ihre eigenen Wege suchten, standen sie unter starkem Einfluss der zeitgenössischen Literatur aus Frankreich, Italien und vor allem Spanien. Nach den spanischen Vorbildern entstanden in der deutschen Barockliteratur Ritter-, Abenteuer- und Schelmenromane, deren bekanntestes Beispiel *Der Abentheurliche Simplicissimus Teutsch* von **Hans Jakob**

Christoffel von Grimmelshausen aus dem Jahr 1669 ist. Der deutsche Dichter **Martin Opitz** (1597–1639) veröffentlichte 1624 sein Hauptwerk *Buch von der Deutschen Poeterey*. In dieser Regelpoetik, die über die Epoche hinaus erheblichen Einfluss auf die Gestaltung der deutschen Literatur ausübte, beschreibt Opitz Regeln und Grundsätze einer neu zu begründenden hochdeutschen Dichtkunst, die sich nicht mehr streng an den antiken Vorbildern orientieren sollte. Diese **Hinwendung zum Deutschen** drückte sich auch in dem Stellenwert aus, den die deutsche Sprache zunehmend gewann. Die seit dem Mittelalter vorherrschende Dominanz des Lateinischen führte im Verlauf der Epoche zur Gründung von Sprachgesellschaften, die sich die Pflege und Reinigung der deutschen Sprache zum Ziel setzten (→ Seite 101).

Gattungen

Die Widersprüchlichkeiten im Lebensgefühl und in der gesellschaftlichen Ordnung äußerten sich auch in der Lyrik, der Gattung, die für die literarische Epoche prägend war. In den bevorzugten lyrischen Formen des **Sonetts** und der **Ode** wurden sowohl geistliche (mystische Religiosität) als auch weltliche (Anakreontik) Themen und Motive angesprochen. *Vanitas*, *memento mori* und *carpe diem* waren bedeutsame Lyrikmotive der Zeit. Aus der beliebten Zusammensetzung aus Bild und Text entstand das **Emblem** als eigene Kunstform.

> **Barock**   Merke
> → Auswirkungen des Dreißigjährigen Krieges (1618–1648)
> → Vorstellung einer göttlichen Ordnung
> → dualistisches Weltbild
> → Leitmotive: *memento mori*, *vanitas* und *carpe diem*
> → Lyrik (Sonette und Oden) prägende Gattung
> → Regelpoetik des Dichters Martin Opitz (1624)
> → Sprachgesellschaften/Pflege der deutschen Sprache

1.5 Das 18. Jahrhundert

Betrachtet man den Überblick zum Verlauf der literarischen Epochen in Deutschland (→ Seite 12f. sowie im ausklappbaren Buchumschlag), fällt auf, dass sich mit Beginn des 18. Jahrhunderts verschiedene literarische Strömungen entwickeln, sodass mehrere Epochen in dieses Jahrhundert fallen – zumindest teilweise – und dass manche zeitweise auch parallel verlaufen. Zu diesen Epochen gehören die → Aufklärung (1720–1785), die Empfindsamkeit (1740–1780) und der → Sturm und Drang (1767–1785). Auch die → Klassik (1786–1832) und die → Romantik (1798–1835) haben zumindest noch ihre Anfänge und damit ihre Wurzeln in diesem Jahrhundert.

Bedeutsame historisch-gesellschaftliche Veränderungen, der geistige Aufbruch in größere Autonomie und Freiheit durch die beginnende Lösung von Kirche und Traditionen sowie eine zunehmende Literaturproduktion und eine Verbesserung der Verbreitung literarischer Werke waren die Ursachen für das vermehrte Entstehen verschiedener literarischer Strömungen. Diese Strömungen befehdeten sich mitunter gegenseitig, aber sie waren alle von einer Zielrichtung getragen: dem Aufbruch in die bürgerliche Gesellschaft. Diese Bewegung begann mit der Verbreitung der überwiegend rationalistischen Ideen der Aufklärung, fand in den Schriften des Sturm und Drang eine Verstärkung durch starke Emotionen und wurde in der Klassik, Romantik und im Vormärz auf sehr unterschiedliche Art und Weise fortgesetzt.

Aufklärung (1720–1785)

Überblick: Aufklärung	
Geisteshaltung	**Rationalismus** Welterklärung durch Vernunft Philosophie ohne Religion und Tradition Naturwissenschaft als mechanistische Welterklärung
Religion	**Deismus:** Gott ist der Schöpfer der Welt, ohne Einfluss auf den jetzigen Ablauf der Geschichte. (Uhrmacher-Gott) **Pietismus:** individuelle Gotteserfahrung ohne kirchliche Institutionen

1.5 Das 18. Jahrhundert   23

Überblick: Aufklärung	
Literatur	**Didaktische Literatur**
	→ Abhandlungen über moralische Fragen
	→ Verstand und Gefühl sollen angesprochen werden
	→ Popularisierung des Wissens für weite Kreise
	Trotz der Abhängigkeiten von den fürstlichen Höfen schreiben die Autoren im Wesentlichen für ein bürgerliches Publikum.

Ausgangspunkt für die Epoche Aufklärung bildet ein verändertes Welt- und Menschenbild, das sich seit der Renaissance (ca. 1470–1600) entwickelt hat. Voraussetzung für diese Veränderung war, dass sich das philosophische Denken von der Vormacht der Kirche befreien konnte, sodass die Antworten auf bedeutsame Fragen nach der Welt und nach Gott nicht mehr dadurch bestimmt waren, was in der Bibel stand oder was von den Kirchenvätern gelehrt wurde. Man nannte die Aufklärung auch die Zeit der Vernunft und des Rationalismus. Der französische Mathematiker, Naturwissenschaftler und Philosoph **René Descartes** (1596–1650) formulierte mit seinem bekannten Satz **cogito, ergo sum** (ich denke, also bin ich) den Grundsatz der Erkenntnistheorie und Wissenschaftslehre. Demzufolge war allein die Erfahrung des Denkens und Zweifelns einzig hinreichender Beweis für die eigene Existenz, und daher musste diese Erfahrung auch der Ausgangspunkt für jede rationale Erkenntnis sein. Der englische Philosoph **John Locke** (1632–1704) glaubte nicht an die Lehre von eingeborenen Ideen und präzisierte diesen Ansatz Descartes', indem er herausstellte, dass die Vernunft allein nicht verbindlich sei, da der Mensch ohne Denkformen geboren werde. Seine Überzeugung war, dass die Seele des Menschen, die bei der Geburt eine leere Tafel (**tabula rasa**) sei, erst durch die Erfahrung (Empirie) beschrieben wird. Der schottische Philosoph **David Hume** (1711–1776) versuchte in Kenntnis dieses Ansatzes nachzuweisen, dass Vernunft und rationale Urteile bloß gewohnheitsmäßige Assoziationen bestimmter Sinneswahrnehmungen und Erfahrungen seien.

Ganz wesentlich für die Entwicklung des Denkens war der einsetzende geistige Austausch zwischen den europäischen Kulturnationen. Durch regen Briefwechsel und den Austausch von verschiedenen Druckwerken kam es zu einer internationalen Kommunikation zwischen Gelehrten und Künstlern, die sich gegenseitig inspirierten. Dem kam zugute, dass fast alle Gelehrten Latein und Französisch beherrschten. Vor dem Hintergrund der sich entwickelnden philosophischen Denkbewegung vergrößerte sich in der Aufklärung das Bestreben, die neu gewonnenen Einsichten durch Belehrung und Unterrichtung einer breiteren Öffentlichkeit darzulegen. **Immanuel Kant** (1724–1804), einer der bedeutendsten deutschen Philosophen der Aufklärung, formulierte diesen Anspruch in seiner bekannten Schrift *Beantwortung der Frage: Was ist Aufklärung?* (1784): *„Aufklärung ist der Ausgang des Menschen aus seiner selbstverschuldeten Unmündigkeit. Unmündigkeit ist das Unvermögen, sich seines Verstandes ohne Leitung eines anderen zu bedienen. Selbstverschuldet ist diese Unmündigkeit, wenn die Ursache derselben nicht am Mangel des Verstandes, sondern der Entschließung und des Mutes liegt, sich seiner ohne Leitung eines andern zu bedienen! Sapere aude! Habe Mut, dich deines eigenen Verstandes zu bedienen! ist also der Wahlspruch der Aufklärung."*

> **Merke** **Sapere aude!**
>
> *Sapere aude!* (Immanuel Kant) lautet der Wahlspruch der Aufklärung, mit dem eine Befreiung von der geistigen Vormachtstellung der Religion und Tradition gefordert wird.

Die öffentliche Verbreitung eines kritischen Denkens war den Aufklärern der Zeit besonders wichtig, da sie in der Benutzung des Verstandes eine Möglichkeit zu einem besseren und glücklicheren Dasein für alle sahen. So erschienen z. B. zuerst in England die sogenannten „Moralischen Wochenschriften", die später in Europa nachgeahmt wurden. Das Bemühen um das Schulwesen nach Einführung der allgemeinen Schulpflicht in Preußen (1717) und damit die Alphabetisierung breiter Massen der Bevölkerung war eine weitere Konsequenz dieser Entwicklung.

Historisch-gesellschaftlicher Hintergrund

Der Absolutismus, also eine Herrschaftsform, die es den Fürsten der Klein- und Kleinststaaten in Deutschland erlaubte, ihre Untertanen wie Leibeigene zu halten, prägte die Zeit. Die **Französische Revolution**

(1789–1799) stellte das historisch entscheidende Ereignis der Zeit dar und hatte nachhaltige Auswirkungen auch auf Deutschland, wo sie von vielen bürgerlichen Intellektuellen zunächst begeistert begrüßt wurde. Bei den absolutistisch regierenden Fürsten führte die Französische Revolution zumindest zeitweilig zu einer gewissen Verunsicherung, aber zu einer bürgerlich-demokratischen Umwälzung wie in Frankreich kam es nicht, da das deutsche Bürgertum durch die Vielzahl der Kleinstaaten territorialer Fürstentümer zu zerrissen war. Die technisch-industriellen Produktionsweisen und die Kapitalbildung waren zudem nicht so ausgeprägt wie in anderen europäischen Ländern (England, Frankreich), sodass dem Bürgertum auch die ökonomische Kraft für eine Revolution fehlte.

Die Revolution in Deutschland fand vor allem auf dem Papier statt und blieb auf Philosophie und Literatur beschränkt. Dennoch entwickelte sich vor dem Hintergrund der historischen Krisenzeiten ein selbstbewussteres städtisches Bürgertum, das dem Standesdünkel des Adels einen eigenen Welt- und Lebensentwurf entgegensetzte. Demzufolge war der Wert des Menschen nicht mehr durch Privilegien bestimmt, die durch Herkunft und Abstammung erworben waren, sondern durch ein modernes Ich-Bewusstsein als selbstbestimmtes Subjekt vor dem Hintergrund der intellektuellen, psychischen und physischen Fähigkeiten.

Die technische Entwicklung und vor allem auch die dadurch verbesserten Publikations- und Kommunikationsmöglichkeiten unterstützten diesen Prozess ebenso wie die allmähliche Umsetzung der allgemeinen Schulpflicht, die zu einer zunehmenden Alphabetisierung führte (vor 1800 konnten ca. 70 % der preußischen Bevölkerung nicht lesen).

Geistig-kultureller Hintergrund

Neben den bereits beschriebenen Entwicklungen in der Philosophie übte die Naturwissenschaft auf die Zeit einen bedeutsamen Einfluss aus, vor allem durch die Entdeckung des Gravitationsgesetzes durch den englischen Physiker, Mathematiker und Astronomen **Sir Isaac Newton** (1643–1727). Newton gelang mit seiner Entdeckung eine Erklärung mechanischer Naturvorgänge als Teil allgemeiner Gesetzmäßigkeiten, womit er einen fundamentalen Beitrag zu einer Welterkenntnis leistete, die – wie in der Philosophie – ohne Religion oder Tradition auskam. Die Befreiung der Natur wurde zu einer Leitidee der Zeit. Demzufolge wurde Natur nicht mehr als Werkzeug Gottes verstanden, war nicht mehr Symbol für den göttlichen Heilsplan oder Strafe eines persönlichen Gottes. Da Natur auch nicht mehr als Herrschaftsraum fürstlicher Macht (Gartenanlagen der Fürstenhöfe im Barock) aufgefasst wurde, sondern zunehmend an Eigenständigkeit und Eigengesetzlichkeit gewann, wurde die Nachahmung der Natur zum zentralen Grundgedanken jeder künstlerischen Tätigkeit.

Vor dem Hintergrund dieser philosophischen und naturwissenschaftlichen Entwicklungstendenzen verlor die Kirche zunehmend an Macht und Einfluss, und die Offenbarungsreligion wurde durch zahlreiche Streitschriften heftig kritisiert. Religion und Glauben wurden in dieser Zeit in Bereiche zurückgedrängt, in denen sie nicht mit Naturgesetzen kollidierten. Dazu gehörten der **Deismus** und der **Pietismus**. Der Deismus ging davon aus, dass Gott die Welt – und damit auch die Naturgesetze – geschaffen habe, aber nach der Erschaffung keinen Einfluss mehr darauf nehme. Der Pietismus führte zu einer Abkehr von der Institution Kirche und zu einer Hinwendung zur eigenen Seele. Jenseits von klerikalen Dogmen und Zeremonien bedeutete den Pietisten Gläubigkeit eine individuelle Gotteserfahrung durch intensive Selbstbeobachtung. Angesichts dieser Tendenzen keimte der Gedanke religiöser Toleranz, die Einsicht in die Gleichberechtigung aller Religionen. Ein Gedanke, den Gotthold Ephraim Lessing (1729–1781) in seinem dramatischen Gedicht *Nathan der Weise* (1779) – besonders in der Ringparabel – zum Ausdruck bringt.

Zeittafel	
1712–1786	Friedrich II. von Preußen (der Große)
1756–1763	Siebenjähriger Krieg
1765	Fortentwicklung der Dampfmaschine (James Watt), Beginn der industriellen Revolution
1770	erneute Entdeckung Australiens (James Cook)
1776	Unabhängigkeitserklärung der Vereinigten Staaten von Nordamerika

Zeittafel	
1789	Französische Revolution
	allmähliche Durchsetzung der allgemeinen Schulpflicht
	freier Schriftsteller erstmals als Beruf (G. E. Lessing)

Kunst und Literatur

Künstler und Schriftsteller standen zu Beginn der Epoche noch – wie die Gesellschaft insgesamt – unter dem Einfluss des Absolutismus, d.h. sie waren in der Regel obrigkeitshörig und abhängig von den Fürsten. Ihr Publikum suchten sie aber zunehmend nicht mehr am Hofe, sondern im Bürgertum, wo sie allerdings anfangs nur wenig Resonanz fanden.

Eine Existenz als freier Schriftsteller war vor diesem Hintergrund noch nicht möglich, zumal literarische Produktionen ganz erheblich von unterschiedlich strengen Formen der **Zensur** in den verschiedenen Fürstentümern eingeschränkt wurden. Diese Situation führte Künstler und vor allem Schriftsteller in einen Konflikt, der sich deutlich in der Literatur der Zeit widerspiegelte. Einerseits waren sie abhängig von der Willkür der Landesherren, andererseits hofften sie, auf ein zunehmend selbstständiger werdendes Bürgertum einwirken zu können. Nach dem Vorbild der konstitutionellen Monarchie wünschte man sich größere politische Freiheit und eine liberale Behandlung des Literaturbetriebs. Freiheit und Autonomie sollten auch für die Literatur gelten, sie sollte weder im Dienst des Fürsten noch der Kirche stehen.

Im Laufe des Jahrhunderts änderte sich die Situation für Kunst und Literatur allmählich dadurch, dass einerseits einige Fürsten unter dem Eindruck des Rationalismus den Absolutismus „aufweichten" und sich „aufgeklärt" nannten und dass andererseits das Interesse des Bildungs-bürgertums an Kunst und Literatur wuchs. Die für die literarische Epoche bedeutsame Literatur löste sich zunehmend vom Absolutismus.

Von der Literatur leben konnte aber kein Schriftsteller der Zeit, da es so etwas wie Copyright noch nicht gab und der Kreis für die Abnehmer der Werke extrem gering war. Die meisten Schriftsteller mussten also neben der Schriftstellerei noch einen anderen Beruf ausüben.

Die Literatur, die vor allem in der ersten Hälfte der Aufklärung entstand, hatte einen sehr lehrhaften Charakter und eine stark moralisierende Art, denn die Schriftsteller nahmen den Begriff „Aufklärung" sehr ernst. Ihre erklärte Absicht war es, den Menschen zu zeigen, wie es in der Welt ist und wo es Fehlverhalten und Missstände gibt. Denn sie waren überzeugt davon, dass der Mensch, wenn er darauf aufmerksam gemacht wird, sich aus eigener Vernunft und Einsicht bessern würde. In keiner anderen literarischen Epoche erschienen so viele moralisierende Abhandlungen und Traktate wie in der Aufklärung. Poetische Texte fanden ihre Begründung darin, dass sich in ihnen das Vernünftige mit dem Erbaulichen vereinen ließ. Literarische Werke der Zeit orientierten sich im Allgemeinen an der Formel *prodesse et delectare* (Nutzen und Gefallen), um durch eine geeignete Form Verstand und Gefühl gleichermaßen anzusprechen.

Gattungen

Überblick: Gattungen	
Lyrik	Anakreontik: Schäferlyrik nach antikem Vorbild, dabei im Zentrum: Lebensfreude des Rokoko Gedankenlyrik Lehrgedichte Epigramme
Epik	Traktate Fabeln (Gellert, Lessing) Romane Briefromane Fortsetzung der Staatsromane des Barock Vorbild *Robinson Crusoe* von Daniel Defoe
Drama	Klassische Tragödie (Gottsched) Bürgerliches Trauerspiel (z. B. Lessing: *Emilia Galotti*) Komödie (Lessing, Gottsched)

Fabel und **Tragödie** waren die in der Epoche vorherrschenden Textsorten. Beiden gemeinsam war in dieser Zeit, dass man Werke antiker Autoren und alte Stoffe aufgriff, um in deren zeitgemäßer Bearbeitung die Auswirkungen aufgeklärten Denkens deutlich werden zu lassen. Ein Beispiel dafür stellt **Gotthold Ephraim Lessings** (1729–1781) Bearbeitung der Fabel *Wolf und Lamm* des griechischen Dichters Äsop (ca. 600 vor

Chr.) dar (siehe Beispiel). Die Fabel war in der Aufklärung die bedeutsamste didaktische (lehrhafte) Textsorte.

BEISPIEL: Äsop/G. E. Lessing

Äsop
Wolf und Lamm

Zum gleichen Bach kamen ein Wolf und ein Lamm, um dort zu trinken. Der Wolf stand oben am Wasser, das Lamm ein Stück abwärts.
Der gierige Räuber suchte Streit: „Warum trübst du mir das Wasser, das ich trinken will?" Das Lamm entgegnete zitternd: „Wie kann das sein? Das Wasser fließt doch von dir zu mir herab."
Der Wolf gab sich nicht zufrieden: „Vor einem halben Jahr hast du übel von mir geredet."
„Da war ich noch gar nicht geboren", versetzte das Lamm. „Dann war es eben dein Vater!" schrie der Wolf, und ohne weiter nach Gründen zu suchen, packte er das Lamm und fraß es.
Diese Fabel deutet auf jene hin, die lügen, um Unschuldige zu unterdrücken.

G. E. Lessing
Der Wolf und das Schaf

Der Durst trieb ein Schaf an den Fluß; eine gleiche Ursache führte auf der anderen Seite einen Wolf herzu. Durch die Trennung des Wassers gesichert und durch die Sicherheit höhnisch gemacht, rief das Schaf dem Räuber hinüber: „Ich mache dir doch das Wasser nicht trübe, Herr Wolf? Sieh mich recht an: habe ich dir nicht etwa vor sechs Wochen nachgeschimpft? Wenigstens wird es mein Vater gewesen sein." Der Wolf verstand die Spötterei, er betrachtete die Breite des Flusses und knirschte mit den Zähnen. „Es ist dein Glück", antwortete er, „dass wir Wölfe gewohnt sind, mit euch Schafen Geduld zu haben", und ging mit stolzen Schritten weiter.

Es war ein Verdienst des Gelehrten und Schriftstellers **Johann Christoph Gottsched** (1700–1766) dem Drama – speziell der Tragödie – zu der Bedeutung verholfen zu haben, die es schließlich zur wichtigsten literarischen Gattung der Aufklärung werden ließ. Im Drama konnten die zentralen Ideen der Zeit (→ Ideendrama) ausgesprochen werden. Noch zu Beginn der Aufklärung war das Schauspiel nur Teil der Volksbelustigung und gehörte eher auf die Jahrmärkte. Leute besseren Standes besuchten Vorstellungen nur hinter Masken verborgen, für Frauen war der Besuch verpönt. Schauspieler besaßen einen schlechten Ruf und mussten meistens vor den Toren der Stadt ihr Lager aufschlagen. Der Aufklärer Johann Christoph Gottsched sorgte mit größter Akribie für Ordnung, indem er strikt die Komödie und die Tragödie unterschied und verlangte, dass sich die Dramatiker bis ins kleinste Detail an die Regeln der aristotelischen Poetik (→ Seite 160 f.) hielten. Dazu gehörte vor allem die Einhaltung der drei Einheiten (Einheit des Ortes, der Zeit und der Handlung). Mit der Schauspieltruppe der *Neuberin* (Friederike Caroline Neuber, 1697–1760) setzte er seine theoretischen Vorstellungen zum Spielplan und zur Art der Inszenierung um. Trotz der stellenweise überzogenen Regelhaftigkeit sorgte Gottsched dafür, dass aus dem verpönten Schauspiel ein gesellschaftsfähiges Drama entstand, das zunehmend auch die Anerkennung der bürgerlichen Bildungsschicht fand.

> **Merke** **Wichtige dramatische Werke Lessings (1729–1781)**
>
> *Miß Sara Sampson* (1755), bürgerliches Trauerspiel
> *Minna von Barnhelm* (1767), Lustspiel
> *Emilia Galotti* (1772), bürgerliches Trauerspiel
> *Nathan der Weise* (1779), dramatisches Gedicht

Gotthold Ephraim Lessing ergänzte die vorgefundene Form des Dramas um neue Inhalte. Sowohl durch seine theoretischen Ausführungen in der *Hamburgischen Dramaturgie* (1767/68) als auch durch die Vielzahl seiner eigenen Dramen wurde er zum eigentlichen Begründer des klassischen deutschen Dramas. Seine Berufung an das neu gegründete Nationaltheater in Hamburg (1767) machte ihn zum ersten echten Dramaturgen in Deutschland.

Mit seinem Bühnenstück *Miß Sara Sampson* (1755) durchbrach Gotthold Ephraim Lessing die bis dahin geltende **Ständeklausel** und schuf das erste **bürgerliche Trauerspiel**. Entgegen der bis dahin geltenden Auslegung des Aristoteles, dass wegen der Erhabenheit der dargestellten Handlung in der griechischen Tragödie nur Götter und Könige – also Höhergestellte – auftreten dürften, brachte Lessing mit der Heldin seines Stückes eine Bürgerliche auf die Bühne.

Lyrische Texte und Romane hatten in der Aufklärung nicht den Stellenwert, den Fabel und Drama besaßen. Im Bereich der Lyrik sind hier in erster Linie Beispiele der eher heiteren → Anakreontik zu erwähnen.

In den Romanen der Zeit rückten, ausgehend vom Pietismus (siehe S. 26), Gefühle und Gemüt, der Ausdruck des inneren Erlebens immer stärker in den Vordergrund. Zunehmend galt es als Beweis erhabener Gefühle, wenn man seine Empfindungen nicht verbarg, sondern sie in Gesprächen und Briefen aussprach und bis ins Kleinste ausführte. Diese Tendenz bereitete die Epoche der Empfindsamkeit (1740–1780) vor, welche wiederum die Grundlage für das spätere Aufblühen der Briefromane und der autobiographischen Romane bildete. Mit der *Geschichte des Fräuleins von Sternheim* der Sophie von La Roche (1730–1807) erschien 1771/72 der erste bedeutende Frauenroman. Es gab noch einige andere Frauen, die in dieser Zeit schriftstellerisch tätig waren, aber nicht der Aufklärung, sondern eher der Romantik zugeordnet werden: z.B. Rahel Varnhagen von Ense (1771–1833), Karoline von Günderrode (1780–1806) und Bettina von Arnim (1785–1859).

Aufklärung
Merke

→ *Sapere aude!* als Wahlspruch der Epoche
→ Zeit des Rationalismus
→ Stärkung des bürgerlichen Selbstbewusstseins
→ Befreiung von der Natur als Leitidee
→ Propagierung religiöser Toleranz
→ Forderung nach Freiheit und Autonomie der Literatur
→ Lehrhaftigkeit der Literatur
→ Tragödie und didaktische Fabel als vorherrschende Gattungen
→ hoher Stellenwert des Ideendramas
→ Bürgerliches Trauerspiel (Aufhebung der Ständeklausel)

Sturm und Drang (1767–1785)

Überblick: Sturm und Drang	
Name	Der Name der Epoche geht auf ein Drama von Klinger zurück.
Gattungen	Bevorzugt werden Drama, Ballade und Erlebnislyrik.

Überblick: Sturm und Drang	
Drama	Vorbild: Shakespeare, Genie ohne Regeln Dramatische Konflikte: Naturmensch und sein Verhältnis zur bestehenden Gesellschaft und deren Kultur Kritik an der bestehenden Moral; Kampf um die politische Freiheit
Drama	Beispiele: Schiller: *Die Räuber* (1781) Goethe: *Götz von Berlichingen* (1773) Wagner: *Die Kindsmörderin* (1776)
Lyrik	Volksballaden als Erzählung einer außerordentlichen Begebenheit Liebeslyrik: Darstellung eines Erlebnisses in neuer, unregelmäßiger Form Beispiele: Goethe: *Sesenheimer Lieder* (1770/1771)
Epik	Beispiel: Goethe: *Die Leiden des jungen Werther* (1774) Briefroman nach englischem Vorbild, der das Leiden und den Selbstmord eines jungen Menschen zum Thema hat

Ihre Bezeichnung erhielt diese kurze, aber sehr intensive Epoche von dem gleichnamigen Drama des Dichters **Friedrich Maximilian Klinger** (1752–1831). Das 1776 erschienene Drama *Sturm und Drang* trug ursprünglich den Titel *Wirrwarr*. Der Titel des Stückes (*Sturm und Drang*) und damit der Name der Epoche wurden gleichsam zum Programm, weniger wegen des Inhalts des Theaterstücks Klingers, sondern vielmehr wegen der damit ausgedrückten Haltung. Die etwa 20 jungen Dichter, die zu den maßgeblichen Schriftstellern dieser Epoche zu rechnen sind, verstanden sich als „starke Kerle", die sich unter anderem in ihren Werken über die strenge Formenlehre und die rationalen Denkmuster der Aufklärung vehement hinwegsetzten und Kreativität und Genialität des Individuums ganz in den Vordergrund stellten. Daher wird diese Epoche der deutschen Literatur, in die auch die Jugendwerke **Johann Wolfgang von Goethes** fallen, als „**Geniezeit**" bezeichnet. Das im Jahr 1774 von Johann Wolfgang von Goethe geschriebene Gedicht *Prometheus* wurde zum Programmgedicht der Epoche.

1.5 Das 18. Jahrhundert   33

BEISPIEL: **Johann Wolfgang von Goethe**   `1`
Prometheus

Bedecke deinen Himmel, Zeus,
Mit Wolkendunst!
Und übe, Knaben gleich,
Der Disteln köpft,
An Eichen dich und Bergeshöhn!
Musst mir meine Erde
Doch lassen stehn,
Und meine Hütte,
Die du nicht gebaut,
Und meinen Herd,
Um dessen Glut
Du mich beneidest.

Ich kenne nichts Ärmer's
Unter der Sonn' als euch Götter.
Ihr nähret kümmerlich
Von Opfersteuern
Und Gebetshauch
Eure Majestät
Und darbtet, wären
Nicht Kinder und Bettler
Hoffnungsvolle Toren.

Da ich ein Kind war,
Nicht wusst', wo aus, wo ein,
Kehrte mein verirrtes Aug'
Zur Sonne, als wenn drüber wär'
Ein Ohr, zu hören meine Klage,
Ein Herz wie meins,
Sich des Bedrängten zu erbarmen.

Wer half mir wider
Der Titanen Übermut?
Wer rettete vom Tode mich,
Von Sklaverei?
Hast du's nicht alles selbst vollendet,
Heilig glühend Herz?
Und glühtest, jung und gut,
Betrogen, Rettungsdank
Dem Schlafenden dadroben?

Ich dich ehren? Wofür?
Hast du die Schmerzen gelindert
Je des Beladenen?
Hast du die Tränen gestillet
Je des Geängstigten?

Hat nicht mich zum Manne geschmiedet
Die allmächtige Zeit
Und das ewige Schicksal,
Meine Herrn und deine?

Wähntest du etwa,
Ich sollte das Leben hassen,
In Wüsten fliehn,
Weil nicht alle Knabenmorgen –
Blütenträume reiften?

Hier sitz' ich, forme Menschen
Nach meinem Bilde,
Ein Geschlecht, das mir gleich sei,
Zu leiden, weinen,
Genießen und zu freuen sich,
Und dein nicht zu achten,
Wie ich.

In seiner ebenso trotzigen wie selbstbewussten Auflehnung gegen Zeus, den Göttervater (das Traditionelle), und im vollen Vertrauen auf das eigene Schöpfungsvermögen (Genie) diente die Figur des Prometheus den jungen Schriftstellern dieser Epoche als Vorbild.

Historisch-gesellschaftlicher Hintergrund

Der Sturm und Drang war nicht allein eine literarisch revolutionäre Epoche, da in fast allen poetischen Gattungen neue Ausdrucksbereiche gefunden wurden, sondern war zugleich auch eine politisch akzentuierte Bewegung. Die literarischen Werke dieser Generation fielen nicht nur durch die Veränderungen in den Stilen und Formen auf, sondern auch durch das in ihnen artikulierte **Freiheitsstreben** und die **demokratischen Tendenzen**. Die Dichter des Sturm und Drang stellten sowohl die herrschenden Ansichten der Aufklärung infrage als auch das Gesellschaftssystem des 18. Jahrhunderts. Ein in seiner Deutlichkeit eher seltenes, aber ebenso selbstredendes Beispiel dafür ist das 1778 von Gottfried August Bürger (1747–1794) verfasste Gedicht *Der Bauer an seinen Durchlauchtigen Tyrannen*.

BEISPIEL: Gottfried August Bürger
Der Bauer an seinen Durchlauchtigen Tyrannen (1778)
Wer bist du Fürst, dass ohne Scheu
Zerollen mich dein Wagenrad,
Zerschlagen darf dein Ross?

Wer bist du Fürst, dass in mein Fleisch
Dein Freund, dein Jagdhund, ungebleut
Darf Klau und Rachen haun?

Wer bist du, dass durch Saat und Forst
Das Hurra deiner Jagd mich treibt,
Entatmet wie das Wild? –

Die Saat, so deine Jagd zertritt,
Was Ross und Hund und du verschlingst,
Das Brot, du Fürst, ist mein.

Du Fürst hast nicht bei Egg und Pflug,
Hast nicht den Ertrag durchschwitzt.
Mein, mein ist Fleiß und Brot! –

Ha! Du wärst Obrigkeit von Gott?
Gott spendet Segen aus; du raubst!
Du nicht von Gott, Tyrann!

Dafür, dass der Sturm und Drang dennoch kaum eine politische Wirkung in seiner Zeit hatte, gab es mehrere Gründe. Einerseits gab es – anders als z. B. in Frankreich, das sich unmittelbar vor dem Ausbruch der Französischen Revolution (1789) befand – in Deutschland keine revolutionäre Bewegung. Die Aufsplitterung Deutschlands in viele Klein- und Kleinststaaten bewirkte erhebliche Unterschiede in kultureller, ökonomischer, sozialer und politischer Hinsicht und die Herrschaftssysteme und -formen waren sehr unterschiedlich, sodass keine gemeinsame Bewegung entstehen konnte. Andererseits waren die politische Tendenz und die daraus abzuleitenden Konsequenzen in den literarischen Werken nur selten so konkret wie in dem oben abgedruckten Gedicht von Gottfried August Bürger, das schon in das zeitliche Ende der Epoche fiel. Daher kann im heutigen Sinne nicht wirklich von politischer Literatur gesprochen werden. Missstände wurden zwar in der Dichtung angeprangert, aber ohne dass daraus entsprechend konkrete Forderungen abgeleitet wurden. Götz von Berlichingen, die Hauptfigur im Drama *Götz von Berlichingen mit der eisernen Hand* (1773) des jungen Goethe, tritt zwar im Stile eines Robin Hood für die Unterdrückten ein und bekämpft wortstark das Unrecht aufseiten der Herrschenden, wird aber nicht als Revolutionär, sondern als treuer Diener seines Kaisers dargestellt.

Geistig-kultureller Hintergrund

Durch die pietistisch orientierte Betonung des subjektiven Empfindens und des Gefühls grenzte sich die Zeit philosophisch gegen das rationale Erkenntnisprinzip der Aufklärung ab. Unter Bezug auf den französisch-schweizerischen Philosophen und Schriftsteller Jean-Jacques Rousseau (1712–1778) richteten sich viele Dichter der Zeit gesellschaftspolitisch gegen die herrschende Ständeordnung (siehe das Gedicht von Gottfried August Bürger, → Seite 34) und die erstarrten sozialen Konventionen. Literarisch ist die Epoche eindeutig als eine Art *Jugendbewegung* zu bezeichnen. Das Wirken einer kleinen Gruppierung von 20-jährigen kristallisierte sich für eine begrenzte Zeit im Wesentlichen an drei Orten heraus: Straßburg, Göttingen und Frankfurt. Zu dieser Gruppe gehörten vor allem der junge Johann Wolfgang von Goethe (1749–1832), Friedrich Maximilian Klinger (1752–1831), Jakob Michael Reinhold Lenz (1751–1792), Christian Graf zu Stolberg 1748–1821), Friedrich Leopold zu Stolberg (1750–1819), Ludwig Heinrich Christoph Hölty (1748–1776) und Johann Heinrich Voß (1751–1826) sowie einige andere mehr. Vehement verfochten sie das Recht auf die Behauptung und Selbstverwirklichung des Individuums und veränderten die literarische Landschaft durch ihre Ideen vom Wesen der Natur, des Genies und des Volkes. Diese jungen Schriftsteller schockierten das aufgeklärte Bürgertum nicht nur durch den Stil und die Form ihrer Werke, die die strenge Regelhaftigkeit der Aufklärung durchbrachen, sondern auch durch ihre Lebensweise, die sich nicht an den geltenden Normen der Zeit orientierte.

Die kreative Spontaneität des Künstlers, für die in der rationalen Denkweise der Aufklärung kein Platz war, wurde ganz in den Mittelpunkt der ästhetischen Reflexionen gestellt. Sie verstand den Künstler als schöpferisches **Genie**.

BEISPIEL: Zitat von Kant

„Genie ist die angeborene Gemütslage (ingenium), durch welche die Natur der Kunst die Regeln gibt."

Immanuel Kant
1789 in seiner philosophischen Schrift *Kritik der Urteilskraft* im § 46

Aus dem (Selbst-)Verständnis des Künstlers als Genie leitete sich u. a. der Anspruch an die **Originalität** der Werke ab. Vor allem folgte daraus, dass das schaffende Genie selber nicht wusste, woher ihm die Ideen für seine Werke kamen. Ein derartiges Verständnis vom Schaffensprozess des Künstlers leitete das Ende der vor allem in der Epoche der Aufklärung gültigen normativen → Poetik ein. Schöne Kunst entstand demnach nicht dadurch, dass der Schaffende sich an Regeln und Anleitungen hielt, sondern indem er spontan und kreativ aus sich selbst heraus produzierte. Das bedeutete auch, dass dem wahren Künstler eine Sonderstellung in der Gesellschaft zukommen sollte, da Genie nicht gelernt werden konnte, sondern ein besonderes Vermögen darstellte.

Kunst und Literatur

Im Mittelpunkt der poetischen Theorie des Sturm und Drang standen **Emotionalität** und **Spontaneität**. Vor dem Hintergrund der oben skizzierten Vorstellungen vom Künstler als dem Genie und von der Originalität seiner Werke fanden in allen Gattungen der Literatur wesentliche Veränderungen in der Auswahl der Inhalte sowie in der Form und im Stil statt, die für kommende literarische Epochen bedeutsam wurden. Wie mit der Leitfigur Prometheus bereits angedeutet, entwickelte der Sturm und Drang eine Vorliebe für große Gestalten der Geschichte und „Kraftmenschen". Der Konflikt einer großen, unabhängigen, nach Selbstverwirklichung strebenden Persönlichkeit mit der gesellschaftlichen Realität war häufiges Thema der literarischen Werke dieser Epoche. Jakob Michael Reinhold Lenz (1751–1792) griff mit seinen Theaterstücken *Der Hofmeister oder Vorteile der Privaterziehung* (1774) und *Die Soldaten* (1776) gesellschaftskritische Themen auf.

Eine besondere Wertschätzung erfuhren außerdem das Mittelalter, die Gotik und die Volksdichtung. Das Lied und die Ballade erhielten dadurch einen neuen Stellenwert in der Lyrik. In Sprache und Stil erprobten die Schriftsteller des Sturm und Drang neue Ausdrucks- und Gestaltungsweisen. Die Vorliebe für die „starken Kerls" und die übersteigerte Betonung des Gefühls führten zu einer anderen sprachlichen Gestaltung. Durch die Verwendung aussagekräftiger Sprachbilder, die Sprengung des üblichen Satzrahmens, neue Ausdrücke und Ausrufe wurde die innere Erregtheit deutlich gemacht. Dem entsprach auch, dass Romane im Briefstil geschrieben wurden und die Lyrik in Form der Erlebnislyrik einen neuen Akzent erhielt. In den Dramen wurde die traditionell geschlossene Form (→ aristotelisches Drama) zum Teil durch nur lose verbundene Einzelszenen aufgebrochen.

Gattungen

Das **Drama** war die beliebteste Gattung für die Dichter des Sturm und Drang. Das bereits erwähnte Drama *Götz von Berlichingen mit der eisernen Faust* (1773) von Johann Wolfgang von Goethe kann inhaltlich und formalstilistisch als prototypisch angesehen werden. Andere wichtige Dramen der Zeit waren *Clavigo* (1774) und *Stella* (1776), ebenfalls von Johann Wolfgang von Goethe, *Die Zwillinge* (1776) und *Sturm und Drang* (1776) von Friedrich Maximilian Klinger, *Die Kindesmörderin* (1776) von Heinrich Leopold Wagner, die bereits oben erwähnten Dramen von Jakob Michael Reinhold Lenz sowie *Die Räuber* (1781) und *Kabale und Liebe* (1778) von Friedrich von Schiller (1759–1805).

Romane und andere epische Formen hatten im Sturm und Drang geringere Bedeutung. Zu erwähnen ist aber auf jeden Fall der **Briefroman** *Die*

Leiden des jungen Werther (1774) von Johann Wolfgang von Goethe, der schnell Weltruhm erlangte und zu einem Bestseller wurde. Der Roman löste aufgrund seiner Thematik (Selbstmord aus verzweifelter Liebe) und seines Stils einerseits unter den Zeitgenossen einen Wertherkult aus, provozierte aber gleichzeitig wegen der angesprochenen Selbstmordproblematik heftige Kritik vor allem durch die Kirche.

Auch die Lyrik besaß im Sturm und Drang nicht ganz die Bedeutung des Dramas. Zu nennen sind hier vor allem die Gedichte des jungen Goethe, die er in seinen Gedichtsammlungen *Sesenheimer Lieder* (1770/1771) und *Frankfurter Hymnen* (1772–1773) veröffentlichte. In den Gedichten des jungen Goethe wird vor allem selbst Erlebtes reflektiert. Einen starken Einfluss auf die Lyrik der Zeit hatte der Dichterbund **Göttinger Hain**, zu dem u. a. Ludwig Christoph Heinrich Hölty, Johann Heinrich Voß, Johann Martin Miller sowie die Gebrüder Stolberg gehörten. Die wiederentdeckte Lied- und Balladenform wurde zum Ausdruck von Sinnlichkeit und intensivem Naturgefühl genutzt.

Merke **Sturm und Drang**

→ Geniezeitalter
→ *Prometheus* als Programmgedicht der Epoche
→ Betonung von Kreativität und Spontaneität
→ Originalität des Werkes
→ politischer Anspruch, aber nur wenig wirksam
→ Abkehr von der normativen Poetik der Aufklärung
→ Vorliebe für große Gestalten und Kraftmenschen
→ häufiges Thema: Konflikt des Individuums mit der gesellschaftlichen Realität
→ Wertschätzung des Mittelalters, der Gotik und der Volkskunst
→ Sesenheimer Lieder – Erlebnislyrik
→ impulsive, ausdrucksstarke Sprache
→ Romane in Briefform

Klassik (1786–1832)

Überblick: Klassik (1786–1832)	
Vorbild	Die griechische Antike wird zum Vorbild.
Ziel	Die freie Entfaltung des Individuums findet ihr Ziel in der Harmonie der Persönlichkeit.
Themen	Konflikt zwischen Individuum und sittlicher Ordnung, Entwicklung als Lernprozess zu humanitärer Gesinnung
Drama	Weiterführung des Dramas der Aufklärung Beispiele: Johann Wolfgang von Goethe: *Iphigenie auf Tauris* (1786) Geschichtsdramen von Schiller: Aufzeigen der Idee und der Zusammenhänge hinter historischen Abläufen und Personen (Ideendrama) *Wallenstein* (1799); *Maria Stuart* (1800)
Lyrik	Form: klare Sprache, antike Gedichtformen Distanz vom Individuellen Das Ziel ist die Annäherung an das Allgemeingültige.
Balladen	Schiller: *Kraniche des Ibykus* (1797) Goethe: *Der Zauberlehrling* (1797) Gedankenlyrik: Lehrgedichte
Roman	Weiterführung des Bildungsgedankens aus der Aufklärung im Bildungsroman: Heranbildung eines jungen Menschen zu einer harmonischen Persönlichkeit. Beispiel: Goethe: *Wilhelm Meisters Lehrjahre* (1795/96)

Die Klassik wird allgemein als ein Höhepunkt der deutschen Literatur begriffen, da in enger Anlehnung an die Antike in ihren Werken Gehalt und Gestalt (Inhalt und Form) in besonderer Weise aufeinander bezogen und harmonisiert erscheinen. Der Begriff „Klassik" und das damit verbundene ästhetische Klassikkonzept wurden erst später im 19. Jahrhundert entwickelt, wobei man sich ganz auf die beiden großen Dichterfürsten dieser Zeit konzentrierte: **Johann Wolfgang von Goethe** (1749–1832) und **Friedrich Schiller** (1759–1805). Andere Autoren dieser Zeit wie z.B. Karl Philipp Moritz (1756–1793), Christoph Martin Wieland (1733–1813) oder Johann Gottfried von Herder (1744–1803) fanden aufgrund dieser Fokussierung weniger Beachtung. Greift man vor diesem Hintergrund die übliche Datierung auf, beginnt die Klassik mit Goethes Italienreise (1786–1788) und endet mit seinem Tod 1832.

Das Zentrum dieser Epoche war Weimar, wo Goethe und Schiller seit 1794 miteinander befreundet arbeiteten.

Der heute häufig verwässert verwendete Begriff „klassisch" (klassisch im Sinne von etwas „Antikes" oder „Altes" bzw. als etwas „Bevorzugtes" oder „Mustergültiges") meinte ursprünglich den aus der Kunst und Weltanschauung dieser Epoche erwachsenen Stil, der den Höhepunkt einer Kunstauffassung darstellte, die seit der Renaissance ihre Vorbilder in der Antike suchte.

Mit der Epoche des → Sturm und Drang verband die Klassik allein schon die Tatsache, dass die Jugendwerke sowohl Goethes als auch Schillers aus dieser Zeit stammten. Von der → Romantik unterschied sich die Klassik vor allem durch die auf Vollendung in einer geschlossenen Form ausgerichteten ästhetischen Vorstellungen.

Historisch-gesellschaftlicher Hintergrund

Politisch bedeutsame Ereignisse dieser Zeit waren die Französische Revolution und deren Auswirkung auf Europa sowie der Aufstieg Napoleons und der allmähliche Niedergang des preußischen Machteinflusses. Die Ereignisse in Frankreich führten in Deutschland zu keiner vergleichbar revolutionären Bewegung. Die Auseinandersetzung mit Politik und Staat rangierte eindeutig hinter der gedanklichen Beschäftigung mit Philosophie und Kultur. Die Hochphase der deutschen Literatur in der Residenzstadt Weimar im Herzogtum Sachsen-Weimar wirkte sich identitätsfördernd auf das Bildungsbürgertum am Ende des 18. Jahrhunderts aus. Die Auseinandersetzung mit den Werken der beiden großen Dichter stand ganz im Vordergrund des Interesses. 1999 wurde das „klassische Weimar" als Weltkulturerbe in die Liste der UNESCO aufgenommen.

Zeittafel	
1789	Französische Revolution
1804 – 1814	Napoleon I, Kaiser der Franzosen
1806	Ende des Heiligen Römischen Reiches Deutscher Nation
1807 – 1814	Reformen in Preußen
1811	Krupp gründet erstes Stahlwerk in Essen

1.5 Das 18. Jahrhundert   41

Zeittafel	
1812	Erfindung der Buchdruck-Schnellpresse
1815	Wiener Kongress, Beginn der Restauration
1817	Erfindung des Laufrads als Vorläufer des Fahrrads Wartburgfest der deutschen Burschenschaften
1819	Karlsbader Beschlüsse (Pressezensur) erste Überquerung des Atlantiks mit dem Dampfschiff
1821	Faraday entdeckt das Grundprinzip des Elektromotors

Geistig-kultureller Hintergrund

Philosophisch stand die Epoche der Klassik ganz im Zeichen des Deutschen **Idealismus**. Der Idealismus geht von der Grundannahme aus, dass es jenseits der erfahrbaren Wirklichkeit eine Welt der Ideen gibt, welche die Urgestalten aller Dinge dieser Welt enthält. Die philosophischen Grundlagen des Deutschen Idealismus gehen auf Immanuel Kant (1724–1804) zurück, der in seinen philosophischen Schriften darlegte, dass sittliches Handeln nicht der Befolgung von Geboten entspringe, sondern Sittlichkeit allein aus der Form des reinen, unbedingten Willens hervorgehe. Für Kant war das sittliche Handeln (das Sittengesetz) das allgemeine Gesetz des Menschen als Vernunftwesen. **Kants kategorischer Imperativ** bringt dies zum Ausdruck: *„Handle so, dass die Maxime deines Willens jederzeit zugleich als Prinzip einer allgemeinen Gesetzgebung gelten könnte.“*

Friedrich Schiller, der sich während seines Studiums intensiv mit Kant befasste, sah die Versöhnung des kantischen Gegensatzpaares Sittlichkeit und Vernunft in der ästhetischen Harmonie. In seinen Schriften *Über Anmut und Würde* (1793) und *Über die ästhetische Erziehung des Menschen* (1795) führte er aus, dass der Mensch durch eine bestimmte Form von Erziehung zu einem „ästhetischen Zustand“ gelangen könne, in dem er ein wirklich freier und vollkommener Mensch sein werde. In diesen „ästhetischen Zustand“ kann er nach Schiller durch die Erfahrung des Schönen, den Genuss und die völlige Hingabe an das Kunstwerk gelangen. In der Klassik leitete sich daraus der ästhetische Maßstab für jedes Kunstwerk ab. Die Schönheit und Echtheit eines Kunstwerks erweise sich nämlich vor allem dadurch, dass es den Rezipienten in diesen „ästhetischen Zustand" versetze.

Die Klassik wird manchmal auch als eine Zeit des **Humanismus** gesehen, da in einigen wichtigen Werken und z. B. auch von Wilhelm von Humboldt, dem Gründer der Berliner Universität, das Humanitätsideal postuliert wurde. Die Ausbildung reiner Menschlichkeit im Dienst an der gesamten Menschheit bei gleichzeitiger Übereinstimmung von Gemüt und Verstand galt als zentrales Ziel. Das **Gute**, **Wahre** und **Schöne** wurde zum Ideal, das der Mensch in freier Selbstbestimmung und Selbstvollendung erlangen konnte und sollte. Die Antike und speziell das Griechentum wurden dabei zum Vorbild, aber nicht in Form reiner Nachahmung, sondern in Form des Nacheiferns. Dabei dachte man weniger an das historische Griechenland, sondern schuf sich ein griechisch-antikes Idealbild, das all das enthielt, was man in der eigenen Realität vermisste oder anstrebte. Die Besinnung auf die hohe Kunst der Griechen wurde durch die Schrift *Gedanken über die Nachahmung der Griechischen Werke in der Malerey und Bildhauer-Kunst* (1755) des Archäologen, Philosophen und Bibliothekars Johann Joachim Winckelmann (1717–1768) entfacht und gefördert. Unter dem Schlagwort „**edle Einfalt und stille Größe**" wurde das griechische Kunstideal zum Schönheitsideal der Klassik. Das Humanitätsideal drückte sich auch in einem neuen Bildungsideal aus, was dazu führte, dass die Auseinandersetzung mit griechischer Literatur und das Erlernen des Griechischen fester Bestandteil der humanistischen Gymnasien wurde.

Der Mensch der Klassik erstrebte – anders als noch die Vertreter des Sturm und Drang – die absolute Einheit mit Natur und Welt, in der es keine Disharmonien gibt. Die Natur wurde als geordnetes System ohne Willkür und Gewalt aufgefasst. Mit der Gesellschaft und ihren Systemen söhnte sich der klassische Mensch aus und bekannte sich zum Humanitätsideal und zum sittlichen Idealismus.

Kunst und Literatur

Das Kunstideal der Klassik lässt sich vor dem Hintergrund der Überlegungen zur ästhetischen Erziehung des Menschen und unter Einbezug des Humanitätsideals mit folgenden Begriffen kennzeichnen: Harmonie,

1.5 Das 18. Jahrhundert 43

Anmut, Ausgeglichenheit, Ausgewogenheit, Vollkommenheit, Ruhe, Leichtigkeit usw. Zu den großen ästhetischen Leitideen der Epoche zählten:

→ Orientierung an der **Antike**
→ Streben nach der Gestaltung des **Typischen** und die Bedeutung des **Symbolhaften**
→ **Harmonisches Weltbild** im Einklang von Verstand und Gefühl, Geist und Natur

Die Schaffung des Guten und Schönen im vollendeten Kunstwerk war allgemein stilbestimmend. Im Gegensatz zu dem von Sehnsucht nach Unendlichkeit geprägten Menschenbild der → Romantik zeichnet die Klassik eher das Idealbild eines in sich ruhenden guten und schönen Menschen.

Gattungen

Die Synopse zur Weimarer Klassik am Anfang dieses Teilkapitels (→ Seite 39) verdeutlicht, dass alle drei großen Gattungen der Literatur ihre Bedeutung und ihren Stellenwert in dieser Epoche hatten.

In der Weiterführung der in der Aufklärung angelegten Tendenzen erreichte das Drama einen besonders hohen Grad an Perfektion. Es entstand eine ganze Reihe sehr bedeutsamer dramatischer Werke, die noch heute ihren Stellenwert auf den Bühnen und auch als Schullektüre besitzen (siehe dazu die Auflistung auf Seite 156).

Die Dramen behandeln Themen grundsätzlicher Art, wie den Konflikt zwischen Individuum und sittlicher Ordnung (z.B. *Iphigenie auf Tauris* (1786) von Johann Wolfgang von Goethe), das Verhältnis zwischen Genie und Gesellschaft (z.B. *Torquato Tasso* (1790), ebenfalls von Goethe) oder den Freiheitsbegriff (z.B. *Don Carlos* (1787) und *Wilhelm Tell* (1804) von Friedrich Schiller). Zu erwähnen sind auch die Geschichtsdramen Schillers, die im Sinne des → Ideendramas Ideen und Abläufe hinter historischen Ereignissen aufdecken (*Wallenstein*, 1798/99; *Maria Stuart*, 1800; und *Die Jungfrau von Orleans*, 1801).

Die Sprache des klassischen Dramas war der Vers, das Versmaß überwiegend der Jambus. Das Bemühen um eine völlige Harmonie zwischen

Gestalt und Gehalt (Form und Inhalt) führte zu einer klaren Herausarbeitung der Grundlinien der Dramen, indem man die Personen und
Szenen reduzierte und auf realistische Details verzichtete. Aufbau und
Struktur entsprachen ganz dem → aristotelischen Drama, und auch
einige Elemente der griechischen Tragödien wurden wieder mit einbezogen (z. B. der Chor).

Goethes *Faust* nimmt im Spektrum klassischer Dramen in jeder Beziehung eine Sonderstellung ein. Aufgrund seiner mehr als 60-jährigen
Entstehungszeit ist er sowohl der Klassik als auch dem Sturm und Drang
sowie der Romantik zuzurechnen. *Der Tragödie erster Teil*, an dem Goethe seit dem *Urfaust* (1790) gearbeitet hat, erschien 1808, erfuhr dann
aber noch zahlreiche Überarbeitungen. Erst 1831 wurde der *Faust* mit
der Veröffentlichung des zweiten Teils vollendet.

Der erste Teil lässt die Einflüsse aller drei Epochen erkennen, da das
dort entwickelte Faustbild, das im Genie-Ideal des → Sturm und Drang
seine Wurzeln hat, durch den dargestellten Konflikt des Individuums
mit der Realität auch mit der Ideendiskussion der Klassik verbunden ist.
Elemente der Romantik finden über die Ausgestaltung der Hexenszenen
Einfluss in das Werk.

In den Romanen der Klassik wurde der Bildungsgedanke der Aufklärung
weitergeführt. Das große Thema dieser Gattung war die harmonische
Bildung des Individuums. Goethes Roman *Wilhelm Meisters Lehrjahre*
(1795/96) stellte dabei den Prototyp dar. Sein Roman *Die Wahlverwandtschaften* (1809) setzt sich mit dem Konflikt zwischen Neigung und
Pflicht auseinander, der durch den sittlichen Akt der Entsagung gelöst
wird.

Mit den Romanen Jean Pauls (1763–1825) wurde das Spektrum der klassischen Romane um das Element des **Humors** erweitert. Zu erwähnen
sind hier vor allem *Flegeljahre* (1804/05) und *Dr. Katzenbergers Badereise*
(1809).

Kennzeichnend für die Lyrik der Zeit sind die klare Sprache, das Aufgreifen antiker Metren und Formen wie Hymne und Ode oder auch die
Entscheidung für freie Rhythmen. Schillers Gedichte werden im Allge-

1.5 Das 18. Jahrhundert

meinen zur Gedankenlyrik gerechnet. Goethe zielte in seinen lyrischen Texten eher auf die Darstellung des Idealtypischen, indem er in symbolischer Verdichtung des subjektiv Erlebten oder Erfassten Allgemeines zum Ausdruck brachte.

Als Beispiel dafür kann das im Folgenden abgedruckte Gedicht *Mächtiges Überraschen* (1807/08) von Goethe gelten:

BEISPIEL: **Johann Wolfgang von Goethe**
Mächtiges Überraschen

Ein Strom entrauscht umwölktem Felsensaale,
Dem Ozean sich eilig zu verbinden;
Was auch sich spiegeln mag von Grund zu Gründen,
Er wandelt unaufhaltsam fort zu Tale.

Dämonisch aber stürzt mit einem Male –
Ihr folgten Berg und Wald in Wirbelwinden –
Sich Oreas, Behagen dort zu finden,
Und hemmt den Lauf, begrenzt die weite Schale.

Die Welle sprüht und staunt zurück und weicht
Und schwillt bergan, sich immer selbst zu trinken;
Gehemmt ist nun zum Vater hin das Streben.

Sie schwankt und ruht, zum See zurückgedeicht;
Gestirne, spiegelnd sich, beschaun das Blinken
Des Wellenschlags am Fels, ein neues Leben

In diesem Gedicht wird die Beobachtung eines Naturereignisses (Entstehung eines neuen Gebirgssees) symbolisch überhöht zu Aussagen über den Weg des Lebens und dessen Stationen.

Im Jahr 1798 veröffentlichten Goethe und Schiller gemeinsam im *Musenalmanach* (eine Art Literaturmagazin, in dem bis dahin noch nicht veröffentlichte Texte abgedruckt wurden) eine Ausgabe mit ihren großen Balladen. Dazu gehörten auch heute noch bekannte Balladen wie *Die Kraniche des Ibykus*, *Der Ring des Polykrates*, *Der Taucher* und *Die Bürgschaft* von Schiller sowie *Der Gott und die Bajadere, Der Zauberlehrling* und *Die Braut von Korinth* von Goethe.

> **Merke** **Klassik**
>
> → Zeit des Deutschen Idealismus
> → Orientierung an der Antike („edle Einfalt, stille Größe")
> → harmonisches Weltbild im Einklang von Verstand und Gefühl, von Geist
>   und Natur
> → Humanitätsideal und sittlicher Individualismus
> → ästhetische Erziehung des Menschen
> → Streben nach Gestaltung des Typischen
> → besondere Bedeutung des Symbolhaften

Romantik (1798 – 1835)

Überblick: Romantik (1798–1835)	
Kurz-charakteristik	Naturpoesie gegen Aufklärung und Klassik, Poetisierung der Natur Darstellung von Übersinnlichem, Nationalstaatsidee romantische Chiffre vs. klassisches Symbol romantische Ironie kritische Auseinandersetzung mit dem eigenen Werk und dem Schaffensprozess
Historischer Hintergrund	Nachwirkungen der Französischen Revolution, Restauration und aufkommende Freiheitsbewegung aufkommende Industrialisierung/Verstädterung, Verschlechterung der Lebensbedingungen sinkendes Vertrauen in die Kraft und Wirksamkeit aufklärerisch-rationalistischer Denksysteme
Lyrik	Thema: Darstellung des subjektiven Empfindens und Erlebens einer als beseelt aufgefassten Natur
Epik	Die Domäne der Romantik ist die Epik: Romane und Novellen Besinnung auf die Epik des Mittelalters, Volkspoesie und Märchen, Sammlungen von Märchen und Volksliedern
Drama	untergeordnete Bedeutung

Die Romantik begann Ende des 18. Jahrhunderts und reichte bis ins erste Drittel des 19. Jahrhunderts. Sie war ein gesamteuropäisches Phänomen mit national unterschiedlichen Akzentuierungen. In Deutschland spricht man von der **Frühromantik** oder Jenaer Romantik (1798 – 1804), der

Hochromantik (1804–1815) und der **Spätromantik** (1815–1835). Die verschiedenen Phasen unterscheiden sich in ihrer geistig-kulturellen Ausprägung und hatten ihre jeweiligen Zentren in verschiedenen Städten Deutschlands.

Die Frühromantik, zu der die Dichter August Wilhelm Schlegel (1767–1845) und Friedrich Schlegel (1772–1829), Ludwig Tieck (1773–1853), Wilhelm Heinrich Wackenroder (1773–1798) und Novalis (1772–1801) zählten, hatte ihr Zentrum in Jena. Zentren der Hochromantik waren Heidelberg, Dresden und Berlin, die Wirkungsstätten von Clemens Brentano (1778–1842), Jacob Grimm (1785–1863) und Wilhelm Grimm (1786–1859), Joseph Freiherr von Eichendorff (1788–1857) und E.T.A. Hoffmann (1776–1822). Die Zentren der Spätromantik lagen vor allem in Wien, Berlin und Nürnberg.

Der Begriff „Romantik" bzw. „romantisch" ist vielschichtig und wird unterschiedlich verwendet. Er leitet sich von den Genrebezeichnungen „Roman" oder „Romanze" ab und bezeichnete ursprünglich das Wunderbare, Exotische, Abenteuerliche. Im 17. und 18. Jahrhundert wurde der Begriff zum Synonym für ein pathetisches Naturerleben und -beschreiben, das an keine Regeln gebunden ist. Novalis setzte das Romantische mit dem Poetischen gleich. Etwas poetisieren oder romantisieren bedeutete für ihn, dem Gewöhnlichen ein geheimnisvolles Ansehen zu geben, dem Bekannten das Unbekannte zu entlocken und dem Endlichen einen unendlichen Sinn zu geben. Heute beziehen wir den Begriff „romantisch" auf nicht näher bestimmbare Empfindungen des Sentimentalen oder Märchenhaft-Fantastischen.

Historisch-gesellschaftlicher Hintergrund

Die Zeit des Umbruchs vom 18. auf das 19. Jahrhundert, zu der die Epoche der Romantik gehört, kann man in mehrfacher Weise als eine Zeit der Krisen bezeichnen. Die Französische Revolution und ihre Folgen hatten in Europa und speziell auch in Deutschland Spuren der Beunruhigung hinterlassen. Das zunehmend an Macht und Einfluss einbüßende feudalabsolutistische Herrschaftssystem reagierte unberechenbar und mit Härte. Die allmählich aufkommende Industrialisierung und die damit einhergehende Verstädterung führten durch eine erhebliche

Verschlechterung der Lebensbedingungen zusätzlich zu einer sozialen Krise. Vor dem Hintergrund dieser Ereignisse schwand der positive Fortschrittsglaube, der in der Aufklärung aus dem Vertrauen in das Wirken von Verstand und Vernunft entwickelt worden war. In Anbetracht der sich verändernden Realitäten empfand sich das Individuum nicht mehr in der von der Klassik angestrebten Harmonie zwischen Welt und Ich.

In der Reaktion auf diese als krisenhaft empfundenen Entwicklungen entstanden Aversionen gegen Herrschaftssysteme und Obrigkeitsdenken, gegen rein rationales Denken und gegen jede Form der Zurückweisung von Gefühl und Fantasie. Man zog sich zurück ins Private, besann sich auf die Werte der Volkspoesie und entdeckte die noch scheinbar geordnete Welt des Mittelalters neu. Dieses Geschichtsverständnis wurde ganz wesentlich beeinflusst durch Johann Gottfried Herder (1744–1803), Gottfried August Bürger (1747–1794) und die Dichter des → Göttinger Hains, bei denen sich diese Tendenzen schon angedeutet hatten. Die darin enthaltene Besinnung auf die Bedeutung der eigenen Geschichte – im Gegensatz zur Konzentration auf die Antike in früheren Epochen – war verbunden mit einem allgemeinen Zukunftsoptimismus. Dabei dachte man aber nicht an die schlichte Adaption der Vorbilder, sondern an einen planvoll entwickelten Neuanfang.

Geistig-kultureller Hintergrund

Die Philosophie der Romantik war insgesamt entscheidend geprägt durch die Gegenpositionen zur rationalistischen Denkweise der Aufklärung. Diese Gegnerschaft führte stellenweise auch zu einer Überpointierung von Standpunkten und zu extremen Positionen.

Der Philosoph **Johann Gottlieb Fichte** (1762 – 1814) war von entscheidender Bedeutung für das philosophische Denken der Romantik. In seiner *Wissenschaftslehre* (1794) stellte er das Ich in den Mittelpunkt der Weltbetrachtung. Daraus resultierte auch die Vorstellung von der absoluten Freiheit des Geistes, die es z.B. dem romantischen Künstler erlaubte, sich über alles hinwegzusetzen, selbst über die eigene Kunst und Genialität. Humor und romantische Ironie in zahlreichen Werken dieser Zeit wurzelten in dieser Haltung. Prägend war auch die von **Friedrich Schelling** (1775–1854), einem Vertreter der romantischen Schule, entwickelte Naturphilosophie, nach der Natur und Geist eine Einheit bildeten. Demnach galt alles in der Natur und im Universum als beseelt. Diese Vorstellung im Verbund mit der Betonung der subjektivistischen Position förderte bei den Romantikern den Hang zum Mystischen und Religiösen. Für **Friedrich Daniel Ernst Schleiermacher** (1768–1834), den bedeutendsten Theologen dieser Zeit, war das Gefühl des Individuums, mit der Schöpfung eins zu sein, Zentrum der Religion. In seiner Schrift *Über die Religion, Reden an die Gebildeten unter ihren Verächtern* (1799) stellte er heraus, dass durch diese Art der Betrachtung des Universums ein Gespür für die Unendlichkeit entwickelt werde.

Kunst und Literatur

Das romantische Lebensgefühl drückte sich auch in der Musik und Malerei dieser Zeit aus. Durch die bewusste Ausgestaltung der Fantasie und des subjektiven Naturerlebens grenzten sich die romantischen Maler gegen die formale Strenge und die thematische Gradlinigkeit des Klassizismus ab. Zu erwähnen sind hier vor allem die bekannten Landschaftsbilder von **Caspar David Friedrich** (1774–1840), auf denen häufig der eher klein wirkende Mensch in eine übermächtig erscheinende Naturkulisse gestellt ist, die die Allmacht Gottes spüren lässt.

Zu den großen Themen in der Literatur gehörten das Irrationale, Übersinnliche, die individuelle Naturbeschreibung und das subjektive Naturerlebnis, das in der meist als beseelt empfundenen Natur durchaus religiöse Tendenzen aufwies. Auf der anderen Seite war eine deutliche Abneigung gegenüber jeglicher Art von Systemdenken und Unterwürfigkeit, gegenüber den ersten Anzeichen einer zunehmenden Industrialisierung und der damit verbundenen Verstädterung zu spüren. Kritisch betrachtet wurden auch das bis dahin gültige Frauenbild sowie die Unterdrückung von Gefühl und Fantasie. Erklärter Zweck der Kunst waren Stimmung und Erlebnis. Um dies zu erreichen, setzten die Romantiker auf die **Universalpoesie**, womit sie eine Poetisierung des gesamten Lebens meinten, indem alle Bereiche des menschlichen Lebens (Wissen, Glauben, Philosophie, Religion) verschmolzen sind. Auch die verschiedenen Künste und die unterschiedlichen Gattungen der Literatur sollten nicht mehr getrennt voneinander bestehen, sondern gemeinsam zu einem synästhetischen Erlebnis (Vermischung der Sinneseindrücke) führen.

BEISPIEL: Friedrich Schlegel
Athenäums-Fragment Nr. 116

Die romantische Poesie ist eine progressive Universalpoesie. Ihre Bestimmung ist nicht bloß, alle getrennten Gattungen der Poesie wieder zu vereinigen und die Poesie mit der Philosophie und Rhetorik in Berührung zu setzen. Sie will und soll auch Poesie und Prosa, Genialität und Kritik, Kunstpoesie und Naturpoesie bald mischen, bald verschmelzen, die Poesie lebendig und gesellig und das Leben und die Gesellschaft poetisch machen, den Witz poetisieren und die Formen der Kunst mit gediegnem Bildungsstoff jeder Art anfüllen und sättigen und durch die Schwingungen des Humors beseelen. Sie umfaßt alles, was nur poetisch ist, vom größten wieder mehrere Systeme in sich enthaltenden Systeme der Kunst bis zu dem Seufzer, dem Kuß, den das dichtende Kind aushaucht in kunstlosem Gesang.

Gattungen

Die Dichter der Romantik schufen eine Vielzahl von Gedichten, in denen das subjektive Empfinden und das Erleben einer als beseelt empfundenen Natur zentrale Themen waren. Die Gestaltung der Gedichte stand nicht mehr wie in der Klassik ganz unter dem Diktat der Vollendung in der Harmonie von Gehalt und Gestalt. An die Stelle des klassischen Symbols und seines auf Allgemeingültiges verweisenden Charakters trat die „**romantische Chiffre**" (ein verabredetes Zeichenrepertoire). Ein häufig wiederkehrendes Arsenal von Begriffen wie „Mond", „Nacht", „Sterne", „Sehnsucht" usw. wurde in den Texten wie die Tasten eines Klaviers benutzt, durch deren Drücken man mit diesen Begriffen gekoppelte Gefühlslagen auslösen konnte. Im Verlauf der Romantik wurde unter anderem auch diese Verwendung der Chiffren stellenweise zum Gegenstand des Humors oder der **romantischen Ironie**.

Die absolute Freiheit des Geistes erlaubte es dem Künstler, auch sein eigenes Tun kritisch zu reflektieren, indem er eine Distanz zu seinem Werk aufbaute und den Schaffensprozess dort selbst thematisierte. Diese kritische Reflexion der künstlerischen Produktion im literarischen Werk selbst führte oft zu „ironischen" Illusionsbrüchen.

Obwohl heute romantische Gedichte und Lieder als erstes mit dieser Zeit in Verbindung gebracht werden, war die Epik (Roman, Novelle und vor allem das Märchen) der Bereich der Literatur, in dem romantische Dichtungstheorie und romantisches Lebensgefühl in besonderem Maße zum Ausdruck kamen. Vor allem die Märchen galten den Romantikern als die Krönung der Dichtung, da sie ihre Theorie vom Ursprung und Wesen der Dichtung bestätigten. Denn die Märchen sind sowohl zeitlich als auch räumlich nicht präzise lokalisierbar, das Irrationale und Fantastische spielt in ihnen eine wichtige Rolle und die „Helden" folgen in ihrem Handeln eher Intuitionen, Ahnungen und Gefühlen als rationalem Denken.

Dieser Vorliebe für das Volkstümliche, das Volkslied und die Volksmärchen verdanken wir heute eine ganze Reihe wichtiger Sammlungen von Volksliedern und Märchen, die in dieser Zeit zusammengetragen wurden. Dazu gehören z. B. die Sammlung der Haus- und Volksmärchen der Gebrüder Grimm, die umfassende Sammlung deutscher Volkslyrik und -lieder in *Des Knaben Wunderhorn – Alte deutsche Lieder* (1806 und 1808) von Achim von Arnim (1781 – 1831) und Clemens Brentano (1778 – 1842) sowie die Wiederentdeckung des Nibelungenliedes (mittelhochdeutsches Heldenepos).

Das Drama spielte in der Epoche der Romantik nur eine untergeordnete Rolle, auch wenn mit *Das Käthchen von Heilbronn* (1807) und *Der zerbrochene Krug* (1811) des Dichters Heinrich von Kleist (1777 – 1811) zwei bekannte Dramen der Zeit vorliegen.

> **Merke** **Romantik**
> → politische, soziale und literarische Umbruchphase
> → Opposition zum Rationalismus der Aufklärung und zum Anspruch auf Vollendung in der Klassik
> → Geist und Natur als Einheit, beseelte Natur
> → Hang zum Irrationalen, Übersinnlichen
> → Besinnung auf Mittelalter, Volkspoesie und Märchen → Sammlungen von Märchen, Volksgedichten und -liedern, Wiederentdeckung des Nibelungenliedes
> → Tendenz zum Mystischen und Religiösen
> → Humor, romantische Ironie
> → Programm einer „Universalpoesie"
> → romantische Chiffre

1.6 Das 19. Jahrhundert

Zeittafel	
1806	Ende des Heiligen Römischen Reiches Deutscher Nation
1807	Straßenlaternen (Gas) in London
1812	Buchdruck-Schnellpresse
1815	Wiener Kongress/Gründung des deutschen Bundes, Beginn der Restauration
1819	Karlsbader Beschlüsse, Bekämpfung liberaler und nationaler Tendenzen Atlantik-Überquerung per Dampfschiff
1821	Grundprinzip des Elektromotors
1830	Französische Julirevolution
1832	Hambacher Fest: große Demonstration des liberalen Bürgertums Anfänge der Fernverständigung durch Elektromagnetismus
1833	Gründung des deutschen Zollvereins, Sturm auf die Frankfurter Wache
1835	Erfindung der Fotografie; Eisenbahnstrecke Fürth – Nürnberg Verbot der Bewegung „Junges Deutschland"
1837	Morse entwickelt den Schreibtelegraphen

1.6 Das 19. Jahrhundert 53

Zeittafel	
1840	Thronbesteigung durch Friedrich Wilhelm IV. von Preußen, Rheinkrise
1841	Lockerung der Zensur
1843	Telegraphenverbindung Washington–Baltimore
1844	Schlesischer Weberaufstand
1848	Marx und Engels: *Kommunistisches Manifest* Unruhen in Europa, deutsche Nationalversammlung in der Frankfurter Paulskirche

Die politisch aufgeheizte Situation und die immer schlechter werdenden sozialen Verhältnisse zu Beginn des 19. Jahrhunderts führten zu gegensätzlichen literarischen Strömungen:

→ Biedermeier (1820–1850)
→ Junges Deutschland und Vormärz (1830–1850)

Die Bewegungen verliefen zwar zeitlich in etwa parallel, waren vor allem in der Grundhaltung aber sehr unterschiedlich. Die Menschen des Biedermeier verdrängten eher die politische und soziale Misere in Deutschland, indem sie von Ruhe und Geborgenheit träumten. Diese Wunschvorstellung kommt deutlich in dem heute noch bekannten Biedermeier-Stil in der Wohnkultur zum Ausdruck.

Die anderen Strömungen waren der eher melancholischen und resignativen Grundhaltung des Biedermeier entgegengesetzt. Eine dieser Gegenströmungen war das sogenannte „Junge Deutschland". Damit wird eine anfangs politisch aktive und sehr engagierte literarische Bewegung bezeichnet, deren Wirkung aber durch ein Verbot 1835 und durch staatliche Repressalien bald versiegte. Im Zusammenhang mit dieser Gruppierung sind vor allem zu nennen: Karl Gutzkow (1811–1878), Theodor Mundt (1808–1861), Heinrich Laube (1806–1884) und Ludolf Wienbarg (1802–1872). Heinrich Heine (1797–1856) und Ludwig Börne (1786–1837) galten zwar als die Vorbilder dieser Bewegung, gehörten aber nicht unmittelbar zur Gruppierung.

Die zweite Gegenbewegung erwies sich als politisch wesentlich radikaler und wurde mit Bezug auf die Märzrevolution 1848 „Vormärz" genannt. Zu den Dichtern dieser Bewegung gehörten vor allem Georg Herwegh

(1817–1875), August Heinrich Hoffmann von Fallersleben (1798–1874), Franz Dingelstedt (1814–1881) und Ferdinand Freiligrath (1810–1876). Heinrich Heine distanzierte sich zwar von der direkten Inanspruchnahme der Lyrik zu politischen Zwecken, schrieb aber selbst deutlich sozial- und gesellschaftskritische Gedichte. Georg Büchner (1813–1837) ist hier als einer der politisch engagiertesten Schriftsteller der Zeit zu erwähnen, auch wenn er sich weder der Gruppierung „Junges Deutschland" noch dem Vormärz eindeutig zuordnen lässt.

Biedermeier (1820–1850)

Überblick: Biedermeier (1820–1850)	
Themen	Heile Welt, kleinbürgerliche Idylle „kleines Glück"
Kurz-charakteristik	Rückzug ins Private und Beschauliche statt aktiver Beteiligung am Politischen (literarische Restauration)
Lyrik	Balladen und Gedichte mit melancholisch-resignativer Grundstimmung
Epik	Bevorzugung epischer Kurzformen (Märchen und Novelle), Romane: Behandlung zeitgenössischer Themen, schlichte Abenteuerromane als Leseunterhaltung
Drama	Vorliebe für komische Volksstücke, Familien- und Rührstücke sowie historische Dramen

Im Spektrum der literarischen Epochen wird mit der Bezeichnung „Biedermeier" eine Strömung kleinbürgerlich-konservativen Denkens bezeichnet, die sich zwischen Romantik und Realismus erstreckte. Im Gegensatz zu den parallel verlaufenden eher politisch progressiven Strömungen des → Jungen Deutschland und des Vormärz wird das Biedermeier auf literarischer Ebene mit der politischen **Restauration** in Verbindung gebracht. Als Reaktion auf die restriktiven Maßnahmen des Wiener Kongresses (1815) und die Neuordnung Europas stellte sich eine nationale Enttäuschung ein, die teilweise dazu führte, dass man sich ins **Private** und **Beschauliche** zurückzog, Geselligkeit stark pflegte und auf ältere Traditionen zurückgriff. Obwohl man den Widerspruch zwischen Ideal und Wirklichkeit durchaus empfand, rückte man in der Literatur die heile Welt einer schlichten kleinbürgerlichen Wirklichkeit ins Zentrum der Darstellung und betonte sittliche Ideale wie Bescheidenheit,

1.6 Das 19. Jahrhundert 55

Zügelung der Leidenschaften, Unterordnung unter das Schicksal sowie das Streben nach Ruhe und Frieden im Einklang mit der als harmonisch empfundenen Natur. Auf das Ausleben individueller Freiheiten und auf gesellschaftskritische Untertöne wurde ganz bewusst zugunsten eines – wenn auch eingeschränkten – Glücks verzichtet. Während des → Realismus wurde der Begriff „Biedermeier" stark abwertend zur Bezeichnung dieser Haltung in der Literatur der Restaurationszeit verwendet. Erst im 20. Jahrhundert setzte sich der Begriff als eine eher neutrale kunst- und kulturgeschichtliche Stilbezeichnung durch.

Die namhaftesten Dichter dieser Zeit sind:
→ Jeremias Gotthelf (1797 – 1854),
→ Annette von Droste-Hülshoff (1797 – 1848),
→ Franz Grillparzer (1791 – 1872),
→ Eduard Mörike (1804 – 1875) und
→ Adalbert Stifter (1805 – 1868).

Die Literatur des Biedermeier bevorzugte epische Kurzformen wie **Märchen** oder **Novelle**. Die Romane behandelten zeitgenössische Themen bzw. bedienten eher schlichte Lesererwartungen.

Im Bereich der Lyrik zeigte sich eine Vorliebe für **Balladen** und einfache **Gedichte**, die einer melancholisch-resignativen Grundhaltung entsprachen.

Bei den dramatischen Texten der Zeit schätzte man **Familien- und Rührstücke** sowie die heiter-komischen **Volksstücke** der österreichischen Theaterdichter Ferdinand Jakob Raimund (1790 – 1836) oder Johann Nepomuk Nestroy (1801 – 1862). Die **historischen Dramen** von Franz Grillparzer (1791 – 1872) und Christian Dietrich Grabbe (1801 – 1836) setzten sich stärker mit geschichtlichen Stoffen als mit aktuellen Problemen der Zeitgeschichte auseinander.

BEISPIEL: Eduard Mörike
Er ist's
Frühling läßt sein blaues Band
Wieder flattern durch die Lüfte;
Süße, wohlbekannte Düfte
Streifen ahnungsvoll das Land.

Veilchen träumen schon,
Wollen balde kommen.
– Horch, von fern ein leiser Harfenton!
Frühling, ja du bist's!
Dich hab ich vernommen!

Junges Deutschland und Vormärz (1830 – 1850)

Überblick: Junges Deutschland und Vormärz (1830–1850)	
Themen	kritische Auseinandersetzung mit der Realität, gedankliche Entwürfe der Realität (Zukunftsoptimismus)
Kurz-charakteristik	Ziel ist die Schaffung einer neuen Epoche, die den revolutionären Zeitgeist widerspiegeln sollte.
Lyrik	politische Lyrik
Epik	von besonderer Bedeutung: Reisebriefe, Novellen und Zeitromane Interesse an gesellschaftlichen Zuständen und politischen Themen
Drama	Vorboten des modernen Dramas durch Elemente des nicht-aristotelischen Dramas soziales Drama Illusionslosigkeit gegenüber dem determinierenden Einfluss der gesellschaftlichen Realität

Die Bezeichnungen „Vormärz" oder „Junges Deutschland" beziehen sich einerseits auf die politischen Ereignisse, andererseits auf den Namen einer politisch sehr aktiven Gruppierung junger Schriftsteller in dieser Zeit. „Vormärz" deutet auf das Scheitern der Revolution in Deutschland im März des Jahres 1848 hin, mit der die Einheit Deutschlands und eine liberale Verfassung erreicht werden sollten, und verweist damit auch auf das Ende der literarischen Strömung. Die Bezeichnung „Junges Deutschland" stammt aus Ludolf Wienbargs (1802–1872) Vorlesungen „Ästhetische Feldzüge. Dem jungen Deutschland gewidmet" (1833). Mit der Bezeichnung „Junges Deutschland" fasste man eine Gruppe junger Schriftsteller zusammen, deren Schriften 1835 verboten wurden. Erst das Verbot förderte den Zusammenhalt dieser Gruppierung von Schriftstellern, die bis dahin regional versprengt in Deutschland Texte mit politischen Inhalten und Zielrichtungen publiziert hatten.

1.6 Das 19. Jahrhundert

Historisch-gesellschaftlicher Hintergrund

Entscheidend für die historisch-politische Situation war die **Julirevolution 1830** in Frankreich. Die von dort ausgehenden Ideen des Liberalismus wirkten sich auf fast ganz Europa aus. Die Durchsetzung der Interessen des Bürgertums war das erklärte Ziel der liberalen Bewegung in Deutschland. Die Auflösung der Kleinstaaten und die Herstellung der nationalen Einheit, die Garantie der Freiheit per Verfassung und soziale Reformen gehörten zu den zentralen Programmpunkten dieser Bewegung. Die rasch zunehmende Industrialisierung und die damit sich ständig vergrößernde Kluft zwischen Arbeitgebern und Arbeitnehmern barg weiteren Zündstoff. Das bisherige Staatssystem, die alte Gesellschaftsordnung, Adel und Klerus sowie soziale und nationale Schranken wurden abgelehnt. Massenbewegungen wie das **Hambacher Fest** des liberalen Bürgertums 1832, der Sturm auf die Wache in Frankfurt als Reaktion auf die Gründung des deutschen Zollvereins 1833 und die Thronbesteigung Friedrich Wilhelms von Preußen 1840 weckten Hoffnungen, da sich damit Tendenzen zur Liberalisierung andeuteten (z. B. eine Amnestie für politische Verbrechen und eine Lockerung der Zensur).

Unter dem Einfluss der **Februarrevolution 1848** in Paris begann in verschiedenen Teilen Deutschlands die sogenannte „**Märzrevolution**". Demonstrationen und Volksversammlungen, die die Einheit Deutschlands und eine liberale Verfassung forderten, führten zunächst zu Tendenzen der Liberalisierung in verschiedenen Kleinstaaten Deutschlands. Obwohl am 18. Mai 1848 in der Frankfurter Paulskirche mit der **Frankfurter Nationalversammlung** das erste deutsche Nationalparlament zusammentrat, bedeutete die – vor allem unter dem Druck Österreichs vorgenommene – Wiedereinberufung des Bundestags 1849 eine Rückkehr zum alten System und damit das Scheitern der Märzrevolution.

Geistig-kultureller Hintergrund

Die Junghegelianer leiteten aus Georg Wilhelm Friedrich Hegels (1770–1831) *Grundlinien der Philosophie des Rechts* (1820) ihre revolutionäre Forderung ab: Der Liberalismus müsse verwirklicht werden, da der gegenwärtige Zustand der Gesellschaft nicht gut sei. Der Philosoph **Ludwig Feuerbach** (1804–1872), einer der bedeutendsten Junghegelianer, sprach sich gegen den Glauben und kirchliches Dogma in jeder Form aus, indem er Wissenschaft und Vernunft an die Stelle des Glaubens setzte. Gott und Religion interpretierte er nur als übertriebene Wunschbilder im Denken. Dieser Gedanke findet sich in gewisser Weise bei **Karl Marx** (1818–1883), der anfangs ebenfalls zu den Junghegelianern zählte, wieder, wenn er Religion als Opium für das Volk bezeichnet.

Kunst und Literatur

Den Künstlern und vor allem den Schriftstellern war aufgrund ihres politischen Engagements besonders die Breitenwirkung ihrer Tätigkeit wichtig. Viele Dichter dieser Zeit entdeckten für sich die **journalistische Publikationsform** als wirksames Medium, und neue journalistische Formen (z. B. Reisebriefe und Feuilleton) entstanden. Die Presse dieser Zeit vollzog auf diese Art die Entwicklung von reiner Berichterstattung zur Meinungsbildung, wobei auch auf einen gewissen künstlerischen Anspruch der Texte Wert gelegt wurde. Die engagierte Forderung größerer Presse- und Meinungsfreiheit war den Schriftstellern daher ein zentrales Anliegen.

Anders als in der → Romantik galt das Interesse nicht mehr dem Inneren des Menschen (Gefühlen, Empfindungen usw.), sondern seinen revolutionären Taten und Gedanken. **Ludolf Wienbarg** (1802–1872), der als der wesentliche Theoretiker des „Jungen Deutschland" gilt, hielt politische Freiheit für die Grundvoraussetzung für das Entstehen einer deutschen Nationalliteratur. Erklärtes Ziel der Bewegung war die Schaffung einer neuen Epoche, die den revolutionären Zeitgeist wiedergeben sollte. Die Aufgabe der Dichtung wurde in der Darstellung des wirklichen Lebens gesehen, wozu eine Verbindung von Kunst und Wissenschaft geboten war. Anders als im → Realismus und im → Naturalismus meinte man mit der Darstellung von Realität nicht objektive Wiedergabe des Bestehenden, sondern aus der Kritik an dieser Realität entstandene gedankliche Entwürfe der Wirklichkeit. In dieser Auffassung kommen der Zukunftsoptimismus der Bewegung zum Ausdruck sowie der Glaube, die Gesellschaft und das Leben der Menschen durch ihre Art der Literatur verbessern zu können.

1.6 Das 19. Jahrhundert 59

Gattungen

Von größter Bedeutung für die Epoche war die erzählende Literatur. Zu den besonders beliebten, da zeitgemäßen Genres zählten der **Reisebrief** und die **Novelle**. Literarische Reisebriefe entsprachen der größer werdenden Mobilität und dem zunehmenden Interesse an den gesellschaftlichen Zuständen in Deutschland und vor allem auch in den europäischen Nachbarländern. Der Novelle widmete man vermehrt Aufmerksamkeit, da sie hervorragend geeignet schien, über die Darstellung großer Lebensentwürfe als politische Allegorien auf den Leser zu wirken. Neben den eher fragmentarischen Novellen der jungdeutschen Schriftsteller Heinrich Laube (1806–1884) und Theodor Mundt (1808–1861) erfreuten sich die neu konzipierten Diskussions-Novellen von Ludwig Tieck (1773–1853) besonderer Beliebtheit. Beachtung fand dabei seine Novellensammlung *Phantasus* (1812–1816). In den Novellen der Sammlung wurden in Form von Gesprächen poetologische Fragestellungen erörtert. Das Genre Roman brachte einige wichtige Werke hervor, wobei vor allem die Zeitromane des Schriftstellers Karl Gutzkow (1811–1878) zu erwähnen sind.

Christian Dietrich Grabbe (1801–1836) und **Georg Büchner** (1813–1837) schrieben die für die Zeit wichtigen Dramen. Besonders Georg Büchner (1813–1837) erwies sich durch die schonungslose Darstellung des Antihelden in seinem sozialen Drama *Woyzeck* (veröffentlicht posthum 1879) als Realist und historischer Fatalist, indem er die gesellschaftliche Determiniertheit der „geschundenen Kreatur" in den Mittelpunkt des Stückes stellte. Grabbe und vor allem Büchner unterschieden sich von der Gruppierung „Junges Deutschland" vor allem durch ihre Illusionslosigkeit gegenüber den gesellschaftlichen Verhältnissen der Zeit. Im Aufgreifen sozialer Themen und in der formalen Gestaltung der Dramen wiesen sie auf die Epoche des → Expressionismus und das moderne Drama (→ nichtaristotelisches Drama) voraus.

Speziell die politische Tendenz in den späten Gedichten Heinrich Heines (1797–1856) hatte noch großen Einfluss auf die Epoche. Zwischen 1830 und 1848 entstand eine ganze Reihe von Sammlungen mit politischer Lyrik verschiedener Autoren dieser Zeit. Zu erwähnen sind hier die Gedichtbände *Gedichte eines Lebendigen* (1841 und 1843) von Georg Herwegh (1817–1875) und *Ein Glaubensbekenntnis* (1844) von Ferdinand Freiligrath (1810–1876).

> **Merke** **Junges Deutschland und Vormärz**
> → Julirevolution 1830 und Februarrevolution 1848 in Frankreich
> → Ziele: Deutsche Einheit und demokratisch-liberale Verfassung
> → Zensur und Verfolgung von Schriftstellern
> → Literatur als Mittel der politisch-gesellschaftlichen Agitation
> → Ablehnung kirchlicher Dogmen und des alten Staatssystems
> → Vorliebe für journalistische Textformen
> → Scheitern der März-Revolution von 1848 in Deutschland

Realismus (1850–1890)

Überblick: Realismus (1850–1890)	
Themen	Individuum und Gesellschaft, Zusammenleben der Menschen, soziale Fragen, Aspekte des Staats- und Gesellschaftslebens
Kurz-charakteristik	Widerspiegelung des wirklichen Lebens; dabei Entwurf eines poetischen Bildes der Realität durch die Konzentration auf ausgewählte Ausschnitte der Wirklichkeit
Lyrik	geringe Wertschätzung Lyrik galt als Sache der Jugend bzw. als Nebenprodukt schriftstellerischer Tätigkeit
Epik	Blütezeit der Novelle, das bedeutet: Reduktion des Unwesentlichen, Konzentration auf zentrale Probleme menschlichen Lebens Bildungsroman (z. B. *Der grüne Heinrich* von Gottfried Keller)
Drama	F. Hebbel *Maria Magdalena* insgesamt aber wenig Bedeutung

In der Literaturwissenschaft wird die Zeit von 1850 bis 1890 im Allgemeinen als „**bürgerlicher Realismus**" oder „**poetischer Realismus**" bezeichnet, um den Epochenbegriff vom Realismus als einer spezifischen Art der Darstellung in der Kunst abzugrenzen. Von den vorausgehenden literarischen Epochen (besonders → Klassik) unterschied den poetischen

1.6 Das 19. Jahrhundert

Realismus die Konzentration auf das Individuum bei gleichzeitiger Aufgabe des Gedankens von der harmonischen Einheit zwischen Ich und Welt. Von der nachfolgenden Epoche des → Naturalismus unterschied ihn der geringere Anspruch an Genauigkeit und Mannigfaltigkeit bei der Darstellung der Realität. Der poetische Realismus suchte gewissermaßen die Mitte zwischen beiden, um bei selbst auferlegter Unparteilichkeit die Realität der alltäglichen Welt zu zeichnen.

Im poetischen Realismus ging man davon aus, dass das „Wahre" in der Kunst nicht durch detailgetreue und präzise Abbildung der Wirklichkeit, sondern durch die Art der Auswahl und die Konzentration auf Details entstünde. Vor dem Hintergrund der politischen und gesellschaftlichen Situation stellten Entsagung und Resignation die Grundhaltung dieser Zeit dar, womit sie eine innere Verbindung zum → Biedermeier besaß.

Historisch-gesellschaftlicher Hintergrund

Zeittafel	
Allgemein	schneller technischer Fortschritt vor allem in den Bereichen Energieversorgung und Kommunikationstechnik
1849	Auflösung der Frankfurter Nationalversammlung
1854	Wörterbuch der Gebrüder Grimm
1866	Erfindung der Dynamomaschine durch Siemens → wesentliche Fortschritte in der Stromversorgung
1867	Erfindung des Eisenbetons als Basis für eine Revolution in Architektur und Bauwesen
1870–1871	Deutsch-Französischer Krieg, König Wilhelm I. von Preußen wird zum Kaiser proklamiert
1871	Otto von Bismarck wird deutscher Reichskanzler
1873	Rollenrotationspresse druckt eine Zeitung in Wien
1878	Sozialistengesetze gegen sozialdemokratische Gruppierungen Glühbirne von Edison
1880	*Orthographisches Wörterbuch* (Duden)
1888	Rollfilmkamera von Kodak Friedrich Wilhelm II. wird dt. Kaiser, Beginn des deutschen Imperialismus (Erwerb von Kolonien in Übersee)
1890	elektrische Straßenbahn in Bremen

Das Scheitern der Revolution von 1848/49, die Proklamation des preußischen Königs Wilhelm I. zum deutschen Kaiser 1871, die Ernennung Otto von Bismarcks zum Reichskanzler sowie die Einigung des Reiches waren die die Zeit prägenden politischen Ereignisse. Bismarcks Ideen und Maßnahmen als deutscher Reichskanzler fanden allerdings nicht immer eine breite Zustimmung in der Bevölkerung, da man die konkrete Lösung von Problemen stellenweise vermisste. Soziale Probleme brachte in besonderem Maße die **Industrialisierung** mit sich, die durch eine sich rasant entwickelnde Technik gefördert wurde. Aus der Industrialisierung ergab sich eine größer werdende Kluft zwischen Kapitalbesitzern und Arbeitnehmern.

Die mit der Industrialisierung einhergehende Verstädterung Deutschlands verstärkte die Gegensätze zwischen Stadt und Land. Besonders in den großen Städten, wohin es wegen der Arbeit in den neu errichteten Fabriken große Teile der Landbevölkerung zog, kam es zu einer Proletarisierung der Arbeiterschicht, und die bestehenden Klassengegensätze führten besonders dort zu Spannungen. Politische Gruppierungen und Parteien, die sich intensiv mit den sozialen Fragen der Zeit befassten, gerieten in Konflikt mit der staatlichen Ordnung. Den Höhepunkt dieser Entwicklung kennzeichnet das „Gesetz gegen die Ausschreitungen der Sozialdemokratie" (Sozialistengesetze) von 1878.

Geistig-kultureller Hintergrund

Die schnelle Entwicklung der Naturwissenschaften und der sich daraus ergebende rasante „Fortschritt" der Technik wurden nicht nur mit Bewunderung aufgenommen, sondern auch als Bedrohung empfunden. Vor dem Hintergrund der sich überstürzenden politischen, gesellschaftlichen und sozialen Probleme der Zeit entwickelte sich so etwas wie Zweckoptimismus. Weitgehend kritikloser Dienst am Staat und Pflichterfüllung in allen Bereichen des Lebens entwickelten sich als eine Art Flucht vor den wirklichen Problemen der Zeit.

Das gesellschaftliche Leben und die Wertvorstellungen wurden immer stärker durch eine eher **materialistische und diesseitsorientierte Grundhaltung** bestimmt. Die Religion verlor weiter an Bedeutung, da die den Menschen maßgeblich beeinflussenden und beherrschenden

Mächte in der Realität gesehen wurden. Die intensive Auseinandersetzung mit der Philosophie **Arthur Schopenhauers** (1788–1860) führte – bezogen auf den Glauben an die Beherrschung der Umwelt durch den Menschen – in Teilen des Bildungsbürgertums zu einer eher resignativen und pessimistischen Grundstimmung. Im direkten Bezug auf neuere naturwissenschaftliche Erkenntnisse (Darwinismus, deterministische Naturauffassung) entstanden Ansätze zu einer materialistischen Philosophie. Demnach wurde das Individuum als ein Objekt gesehen, das den Kräften der Natur ausgesetzt war. Menschliches Leben erschien in allen Bereichen ausschließlich kausalen Gesetzmäßigkeiten unterworfen. Im selben Maße, wie diese geistige Grundhaltung sich durchsetzte, verlor Bildung den Stellenwert, den sie seit Beginn der → Aufklärung erlangt hatte. Mit Blick auf die Probleme der Zeit erschien Gebildet-Sein eher als künstlich und lebensfremd.

Kunst und Literatur

Großen Einfluss auf das literarische Schaffen der Zeit hatten der Roman *Madame Bovary* (1857) des französischen Schriftstellers Gustave Flaubert (1821–1880) und die Romane des englischen Schriftstellers Charles Dickens (1812–1870) aufgrund ihrer Art der Darstellung des Alltags und der sozialen Verhältnisse. Die bekannten deutschen Dichter des poetischen Realismus gehörten in ihrer Mehrzahl zum kleinen und mittleren Bürgertum. Individuum und Gesellschaft, das Zusammenleben der Menschen, soziale Fragen sowie Aspekte des öffentlichen Lebens waren die zentralen Themen der zeitgenössischen Schriftsteller. Keine reine Abbildung, sondern eine bewusst gestaltete – und damit „verklärte" – Darstellung der Realität war ihr Ziel.

Ausgeblendet wurde, was hinter der Realität lag. Für Übersinnliches und Mystisches wie in der → Romantik oder die Frage nach dem „Warum" des Dargestellten war kein Raum, da der Dichter nicht klüger als die Realität selbst sein sollte. Ästhetisches Ziel war die **Unparteilichkeit der Darstellung**, wozu auch der Verzicht auf die Meinung und das eigene Gefühl des Dichters gehörten.

Der **Humor** avancierte in den literarischen Werken dieser Zeit zu einem bedeutsamen Element des Erzählens, da er einerseits erlaubte, Distanz zum Dargestellten zu halten, andererseits aber eine heiter-souveräne Art der Auseinandersetzung mit ihr ermöglichte. Für viele Schriftsteller der Zeit wurde er geradezu eine „Waffe" gegen die vielseitige Bedrohung des Daseins in der Realität. Anders als später im Naturalismus glaubte man, dass der Mensch den materialistischen Kräften der Umwelt noch nicht ganz ausgeliefert sei, sondern im Verstehen noch die Möglichkeit der Auflehnung und Unabhängigkeit habe. In den Helden ihrer literarischen Werke mischen sich deshalb stellenweise Komisches und Tragisches, auch wenn in der Regel in den zeitgenössischen Romanen und Novellen gezeigt wird, wie die Protagonisten an den Mächten der Welt, in die sie tragisch verstrickt sind, scheitern.

Den Themen dieser Zeit entsprechend ist der Stil der literarisch-epischen Zeugnisse durch eine größere Sach- und Dinggebundenheit in der Genauigkeit der Detaildarstellung gekennzeichnet, kommt ohne Pathos aus und wirkt eher **nüchtern** und **präzise**. Thematische Schwerpunkte und stilistische Ausprägung trafen allerdings kaum den Zeitgeschmack. In der zeitgenössischen Bevölkerung wurden statt der als hart und unattraktiv geltenden Stoffe des poetischen Realismus' traditionelle oder eher triviale Inhalte und Formen favorisiert, wie sie z. B. die neu entstandenen Massenmedien anboten.

Zu den bekanntesten Schriftstellern der Epoche gehören:
- → Friedrich Hebbel (1813 – 1863),
- → Theodor Storm (1817 – 1888),
- → Theodor Fontane (1819 – 1898),
- → der deutschsprachige Schweizer Gottfried Keller (1819 – 1890),
- → Conrad Ferdinand Meyer (1825 – 1898) und
- → Wilhelm Raabe (1831 – 1910).

Gattungen

Das Epische war die bevorzugte Ausdrucksform des poetischen Realismus. Neben dem Roman erlebte auch die **Novelle** eine Blütezeit. Der Verzicht auf Unwesentliches und die Konzentration auf zentrale Probleme menschlichen Lebens – ausgehend von einem bedeutenden Beispiel – rückten dieses Genre ganz ins Interesse der Schriftsteller dieser Epoche.

1.6 Das 19. Jahrhundert

Zu den heute noch sehr bekannten Beispielen gehören unter anderem folgende Novellen:

→ T. Storm: *Im Schloß* (1861); *Pole Poppenspäler* (1874); *Der Schimmelreiter* (1888)

→ G. Keller: *Die Leute von Seldwyla* (1856; erweitert 1874); *Züricher Novellen* (1878)

→ C. F. Meyer: *Das Amulett* (1873); *Der Schuß von der Kanzel* (1877); *Der Heilige* (1879); *Plautus im Nonnenkloster* (1882)

Die Epoche brachte neben den Novellen auch eine ganze Reihe noch heute bekannter **Romane** hervor. So entstanden → Bildungsromane wie etwa *Der grüne Heinrich* (1854/55, überarbeitet 1879/80) von Gottfried Keller (1819–1890) oder *Soll und Haben* (1855) von Gustav Freytag (1816–1895). Das in ihnen dargestellte Spannungsfeld zwischen Individuum und Gesellschaft wurde dabei durchaus unterschiedlich akzentuiert. In der Regel fand eine eher kritische Reflexion der Realität in den zeitgenössischen Bildungsromanen statt, indem z. B. nicht mehr nur die Entwicklung des Helden beschrieben, sondern – ganz zeitgemäß – auch deren materielle Voraussetzungen oder auch das Scheitern des Individuums am Bildungssystem der Zeit thematisiert wurden.

Das **Drama** spielte im poetischen Realismus kaum eine Rolle, sodass man fast von einer Krise des deutschen Dramas sprechen kann. Die Tatsache, dass Richard Wagner Musikdramen verfasste und Gustav Freytag sich theoretisch mit der Technik des Dramas (→ Seite 161) in dieser Zeit auseinandergesetzt hat, wird als Indiz für diese Krise betrachtet. Lediglich Friedrich Hebbel hatte mit seiner Milieudarstellung in *Maria Magdalena* (1844) einen gewissen Erfolg, auch wenn seine Zeitgenossen das Stück wenig beachteten.

Im poetischen Realismus entstand zwar eine Vielzahl lyrischer Texte, aber auch sie fanden nur wenig Beachtung. **Lyrik** galt als Sache der noch unfertigen Jugend oder als Ort schriftstellerischer Nebentätigkeit. Erwähnenswert sind hier die **Dinggedichte** von Conrad Ferdinand Meyer. Ein Beispiel dafür ist das folgende Gedicht „Der römische Brunnen".

BEISPIEL: Conrad Ferdinand Meyer
Der römische Brunnen

Aufsteigt der Strahl und fallend gießt
Er voll der Marmorschale Rund,
Die, sich verschleiernd, überfließt
In einer zweiten Schale Grund;
Die zweite gibt, sie wird zu reich,
Der dritten wallend ihre Flut,
Und jede nimmt und gibt zugleich

Und strömt und ruht.

Merke **Realismus**

→ Beginn des Imperialismus
→ Industrialisierung, technischer Fortschritt, Verstädterung, Proletarisierung
→ materialistische und diesseitsbezogene Grundhaltung
→ Literatur entwirft poetische Bilder der Wirklichkeit
→ Wirklichkeit in der Literatur soll durch Auswahl und Konzentration auf Details entstehen
→ Unparteilichkeit der Dichter
→ Blütezeit der Novelle
→ Humor als literarische „Waffe"
→ Krise des Dramas

Naturalismus (1880 – 1900)

Überblick: Naturalismus (1880 – 1900)	
Themen	soziale Probleme, Herleitung der sozialen Situation des Individuums aus ethnischer Zugehörigkeit, Milieu und historischem Kontext
Kurz-charakteristik	Ziel: Auseinandersetzung mit den drängenden sozialen Problemen der Zeit durch eine exakte Darstellung der Wirklichkeit, Milieubeobachtung und -beschreibung
Lyrik	nur geringe Bedeutung, da die traditionelle Sprache (Reim, Strophenform, Rhythmus usw.) als unnatürlich angesehen wurde

1.6 Das 19. Jahrhundert

Überblick: Naturalismus (1880–1900)	
Epik	Romane führen zum Durchbruch des Naturalismus: psychologischer Roman, Bohemien-Roman; bedeutsame epische Kleinformen: Skizze, Studie und Naturschilderung, Milieubeschreibung und -schilderung
Drama	für den Naturalismus die wichtigste Gattung; Vorliebe für das → analytische Drama; soziale Probleme und Milieudarstellung, natürliche Sprache, Umgangssprache und Dialekt

Der Begriff „Naturalismus" oder „naturalistisch" wurde bereits von den Dichtern und den Literaturkritikern der Zeit selber verwendet. Synonym benutzt wurde von den zeitgenössischen Künstlern in Deutschland auch die Bezeichnung „Moderne" oder „modern", womit zum Ausdruck gebracht werden sollte, dass man die eigene Kunst als etwas grundsätzlich Neues begriff.

Die Bewegung knüpfte an eine schon weiter entwickelte literarische Strömung in den europäischen Nachbarländern an. Vorbilder für den deutschen Naturalismus waren vor allem die stark gesellschaftskritischen Tendenzen in der französischen und skandinavischen Literatur, die entsprechende Ansätze im poetischen → Realismus Deutschlands übertrafen.

In Deutschland nahm die naturalistische Bewegung ihren Ausgangspunkt zunächst über Zeitschriften. Dazu gehörten z.B. die *Kritischen Waffengänge* der Brüder Julius und Heinrich Hart, die *Berliner Monatshefte für Literatur, Kritik und Theater* von Heinrich Hart und *Die Revolution der Literatur* von Karl Bleibtreu.

In der zeitgenössischen Literatur ergab sich vor dem Hintergrund einer Zuspitzung der sozialen Lage in Deutschland eine vorher noch nicht gekannte Auseinandersetzung mit sozialen Fragen und Problemen in der Literatur, wobei auch die unteren und untersten Schichten der Bevölkerung Berücksichtigung fanden. Der gesellschaftskritische Anspruch sollte durch die exakte Abbildung der Wirklichkeit ohne stilistische Überhöhung oder Beschönigung der Realität in den Werken erreicht werden. Den großen Realisten im europäischen Ausland (Honoré de Balzac, Gustave Flaubert, Iwan Turgenjew, Fjodor M. Dostojewskij und Lew

Tolstoj) nacheifernd, konzentrierte man sich dabei auf Randgruppen und Außenseiter der Gesellschaft.

Zu den überragenden und bekanntesten Vertretern des deutschen Naturalismus gehören

→ Arno Holz (1863–1929),

→ Johannes Schlaf (1862–1941)

→ und vor allem Gerhart Hauptmann (1862–1946).

Historisch-gesellschaftlicher Hintergrund

Der Naturalismus fiel in die letzten Regierungsjahre Otto von Bismarcks und die erste Zeit der Regierung Wilhelms II. Politisch und gesellschaftlich prägende Ereignisse waren die Hochphase des deutschen Imperialismus und die Zuspitzung der sozialen Lage. Ein erbittert geführter Konkurrenzkampf in der Wirtschaft ließ die Löhne der Arbeitnehmer immer weiter sinken; das führte zur **Verarmung** eines großen Teils der Bevölkerung und zur Verschärfung der sozialen Gegensätze. Bismarcks Schutzzollpolitik wirkte sich zwar positiv auf den Schutz der eigenen Wirtschaft vor Konkurrenz aus anderen Ländern aus, förderte aber eine einseitige Entwicklung und Verteilung des Kapitals. Das 1891 erlassene Arbeitsschutzgesetz bedeutete zwar eine gewisse Absicherung der Existenz der Arbeitnehmer, konnte aber die drängenden sozialen Probleme wie Verarmung und Arbeitslosigkeit nicht wirklich lösen, sodass die soziale Frage schließlich zum Hauptproblem der deutschen Innenpolitik wurde.

Geistig-kultureller Hintergrund

Das Denken der Epoche setzte unter Einbeziehung der neueren Erkenntnisse der Naturwissenschaften Tendenzen fort, die sich bereits in der Epoche des → Jungen Deutschland angedeutet hatten. Alle Philosophen, Soziologen und Biologen der Zeit vertraten einen **empirischen, antimetaphysischen Positivismus**. Demnach wurde allein die erfahrbare Welt der Erscheinungen zur Grundlage der Erkenntnis. Abstammung (Rasse), soziales Umfeld (Milieu) und der historische Kontext wurden als die prägenden Faktoren des menschlichen Daseins aufgefasst. Unter dem Einfluss der deterministischen Gesellschaftstheorie des französischen

1.6 Das 19. Jahrhundert 69

Philosophen **Auguste Comte** (1798–1857) verschärften sich die bereits vorhandenen Vorstellungen von der Determiniertheit menschlichen Lebens. Eine Freiheit des Willens wurde nicht mehr gesehen, da alle Bereiche des menschlichen Daseins (Sinne, Triebe und Intellekt) kausalgesetzlich dem naturgegebenen Ablauf der Dinge folgten. Nicht mehr individuelles Glück, sondern das größte Glück der größten Zahl waren Orientierungspunkte des veränderten Wertesystems.

Kunst und Literatur

An europäische Vorbilder anknüpfend, entwickelte sich in Deutschland im Verlauf dieser Epoche eine stark sozialkritisch ausgerichtete Literatur. Naturalistische (oder moderne) Literatur sah ihre zentrale Aufgabe in der Wiedergabe des Natürlichen. Natürlichkeit bedeutete dabei, den Menschen als Produkt seiner Umgebung, seines **Milieus** zu zeigen. Im Mittelpunkt des Interesses standen die Durchschnittsmenschen und dabei auch die unteren Schichten der Bevölkerung und vor allem die bisher gar nicht literaturfähigen Randgruppen der Gesellschaft (Kranke, Süchtige, Verbrecher usw.). Protagonisten der literarischen Werke waren zwangsläufig nicht mehr die starken Persönlichkeiten, sondern der negative Held (**Antiheld**), der in seinem Schwanken, seiner Unentschlossenheit und häufig in seinem Scheitern an der Realität gezeigt wurde.

Die Künstler der Zeit verstanden sich in ihrer Opposition gegenüber der Gesellschaftsordnung und dem Bürgertum selbst als Außenseiter der Gesellschaft. Die Tatsache, dass sie sich offen zeigten für die Gedanken des Sozialismus und sich selbst dem Proletariat zuwandten, verstärkte die Kluft zwischen Künstler und Publikum. Die Künstler sahen ihren Auftrag in der Aufklärung, Erziehung und der aktiven Beteiligung an der Gestaltung der Zukunft.

Der Naturalismus forderte von den Künstlern größte Präzision in der schriftstellerischen Technik und führte zu einer Verfeinerung der Darstellungsmittel. Mimik, Gestik und Sprache wurden besonders intensiv beobachtet und sehr differenziert beschrieben. Gebundene Sprache – allein schon der Vers in lyrischen Texten – galt als unnatürlich. Stattdessen wurden **Umgangssprache**, Dialekt und auch fehlerhafte Satzstrukturen Elemente der Darstellung. Diese Präzision in der Technik und das durchdacht methodische Vorgehen erlaubten es, dass Arno Holz (1863–1929) und Johannes Schlaf (1862–1941) mehrere literarische Texte gemeinsam bearbeiteten und verfassten. Dazu gehörten die Prosaskizze *Papa Hamlet* (1889) und das Drama *Die Familie Selicke* (1890). Beide Texte wurden zunächst unter dem Pseudonym Bjarne P. Holmsen veröffentlicht.

Für Genie, Intuition oder Inspiration war kein Platz, die subjektive Meinung des Künstlers oder seine Deutung spielten keine Rolle mehr, denn das allen Naturalisten gemeinsame Ziel war die objektive Darstellung der Wirklichkeit.

Gattungen

Zum Durchbruch des Naturalismus trugen vor allem die Romane bei. Zum großen Teil handelte es sich um → **psychologische Romane**, in denen die Erforschung der Beweggründe für das Handeln oder das Verhalten besonders interessierten, indem z. B. gezeigt wurde, durch welche Erbanlagen oder durch welche Umwelteinflüsse bestimmte Eigenschaften einer Figur bestimmt waren. Bei den sogenannten **Bohemien-Romanen** der Zeit stand die Gesellschaftskritik aus der distanzierten Sicht des Künstlers im Vordergrund. Von Bedeutung waren neben den Romanen auch **epische Kleinformen** wie Skizze, Studie oder Naturschilderung, deren Gegenstand die Milieubeobachtung und -schilderung war.

Sehr wichtig für den Naturalismus in Deutschland waren die **Dramen**. Die Gründung der Freien Bühne 1889 (Theaterverein zur Aufführung zeitgenössischer Stücke in Berlin) verhalf dem naturalistischen Drama zum Durchbruch. Die Stücke von Arno Holz und Johannes Schlaf, vor allem aber von Gerhart Hauptmann (1862–1946) sind hier zu nennen. Wie in den Romanen wurde auch in den dramatischen Texten größter Wert auf eine präzise Darstellung der Wirklichkeit gelegt. Längere Monologe oder das lange Zeit typische dramatische Mittel des Beiseite-Sprechens wurden nicht mehr verwendet, weil sie als unnatürlich galten. Stattdessen beschränkte man sich bei der Milieudarstellung auf eine natürliche Sprache, und die Figuren äußerten sich umgangssprachlich oder im Dialekt. Im Interesse der Genauigkeit des auf der Bühne Dargestellten beschränkte man sich deutlich bei der agierenden Figurenzahl

1.6 Das 19. Jahrhundert

und kehrte weitgehend zur Einheit der Zeit und des Ortes (Lehre von den drei → Einheiten) zurück. Im Gegensatz zur → Ständeklausel, die noch bis in die Epoche der Aufklärung die dramatischen Konzepte bei der Personenauswahl bestimmte, ergab sich für die naturalistischen Stücke eine völlige Öffnung für einfache Menschen auch aus den untersten Schichten. Die Dramenautoren der Zeit entwickelten eine Vorliebe für das → analytische Drama. Diese Art des Dramas ist so konzipiert, dass für die Handlung bedeutsame Ereignisse der Vergangenheit erst langsam und behutsam im Verlauf des Stückes aufgedeckt werden. Speziell die Dramen Gerhart Hauptmanns verwiesen in der Art und Weise, wie soziale Probleme der Zeit auf der Bühne dargestellt wurden, auf existenzielle Grundprobleme des Lebens. Zu den bekanntesten Stücken Gerhart Hauptmanns gehören: *Vor Sonnenaufgang* (1889), *Die Weber* (1892) und *Der Biberpelz* (1893).

Aufgrund der Ablehnung einer gereimten, rhythmisierten und in Strophen geordneten Sprache, die als unnatürlich empfunden wurde, spielten lyrische Texte im Naturalismus gegenüber Roman und Drama nur eine untergeordnete Rolle. Versuche von Arno Holz, Gehalt und Form trotz Verzicht auf Reime, Strophen oder freie Rhythmen in Übereinstimmung zu bringen, fanden erst in der Epoche des → Expressionismus größere Beachtung.

Naturalismus   Merke

→ Selbstverständnis als „Moderne"
→ Zuspitzung der sozialen Lage, Verarmung, Arbeitslosigkeit
→ Abstammung, soziales Umfeld und historischer Kontext als prägende Faktoren des menschlichen Daseins
→ Glück der größten Zahl vor individuellem Glück
→ sozialkritische Literatur, Milieudarstellung und -beschreibung
→ Auftrag der Kunst: Aufklärung, Erziehung, aktive Beteiligung an der Gestaltung der Zukunft
→ Durchschnittsmenschen, untere Schichten und Randgruppen werden literaturfähig
→ exakte Darstellung, Verfeinerung der Darstellungsmittel
→ psychologischer Roman, Milieudrama

1.7 Das 20. Jahrhundert

Expressionismus (1910 – 1925)

Überblick: Expressionismus (1910 – 1925)	
Kurz-charakteristik	Dichtung der Weltveränderung, pazifistisches Denken
Themen	kritische Auseinandersetzung mit technischem Fortschritt, Industrialisierung, Kapitalismus und Militarismus, Bilder von Verfall, Untergang und Weltende, aber auch Visionen von Aufbruch, Revolution und zukünftigem Glück
Lyrik	→ besonders zu Beginn der Epoche die am meisten beachtete Gattung: Bruch mit traditionellen Formen und der üblichen Syntax → politische und kabarettistische Lyrik (Tucholsky, Kästner und Brecht: Ballade und Song)
Epik	der Roman spielt eine geringere Bedeutung als Lyrik und Drama, Vorliebe für die Parabel als epische Kurzform
Drama	Drama gewinnt gegen Ende der Epoche an Bedeutung Vorbilder sind die Theaterstücke Georg Büchners und August Strindbergs (Figurenzeichnung und Fetzenszenentechnik)

Der Begriff „Expressionismus" wurde schon im Verlauf der Epoche verwendet. Ursprünglich stammte er aus der bildenden Kunst. Ernst Ludwig Kirchner (1880 – 1938), Emil Nolde (1867 – 1956) und Max Pechstein (1881 – 1955) zählen zu den bekanntesten expressionistischen Malern.

Kurt Hiller übertrug 1911 die Bezeichnung auf die innovative Literatur der Zeit, ohne dass sie von allen Autoren der Zeit voll akzeptiert wurde. Expressionismus bezeichnet zwar eine zeitlich sehr kurze, aber sehr intensive Phase der Kultur und Literatur.

Historisch-gesellschaftlicher Hintergrund

Der Beginn des 20. Jahrhunderts, zu dem die literarische Epoche gehört, lässt sich in mehrfacher Weise als **Zeit der Krisen** bezeichnen. Außenpolitisch isolierte sich das Deutsche Reich vor allem durch ungeschickte Diplomatie speziell in dem Bemühen, sich noch Kolonien zu sichern (**Kolonialismus/Imperialismus**).

1.7 Das 20. Jahrhundert

Die sich zunehmend verstärkende Kluft zwischen der herrschenden Klasse und dem immer größer werdenden Proletariat löste eine innenpolitische Krise aus, die noch durch die Wirtschaftskrise verschärft wurde. Die Arbeiterschaft – wie alle anderen Oppositionellen auch– wurden von den „Kaisertreuen" (Verwaltung, Militär und Besitzbürgertum) als Vaterlandsfeinde abgestempelt, mit dem Ziel, sie gesellschaftlich zu ächten.

Die Intellektuellen verloren angesichts dieser politischen und sozialen Probleme immer mehr ihr Vertrauen in traditionelle Wertvorstellungen, und ihr Protest gegen herrschende Normen und Leitbilder drückte sich in einer literarischen „Revolution" aus. Die politische Linke, die während der Revolution 1918/19 für einige Zeit die Macht innehatte, war zu zerstritten und innerlich gespalten, um die Weimarer Republik vor dem Einfluss nationaler und reaktionärer Kräfte zu sichern.

Zeittafel	
1900	1. Zeppelin
1905	Marokko-Krise
1907	Offset-Druck
1908	Das Auto wird zur Massenware (Ford).
1913	Atommodell (Niels Bohr)
1914 – 1918	1. Weltkrieg
1915	Einsteins Relativitätstheorie
1917	Oktoberrevolution in Russland
1918	Revolution/Räterepubliken
1918	Anfänge des Siebdrucks
1918/1919	Übergang des deutschen Reichs vom Kaiserreich zur Republik

Geistig-kultureller Hintergrund

Die Künstler der Zeit setzten sich zu Beginn kritisch mit der Sinnlosigkeit und dem Chaos der modernen Gesellschaft auseinander, wie das schon die Künstler der vorausgehenden Epochen ansatzweise getan hatten. Unter Rückgriff auf die Kulturkritik **Friedrich Nietzsches** (1844 – 1900) wurde allerdings das positivistische Weltbild des 19. Jahrhunderts zurückgewiesen. An die Stelle der Hoffnung auf eine bessere

Zukunft trat das Empfinden von **Disharmonie** und **Anarchie**; **Ich-Verlust** und die **Gegenwart des Todes** waren zentrale Themen. Alte traditionelle „Werte" wie Staat, Bürger oder technischer Fortschrittsglaube etc. wurden strikt verneint. Auch wenn man vor diesem Hintergrund zunächst den aufkommenden Krieg als „reinigendes Gewitter" durchaus begrüßte, bewirkten die erschütternden Kriegserfahrungen schnell, dass der **Pazifismus** ins Zentrum expressionistischen Denkens rückte. Individuelle Erfahrungen von Not und Leid durch eigene Kriegserlebnisse traten hinter die Erfahrung von Not und Leid der gesamten Menschheit zurück, worin eine tendenziell sozialistische Grundhaltung zum Ausdruck kam. Der gemeinsame Kampf der Künstler richtete sich gegen die Mechanisierung des Lebens, die Industrialisierung, alle Ausprägungen des Kapitalismus und den Militarismus. Kunst sollte durch die Kritik an den bestehenden Verhältnissen einen Beitrag zur Weltveränderung leisten. Geprägt durch die Eindrücke des Ersten Weltkrieges (1914–1918) entstand aus einer zunächst ästhetischen und philosophischen Strömung eine politische Bewegung, die aber bereits in den 20er-Jahren ihre Wirksamkeit einbüßte, da ihr Plan der Gestaltung einer besseren Welt mithilfe der Dichtung an den politischen Realitäten zerbrach.

Kunst und Literatur

Von Expressionismus sprach man bereits seit 1905 in der Malerei. Erst 1911 wurde diese Bezeichnung auch auf die Literatur übertragen.

Es waren vor allem junge Schriftsteller, die zu dieser Strömung gehörten und in ihren Werken häufig die Erfahrungen aus dem 1. Weltkrieg verarbeiteten bzw. sich kritisch mit den Auswirkungen der Industrialisierung und des zunehmenden Kapitalismus auseinandersetzten. Aber nicht die Beschreibung der äußeren Ereignisse, sondern das innere Erleben, speziell das Fühlen und Leiden, sollte in der Dichtung des Expressionismus zum Ausdruck kommen.

Eine pathetisch leidenschaftliche, teilweise bis ins **Ekstatische** übersteigerte Sprache zielte auf die **Überhöhung** des Dargestellten in der **Abstraktion**, im **Symbolhaften** und im **Mystischen**. Die stark veränderten Verhältnisse der Wirklichkeit und die daraus resultierenden Veränderungen der Wahrnehmung und des Denkens führten bei den Dichtern der Zeit zur Suche nach neuen Ausdrucksformen und vor allem in der Lyrik zum **Bruch mit tradierten Normen** und Formen. Kurt Pinthus (1886–1975), der Herausgeber der bekannten Lyrik-Anthologie des Expressionismus *Menschheitsdämmerung*, deutete 1922 im *Nachklang* (ein ergänztes Vorwort zur Neuauflage) auf das Ende der literarischen Epoche hin, wenn er dort zur Kunst schrieb:

„Was hier so neuartig und trächtig schien, waren im Wesentlichen Zerstörungsformen des Alten, vom gestaltauflösenden Kubismus der Malerei bis zur ekstatischen Ein-Wort-Lyrik. Mochten die Künstler selbst fühlen, dass ihr Werk mehr oppositionell als schöpferisch war, oder geschah es, dass ihre Kraft nicht ausreichte, Reifes, Zukunftweisendes zu schaffen – es ist bereits zehn Jahre nach dem gewaltigen und gewaltsamen Aufbruch dieser Jugend eine allgemeine Stagnation in den Gefilden der Kunst festzustellen."

Gattungen

Anfangs war die Lyrik die dominierende Gattung der Epoche. Traditionelle Formen und Gestaltungsmittel wurden zwar teilweise weiter verwendet, aber in innovativer Art und Weise mit neuen formalen und inhaltlichen Elementen kombiniert. Sprachlich-stilistisch drückte sich dies z.B. in der Verwendung von Wortneuschöpfungen (Neologismen), Interjektionen, der Auflösung von Satzstrukturen (z.B. asyndetische Reihungen, Ellipsen usw.) und häufig auch durch den Verzicht auf Reim, Versmaß und Metrum in den Gedichten aus. Die Metaphorik ist kühn und stark verschlüsselt, sodass man von absoluten Chiffren spricht. An die Stelle klar strukturierter Formen traten Montagen und Zeilenkompositionen, wie das untenstehende Beispiel veranschaulicht:

BEISPIEL: August Stramm
Patrouille

Die Steine feinden
Fenster grinst Verrat
Äste würgen
Berge Sträucher blättern raschlig
Gellen
Tod.

Kurt Tucholsky (1890–1935), Erich Kästner (1899–1974) und Bertolt Brecht (1898–1956) lieferten in ihren Balladen und Songs Beispiele für kabarettistische und politische **Lyrik**.

Die **epischen Großformen** spielten im Verlauf der Epoche eher eine untergeordnete Rolle. Dennoch stammen einige bekannte und häufig auch verfilmte Romane aus dieser Zeit:

→ Heinrich Mann (1871–1950): *Professor Unrat* (1905) (bekannt durch den Film *Der blaue Engel*) und *Der Untertan* (1918);

→ Robert Musil (1880–1942): *Die Verwirrungen des Zöglings Törleß* (1906);

→ Alfred Döblin (1878–1957): *Berlin Alexanderplatz* (1929).

Vor allem die Parabel fand bei den **epischen Kurzformen** Beachtung, da sie in der Aussparung, der Verknappung sowie der Zuspitzung den ästhetischen Vorstellungen der Schriftsteller noch am ehesten entsprach.

Am Ende der Epoche gewann das **Drama** zunehmend an Bedeutung, wobei das Dramenfragment *Woyzeck* von Georg Büchner (1813–1837) und das Stück *Nach Damaskus* von August Strindberg (1849–1912) Vorbilder waren für die Figurenzeichnung (→ Antihelden und Außenseiter) und für die assoziative Reihung von Einzelszenen (Fetzenszenentechnik).

Deutsche Literatur nach 1920

Der Expressionismus stellt die letzte in sich mehr oder weniger geschlossene literarische Strömung bzw. Gruppierung der deutschen Literatur dar, sodass man ab der Mitte der 20er-Jahre keine einheitlichen Epochenbezeichnungen mehr findet. Die Vielzahl von Bewegungen und Strömungen mit ästhetisch und/oder inhaltlich unterschiedlichen Akzenten in der Literatur ist ein Spiegelbild der multiperspektivischen Gesellschaft und der zunehmenden Globalisierung, die durch die rasante Entwicklung der alten und vor allem der neuen Medien begünstigt wurde. Historisch bedeutsame Ereignisse oder Phasen der deutschen Geschichte ab 1925 werden benutzt, um literarisches Schaffen überhaupt zu systematisieren:

1.7 Das 20. Jahrhundert

→ Literatur der Weimarer Republik
→ Exilliteratur
→ Literatur der Nachkriegszeit
→ Literatur des geteilten Deutschland (Literatur West und Literatur Ost)
→ Literatur nach dem Mauerfall
→ Literatur nach dem 11. September

Neue Sachlichkeit – Literatur der Weimarer Republik (um 1920 – 1933)

Das Abklingen des um Ausdruckskraft ringenden Expressionismus führte in einer eher nüchternen, sachlichen und distanzierten Sprache wieder zu einer Annäherung an die Wirklichkeit mit ihren sozialen und politischen Problemen. Unter Rückgriff auf die bildende Kunst und speziell die sachliche Architektur der Bewegung des *Bauhauses* sprach man von der Literatur der Neuen Sachlichkeit, wobei die genauere Bestimmung „neu" zur Abgrenzung von der alten Sachlichkeit des → Realismus verwendet wurde.

Überblick: Neue Sachlichkeit	
Name	beeinflusst durch den sachlichen Stil der Architektur des *Bauhauses*
Wichtige Ereignisse	→ 1923 Hitlerputsch → ab 1924 relative Stabilität (die „Goldenen Zwanziger") → 1929 Börsenkrach in New York, Weltwirtschaftskrise und hohe Arbeitslosigkeit → 1933 Machtergreifung der Nationalsozialisten
Literarische Themen	Auseinandersetzung mit sozialen und politischen Themen der Weimarer Republik
Literarische Gattungen	keine vorrangige Gattung; journalistische Textsorten (Reportage, Feature, Kritik), Zeit- und Lehrstück, Gegenwartsromane, Gebrauchslyrik
Autoren	Egon Erwin Kisch, Karl Kraus, Kurt Tucholsky, Bertolt Brecht, Alfred Döblin, Lion Feuchtwanger, Hermann Hesse, Ödön von Horváth, Erich Kästner, Irmgard Keun, Thomas Mann, Jakob Wassermann, Stefan Zweig, Carl Zuckmayer

Historisch-gesellschaftlicher Hintergrund

Die Wirren der Nachkriegszeit (z. B. die Besetzung des Ruhrgebiets) sowie die aufziehende **Weltwirtschaftskrise** mit den Problemen der Inflation und hoher Arbeitslosigkeit bestimmten die gesellschaftlich-politische Landschaft in Deutschland. Viele gegensätzliche und widerstreitende politische und ideologische Richtungen (demokratische vs. antidemokratische Kräfte) bewirkten eine innere Zerrissenheit und führten stellenweise zu bürgerkriegsähnlichen Zuständen. Die Stimmung ähnelte zeitweise einem „Tanz am Rande des Vulkans" und löste ein ambivalentes Lebensgefühl zwischen Sicherheit und Unsicherheit aus. Den Unsicherheiten, die sich aus der politischen Situation in Deutschland und der weltwirtschaftlichen Lage ergaben, standen positiv bewertete Veränderungen gegenüber: Im Zuge des wirtschaftlich-technischen Fortschritts entstanden neue Berufsbilder, die Schulausbildung wurde verbessert und die Emanzipation der Frau schritt voran. Speziell in den Großstädten konnten Frauen einen Lebensstil verwirklichen, der vorher nicht möglich gewesen war. Die „**Goldenen Zwanziger**" bezeichnen in dieser Zeit eine Phase, in der man nach der völligen Umorientierung vor allem in den großen Städten einen neuen und teilweise schrillen Lebensstil pflegte und die Kultur eine Blütezeit erreichte. Berlin wurde durch sein umfangreiches Angebot an Kinos, freien Bühnen und Kabaretts sowie durch die Vielzahl der Zeitungen und Zeitschriften zum kulturellen Zentrum der Republik.

Geistig-kultureller Hintergrund

Durch den **1. Weltkrieg** und seine Folgen waren die Menschen ernüchtert, desillusioniert und auf der Suche nach einer **Neuorientierung** in allen Bereichen des Lebens, da die alten Werte und Normen keine Gültigkeit mehr besaßen. Die mit dem Wechsel von der Monarchie zur **Demokratie** neu erworbenen Freiheiten (z. B. Meinungsfreiheit) stellten eine Herausforderung dar und bedeuteten gleichzeitig den wohl größten Fortschritt der Zeit bezüglich der geistig-kulturellen Entwicklung. Die Widersprüchlichkeiten der Weimarer Republik lösten eher Skepsis als Hoffnung aus und der Einzelne musste in der aufkommenden **Massen- und Mediengesellschaft** seinen Platz finden. Die Folgen des Kriegs, der

Streit unterschiedlicher **Weltanschauungen** und die Weltwirtschaftskrise förderten eine intensive Reflexion der Seinsfrage des Menschen und eine Auseinandersetzung mit der Entfremdung des Menschen von den Dingen. Die Werke *Traumdeutung* (1900) und *Psychopathologie des Alltagslebens* (1901) von Sigmund Freud (1856–1939) stellten einen Vorstoß in Schichten des bisher Unbewussten dar. Die Beschäftigung mit dem Traum und das Experimentieren mit assoziativer Wortwahl wurden als Methode zur Seelenanalyse in der Literatur entdeckt.

Kunst und Literatur

Im Gegensatz zum → Naturalismus, dessen Ziel die Sozial- und Gesellschaftskritik durch exakte Milieubeobachtung und -beschreibung war, entwickelte sich ein eherer skeptisches, selektives und ideologisch bestimmtes Verhältnis zur Wirklichkeit. Im Fokus standen die sozialen und politischen Spannungen der Weimarer Republik. Das Interesse richtete sich stärker auf den Inhalt als auf die formale Gestalt. Die tatsachenorientierte und häufig dokumentarische Literatur spiegelte in ihrem Pluralismus die politischen Gegensätze der Weimarer Republik und wies eine deutliche **Dominanz des Politischen und Ideologischen** vor der künstlerischen Gestaltung auf. Die zunehmende Bedeutung der **Massenmedien, Massenproduktion** sowie das Entstehen einer Kunst für die Massen führte zu einer größer werdenden Kluft zwischen Formen der **Trivialliteratur** und der gehobenen bzw. elitären Literatur.

Charakteristische Themen und Motive der Literatur dieser Zeit waren die zeitgenössische Großstadt, moderne Technik und Medien sowie die Alltags- und Arbeitswelt des Durchschnittsmenschen. Collage- und Montagetechniken waren dabei bevorzugte Gestaltungsmittel. Bereits 1929 leitete die Weltwirtschaftskrise das Ende der kurzen Epoche ein, das mit der Machtergreifung der Nationalsozialisten 1933 endgültig besiegelt wurde.

Exilliteratur (1933–1945)

Die Machtübernahme 1933 durch die NSDAP bewirkte grundlegende Veränderungen im Bereich der deutschsprachigen Literatur. Zensur, Berufsverbot, die „Säuberung" der Bibliotheken und Bücherverbrennungen zwangen einen großen Teil der deutschsprachigen Schriftsteller ins Exil (Bertolt Brecht, Ernst Bloch, Alfred Döblin, Lion Feuchtwanger, Oskar Maria Graf, Hermann Kesten, Heinrich Mann, Klaus Mann, Thomas Mann, Erich Maria Remarque, Anna Seghers, B. Traven, Franz Werfel, Arnold Zweig u. a.).

Andere, die nicht ins Ausland gingen, wählten den Weg der sogenannten „**innere Emigration**" (z. B. Stefan Andres, Gottfried Benn, Reinhold Schneider, Werner Bergengruen, Erich Kästner u. a.). Existenzangst, die Erfahrung der Entwurzelung durch den Verlust der Heimat und eine starke Skepsis gegenüber dem Regime in Deutschland bestimmten das Lebensgefühl und die Werke der Schriftsteller im Exil, aber auch derjenigen, die sich in Deutschland in die innere Emigration zurückgezogen hatten. Themen waren die – teilweise selbst erfahrene – Verfolgung, die Gräuel des Krieges und die Vernichtung (Holocaust), aber auch die Hoffnung auf einen Neubeginn, Visionen, Träume und die Auseinandersetzung mit der neuen Umgebung.

Überblick: Wichtige Werke			
1937	Ina Seidel	*Gesammelte Gedichte*	Lyrik
1938	Bertolt Brecht	*Leben des Galilei (amerikanische Fassung)*	Drama
1942	Anna Seghers	*Das siebte Kreuz*	Roman
1943	Stefan Zweig	*Schachnovelle*	Novelle
1948	Gottfried Benn	*Statische Gedichte*	Lyrik

In dem Bemühen der Schriftsteller, sich neue Wirklichkeitsentwürfe und Weltbilder anzueignen und diese in ihren Werken sichtbar zu machen, trat die Handlung zugunsten der Darstellung von Stimmung und Reflexion in den Hintergrund. Die rein ästhetische Qualitätsfrage verlor gegenüber dem gedanklichen und formalen Experiment an Bedeutung. Die Zerstörung und Verzerrung der Sinnenwelt, die überspitzte Darstellung von Gestalten und Ereignissen, die Vorliebe für Allegorien und das Utopische waren Merkmale der Literatur dieser Zeit. Die im literarischen Werk beschriebene Handlung wurde oft zum Gleichnis bzw. zur Parabel und verwies damit auf übergeordnete Zusammenhänge.

Deutsche Literatur nach 1945 (bis ca. 1965)

Zeittafel	
1945–1949	Aufteilung Deutschlands in vier Besatzungszonen, Sonderstatus Berlins
1947	Marshall-Plan zum wirtschaftlichen Aufbau Westdeutschlands
1948	Währungsreform
1948–1949	Blockade Berlins zunehmend Politik des Kalten Krieges
1949	Gründung zweier deutscher Staaten: BRD und DDR
1957	Gründung der Bundeswehr; in der BRD: zunehmender Wohlstand
1961	Bau der Berliner Mauer

Die literarischen Werke der Heimkehrer und Emigranten der Nachkriegszeit werden mit folgenden Begriffen bezeichnet:

→ Trümmerliteratur;
→ Literatur der Stunde Null;
→ Literatur des Kahlschlags;
→ Nachkriegsliteratur.

Die Gedichte *Inventur* von Günther Eich bzw. *Heimkehr* von Hans Bender sind beispielhafte Zeugnisse für solche Texte. Die Verarbeitung des Erlebten und die Identifikation mit den in Ruinen lebenden Menschen waren das zentrale Thema (z. B. in den Kurzgeschichten Wolfgang Borcherts). Das Misstrauen gegenüber der eigenen Sprache, das durch den Missbrauch der Nationalsozialisten ausgelöst wurde, führte bei vielen Schriftstellern zu einer **Sprachskepsis** bzw. **Sprachnot** und löste eine Suche nach neuen Ausdrucksformen als Abgrenzung gegenüber traditionellen Formen und Inhalten aus. Daraus entwickelte sich eine neue realistische Literatur, in der die Wirklichkeit schonungslos abgebildet bzw. ins Satirische und Groteske verzerrt wurde. Auch die überzogene Darstellung der Missstände durch die Mittel von **Satire** und **Groteske** sollte verdeutlichen, was im Argen lag. Friedrich Dürrenmatts (1921–1990) Theaterstück *Die Physiker* (1962, Neufassung 1980) war dafür ein wichtiges Beispiel. Surrealistische und absurde Literatur versuchte, Bewusstsein zu schaffen durch Irritation, indem das Gedachte und Gesagte extrem verschlüsselt wurden (hermetische Literatur).

> **Abi-Tipp**
>
> Sprachkrise, Sprachskepsis bzw. Sprachnot als unmittelbare Reaktionen auf eine sich stark verändernde gesellschaftliche Situation (z. B. die Sprachkrise um 1900) oder den Missbrauch der Sprache (z. B. Nachkriegsliteratur) sind des Öfteren gewählte Themenschwerpunkte im Rahmen des Abiturs, da entsprechend ausgewählte literarische bzw. theoretische Texte einen guten Anlass zur Reflexion über das Phänomen Sprache geben.

Die Vielfalt der literarischen Richtungen und Strömungen nach 1945 war unter anderem auch ein Ergebnis des Generationenwechsels unter den Schriftstellern und der veränderten politischen Situation in Deutschland nach der Kapitulation. Gebietsveränderungen durch die Besatzungsmächte USA, England, Frankreich und Sowjetunion, die Bildung von Besatzungszonen, der Sonderstatus Berlins und die Entstehung der Deutschen Demokratischen Republik bewirkten eine Aufspaltung in eine westdeutsche und eine ostdeutsche Literatur.

Die DDR-Literatur war geprägt durch zurückgekehrte Emigranten wie Johannes Robert Becher, Bertolt Brecht, Anna Seghers, Arnold Zweig u. a. Unter dem Einfluss der SED ergaben sich in der Literatur der damaligen DDR Tendenzen, die mit dem Begriff „**Sozialistischer Realismus**" bezeichnet werden können. Bertolt Brecht und Heinrich Böll besaßen eine Art Klammerfunktion zwischen den Literaturen in Ost und West, da ihre Werke in beiden Teilen Deutschlands veröffentlicht wurden.

Die Schriftsteller Westdeutschlands, die sich insgesamt als eine um ihre Jugend betrogene Generation empfanden, befassten sich vor allem mit Tendenzen der Desillusionierung und dem Pessimismus, die sich aus dem Kalten Krieg und der Entwicklung von Massenvernichtungswaffen ergaben. Exemplarisch für andere standen Ingeborg Bachmann und vor allem Hans Magnus Enzensberger. Moderne Vertriebsformen und die

1.7 Das 20. Jahrhundert 83

verstärkte Präsenz von Literatur in den Medien (speziell im Hörfunk) bewirkten ein neues Bild des Schriftstellers in der Öffentlichkeit.

Für die Literatur nach 1945 in Deutschland gab es keinen einheitlichen Stil mehr, sondern verschiedene Stile. Gemeinsam war den unterschiedlichen Strömungen, dass das literarische Schaffen zum Experiment wurde, was zu einer Aufweichung der Grenzen zwischen den traditionellen literarischen Gattungen führte.

Auflösung von Gattungsgrenzen   `Merke`

→ **Epik:** Dominanz des Erzählers geht verloren, indem vermehrt Monologe, Dialoge, lyrische Partien oder essayistische Einschübe Verwendung finden

→ **Lyrik:** Verzicht auf traditionelle Formen und Inhalte, sprachliche Experimente: z. B. Montagetechnik, lyrische Texte als in Zeilen aufgeteilte Prosa, Konkrete Poesie

→ **Drama:** Tragikomödie, absurde und groteske Elemente, verstärkter Einfluss epischer Elemente bis hin zum → Epischen Theater

---

Literatur von 1965 bis 1989/1990

Eine systematische Einteilung der Literatur in Epochen ist seit den 60er Jahren nicht mehr möglich und bleibt späteren Generationen vorbehalten, die aus der Distanz zeitgeschichtliche, strukturelle und/oder inhaltliche Kriterien anlegen können. Gegenwärtig lassen sich lediglich Tendenzen oder Strömungen aufzeigen, die durch ihre Ausdehnung über einen längeren Zeitraum bzw. durch den erkennbaren Bruch mit alten Traditionen auszumachen sind.

Bis zur Wiedervereinigung 1989/90 gab es die Literatur Ost und die Literatur West, die sich aufgrund der verschiedenen politischen und gesellschaftlichen Rahmenbedingungen unterschiedlich entwickelten.

Die Literatur Ost war bis zum Ende der 60er geprägt durch das in der Sowjetunion entwickelte Schreibkonzept des **Sozialistischen Realismus**. Bevorzugtes Thema dieser Literatur war die sozialistische Produktion.

Im Mittelpunkt stand der positive Held als Angebot zur Identifikation. Volkstümlichkeit, politische Linientreue und eine typisierende Darstellungsweise sollten vor dem Hintergrund der marxistisch-leninistischen Prämisse, dass das Sein das Bewusstsein bestimmt, zu einer objektiven Wiedergabe der Totalität des Lebens führen. Erklärtes Ziel dieses Schreibkonzepts war die Erziehung zur sozialistischen Persönlichkeit, indem literarische Figuren als Vorbilder zur Identifikation mit den Zielen des politischen Systems aufforderten. Obwohl formale Experimente und Versuche, andere inhaltliche Akzente zu setzen, von der offiziellen Kulturpolitik stark abgelehnt wurden, gab es Schriftsteller, die in der in ihren Werken dargestellten Auseinandersetzung des Individuums mit der Gesellschaftsordnung Widersprüchlichkeiten und Brüche im System andeuteten (z.B. Stefan Heym, Günter Kunert, Rainer Kunze, Ulrich Plenzdorf, Christa Wolf u. a.). Trotz gewisser Liberalisierungstendenzen durch den Wechsel des Staatsvorsitzenden (Erich Honecker löste 1971 Walter Ulbricht ab) wurden kritische Autoren mit Schreibverbot belegt und vom Staatssicherheitsdienst überwacht. Als Reaktion auf die Ausbürgerung Wolf Biermanns 1976 verließen über 100 Künstler mehr oder weniger freiwillig bzw. unfreiwillig die DDR (z.B. Jurek Becker, Peter Huchel, Rainer Kunze, Günter Kunert, Sarah Kirsch u.v.a.).

Vor dem Hintergrund eines wachsenden **Katastrophenbewusstseins** und steigender Angst vor atomarer Bedrohung (Kalter Krieg) näherten sich seit den 80er-Jahren die beiden deutschen Literaturen wieder stärker an.

Mit international viel beachteten Autoren wie Max Frisch, Ingeborg Bachmann, Heinrich Böll, Günter Grass, Uwe Johnson, Wolfgang Koeppen, Siegfried Lenz und Martin Walser fand die deutsche Literatur ab 1960 wieder den Anschluss an die Weltliteratur. Die eigene Standortbestimmung, die kritische Abgrenzung von den gesellschaftspolitischen Entwicklungen in der BRD und die Entwicklung von Modellentwürfen für eine humanistische Gesellschaft waren bevorzugte Themen zur Zeit des Wirtschaftswunders in Deutschland.

Ende der 60er-Jahre fand die **Arbeitswelt** ein größeres Interesse in der Literatur, und im Zuge der Studentenrevolte 1968 war eine zunehmende

1.7 Das 20. Jahrhundert

Politisierung der Schriftsteller festzustellen. Das **Dokumentarische** wurde zum bevorzugten Ausdrucksmittel, indem Dramen, Gedichte und Romane durch Zeitungsmeldungen, Reportagen, Prozessakten, Protokolle und Interviews collage- bzw. montageartig angereichert wurden (z.B. Günter Wallraff *Ganz unten*, Rolf Hochhuth *Der Stellvertreter* oder Heinar Kipphardt *In der Sache J. Robert Oppenheimer*).

Nach Abklingen der Studentenunruhen und mit dem Ende der APO-Zeit (Außerparlamentarische Opposition) setzte sich seit Beginn der 70er-Jahre eine weniger politisch orientierte Literatur durch, die mit dem Begriff „**Neue Subjektivität**" bezeichnet wird, da in ihr persönliche Erfahrungen, die Auseinandersetzung mit der eigenen Lebenssituation und Beziehungsprobleme – häufig in Form der Ich-Erzählung – in den Blick genommen werden.

Parallel dazu erfuhr die Emanzipation der Frau neue Impulse durch die Frauenbewegung. Alice Schwarzers Buch *Der kleine Unterschied und seine großen Folgen* (1975) und die Gründung der Zeitschriften *Courage* (1976) und *Emma* (1977) waren deutliche Belege für dieses neue Erstarken der frauenrechtlichen Bewegung. Bekannte Autorinnen dieser Zeit waren Ingeborg Bachmann, Ulla Hahn, Elfriede Jelinek, Sarah Kirsch, Christa Reinig, Karin Struck, Gabriele Wohmann u. a.

Die zunehmende Globalisierung, die auch in Deutschland immer stärker zu einer multikulturellen Gesellschaft führt, begünstigt seit Mitte der 70er das Entstehen einer eigenständigen **Migrantenliteratur** als Bestandteil der deutschen Gegenwartsliteratur. Heimatlosigkeit, Sprachverlust, das Leben zwischen zwei Kulturen, aber auch die Vorteile der Mehrsprachigkeit sind Themen, die dort aufgegriffen werden.

Unter dem Begriff „**Postmoderne**", der wie der Begriff „Neue Sachlichkeit" der Architektur entlehnt ist, wird eine neu einsetzende literarische Strömung gefasst, die traditionelle literarische Erzähltechniken (z.B. auktoriales Erzählen, chronologisch aufgebaute und in sich geschlossene Erzählungen) und konventionelle Themen (Entwicklungs- und Bildungsroman des 18. und 19. Jahrhunderts) aufgriff, um sich mit ihnen kritisch auseinanderzusetzen. Die Mischung verschiedener Stile, die ironische Brechung herkömmlicher Erzählfiguren und Themen sowie die Vielzahl der Anspielungen auf andere literarische Werke (**Intertextualität**) sind Kennzeichen dieser neuen Literatur. Nonkonformismus im Gegensatz zu Konformismus wurde zum wichtigen literarischen Thema. Das „Normale", das „Anständige" und das „Maßvolle" wurden verdächtig, und Tabus wurden gezielt aufgegriffen. Gesellschaftskritische Tendenzen zeigten sich vor allem in der Darstellung von Andersdenkenden oder -fühlenden, von Außenseitern in einer normierten, verwalteten und konformistischen Massengesellschaft. Romane wie *Das Parfum* (1985) von Patrick Süskind oder *Schlafes Bruder* (1992) von Robert Schneider wurden schnell zu Bestsellern.

1.8   Das 21. Jahrhundert

Literatur seit 1989

Eine Epochenwende in Literatur und Kunst lässt sich fast nie auf ein bestimmtes Jahr festlegen, vielmehr zeigen sich einige ihrer Symptome meist schon davor und ergeben erst in ihrer Bündelung das, was man eine neue Epoche oder Strömung nennt. Ebenso bleiben natürlich auch Strukturen aus der vorigen Epoche im neuen Zeitalter noch eine Weile bestehen, bevor sie dann allmählich ausklingen.

Für die Zeitenwende ins 21. Jahrhundert lässt sich in literarischer Hinsicht feststellen, dass das Jahr 2000 eine gegenüber dem 20. Jahrhundert deutlich veränderte Literaturlandschaft aufwies. Seit dem Zusammenschluss der beiden deutschen Staaten nach der „Wende" 1989 hatten sich die Bedingungen der deutschen Literatur stark verändert.

Technische Entwicklungen wie das Internet, Hörbücher oder E-Books hätten zweifellos auch ohne die deutsche Wiedervereinigung die Umstände der Literaturproduktion und -rezeption nachhaltig verändert. Bedeutsam ist diese politisch-gesellschaftliche Umwälzung jedoch für deren Inhalte: Sie sorgte für eine Intensivierung bestehender Tendenzen und auch deren Auseinanderdrift. So lassen sich zwei hauptsächliche Strömungen in der Wahl der Themen erkennen: einerseits eine verstärkte **Politisierung** bzw. eine **Erinnerungsliteratur**, andererseits eine deutliche **Umgehung politischer oder gesellschaftlich relevanter The-**

men. Der Literaturhistoriker Peter J. Brenner bezeichnet diese gegensätzlichen Stoßrichtungen als „Reaktion" bzw. „Gegenreaktion".

Politisierende Literatur, „Wendeliteratur", Erinnerungsliteratur

Das einschneidende Erlebnis für ehemalige DDR-Bürger, nun plötzlich dem lange Jahre als Feind abgelehnten westdeutschen Staat anzugehören – die **Wiedervereinigung** war keine echte Vereinigung im Sinne eines gemeinsamen Neuanfangs, sondern ein Beitritt der Ex-DDR zur Bundesrepublik – fand schnell ihren Eingang in die deutsche Literatur. Schriftsteller setzten sich mit ihrer persönlichen Befindlichkeit im Zuge des politischen Wechsels auseinander, z.B. Jana Hensel mit „Zonenkinder" (2002), oder arbeiteten ihr Dasein im System der Überwachung und Bespitzelung durch die „Stasi" (Ministerium für Staatssicherheit) auf. Hierbei fand besonders die kurze Erzählung „Was bleibt" (1990) von Christa Wolf Beachtung, später verstärkt dadurch, dass Wolfs eigene Vereinnahmung durch den SED-Staat bekannt wurde. Beide Beispiele markieren die große ästhetische Spannweite der sogenannten „Wendeliteratur": Auf der einen Seite erschienen sprachlich anspruchsvolle literarische Bearbeitungen dieses Themas von großer gesellschaftlicher Tragweite. Auf der anderen Seite entstanden einfach gehaltene, leicht lesbare Texte, die sich verharmlosend und mit Humor dem eher privaten Alltagsdasein in der ehemaligen DDR widmeten. Diesem sogenannten „Ostalgie"-Trend lassen sich auch Thomas Brussigs Romane „Helden wie wir" (1995) und „Am kürzeren Ende der Sonnenallee" (1999) zuordnen.

Überblick: Autoren und Werke der sogenannten „Wendeliteratur"			
1991	Monika Maron	*Stille Zeile sechs*	Roman
1993	Rolf Hochhuth	*Wessis in Weimar*	Drama
1995	Günter Grass	*Ein weites Feld*	Roman
1998, 2008	Ingo Schulze	*Simple Storys, Adam und Evelyn*	Romane
2008	Uwe Tellkamp	*Der Turm*	Roman

Im Trend der Politisierung und Geschichtsaufarbeitung wurde daneben auch Deutschlands Vergangenheit während des **Nationalsozialismus** und des **Zweiten Weltkrieges** erneut schreibfähig. Besonders etablierte

Autoren wie Martin Walser und Günter Grass machten hier das Spannungsfeld zwischen Schweigen oder Sprechen zum Thema, aber auch deutlich nachgeborene Schriftsteller wie Marcel Beyer.

Überblick: Autoren und Werke zur Auseinandersetzung mit dem „Dritten Reich"			
Seit 1993	Walter Kempowski	*Echolot*	kollektives Tagebuch (Collage)
1995	Bernhard Schlink	*Der Vorleser*	Roman
1998	Martin Walser	*Ein springender Brunnen*	Roman
1999	Marcel Beyer	*Flughunde*	Roman
1999	Marcel Reich-Ranicki	*Mein Leben*	Autobiographie
2003	Uwe Timm	*Am Beispiel meines Bruders*	Erzählung
2002, 2006	Günter Grass	*Im Krebsgang,* *Beim Häuten der Zwiebel*	Novelle, autobiographischer Roman

Gattungen

Aus den obigen Tabellen lässt sich repräsentativ die Dominanz der **erzählenden Literatur** (Roman, Erzählungen, Novelle) ersehen, was nicht zuletzt auch mit der leichteren Lesbarkeit zusammenhängt, die in den letzten Jahren zunehmend ein Anspruch des Buchmarktes geworden ist.

Dennoch gelingt es auch bedeutsamen **Lyrikern** wie Durs Grünbein (*Schädelbasislektion*, 1991, *Erklärte Nacht*, 2002, *Koloß im Nebel*, 2012) oder Marcel Beyer (*Falsches Futter*, 1997, *Erdkunde*, 2002), sich mit ihren Gedichtbänden seit über zwanzig Jahren auf dem Buchmarkt zu behaupten.

Noch nicht geklärt ist der Einfluss der **Poetry-Slam-Kunst** auf die klassische Lyrik-Rezeption. Offenkundig war dies ursprünglich eine vom allgemeinen Buchmarkt weitgehend unabhängige Entwicklung, die von Jugendlichen eher noch als Gegenreaktion zur Gedichtbesprechung in der Schule favorisiert wurde. Dieser – zumindest anfangs bestehende –

Untergundcharakter, zusammen mit dem Live-Perfomance-Erlebnis und der Tatsache, dass jeder talentierte Akteur sich zum Künstler entwickeln konnte, sorgte für eine rasche Ausbreitung des Poetry-Slams. So ist es nicht verwunderlich, dass Poetry-Slams inzwischen fester Bestandteil von Kulturveranstaltungen und somit auch ein typisch urbanes Phänomen geworden sind. Von den bekannten Slammern wie Bas Böttcher, Michael Lenz, Nora Gomringer oder Lydia Daher ziehen einige den Bogen auch wieder zur klassischen Lyrik bzw. betreiben eine Verwischung der Stilgrenzen, u.a. indem sie ihre Texte auch gedruckt publizieren.

Mit der Verleihung des Literaturnobelpreises an Elfriede Jelinek 2004 rückten besonders ihre **Dramen** in die öffentliche Wahrnehmung, z.B. *Ein Sportstück*, 1998, *Ulrike Maria Stuart*, 2006, *Schatten (Eurydike sagt)*, 2013. Ihr Theater als verstörendes, collagenhaftes, zwischen den (auch Erzähl-)Ebenen springendes Kunstwerk zieht viel Diskussion und damit auch Publizität auf sich. Weniger beißend und mit mehr Humor greift John von Düffel immer wieder auch historische Stoffe auf, z.B. in *Das Leben des Siegfried*, 2009, oder in *Orest*, 2013. Viel gespielt und auch häufig als Schullektüre rezipiert wird das Dokudrama *Top Dogs* (2006) des 2014 verstorbenen Schweizer Autors Urs Widmer.

Unpolitische Literatur, Popliteratur, „Fräuleinwunder"

Die konzentrierte Beschäftigung mit dem eigenen Dasein, der eigenen Umgebung, alltäglichen und bisweilen skurrilen Themen des Alltags macht die zweite große Strömung innerhalb der deutschsprachigen Literaturerscheinungen aus. Sie ist inhaltlich wie sprachlich selten experimentell, stattdessen meist eingängig in Stil und Sprache, manchmal auch im Jargon oder sogar Slang („Kanak sprak") abgefasst.

Einen überragenden Verkaufserfolg schaffte Daniel Kehlmann 2005 mit seinem Roman *Die Vermessung der Welt*, der die fiktive Begegnung zwischen Alexander von Humboldt und Friedrich Gauß zum Thema macht. Die Darstellung dieser beiden deutschen Wissenschaftler in ihren persönlichen Unzulänglichkeiten und Schrulligkeiten machte den Erfolg des Werkes aus und traf mit ihrer Tendenz zur Trivialisierung den Geschmack einer millionenfachen Leserschaft.

Ein prägender Vertreter der **Popliteratur** ist Florian Illies, der mit *Generation Golf* (2000) die – relativ belanglose – Jugend des Protagonisten erzählt. Bereits 1995 legte Christian Kracht mit dem Roman *Faserland* das vielleicht erste nennenswerte Werk der Popliteratur vor. Autoren wie Benjamin von Stuckrad-Barre (*Soloalbum,* 1998) oder Benjamin Lebert (*Crazy*, 1999) folgten.

Als „**Fräuleinwunder**" wird – der literarischen Leistung sicherlich unangemessen – das Phänomen bezeichnet, dass sich in den Jahren um 2000 kurz aufeinander mehrere weibliche Autoren mit gut verkauften Werken präsentierten, z.B. Judith Hermann, *Sommerhaus, später* (1998), Karen Duve, *Regenroman* (1999), Alexa Hennig von Lange, *Relax* (1997).

Viel beachtete Romane um den Themenkomplex der NS-Vergangenheitsbewältigung lieferten Tanja Dückers mit *Himmelskörper*, 2003, und Julia Franck mit *Die Mittagsfrau*, 2007. Mit großem Interesse am gesellschaftlichen Geschehen und seinen Missständen behandelt Juli Zeh philosophische, juristisch-ethische oder medizinethische Themen, z.B. in *Schilf* (2007), *Corpus Delicti* (2009) oder *Nullzeit* (2012). Ihr Roman *Spieltrieb* (2004) wurde bereits verfilmt, auf der Bühne inszeniert und fand Eingang in den Kanon der Schullektüren.

Wandel und Kontinuität

Die Marktmechanismen im 21. Jahrhundert sind sicher anders, härter und schneller geworden. So treten neben die traditionellen Literaturkritiker das „Like" auf Facebook oder die Verkaufsempfehlung bei Amazon, womöglich unabhängig von der eigentlichen literarischen Qualität des Buches. Hörbücher bilden einen ernstzunehmenden Gegenpol zum gedruckten Buch, denn sie lassen sich im Stil des Multitaskings sehr leicht neben einer anderen Tätigkeit konsumieren. Autoren, die sich im öffentlichen Bewusstsein halten wollen, müssen sich mehr und mehr als Marke präsentieren und intensive Selbstinszenierung betreiben. Krimis (z.B. von Henning Mankell), Fantasy-Romane (z.B. *Das Lied von Eis und Feuer*) und Mystery-Romane (z.B. die *Twilight*-Serie) sind auf so hohe Verkaufszahlen angelegt und werden zu diesem Zweck auch aus dem ausländischen Markt angekauft, dass sie qualitätvolle Literatur, die einen eigenen, stetig neu schöpferischen Stil in Sprache und Inhalt pflegt, umsatzmäßig klar an den Rand drängen.

Der Markt hat sich zwar verschoben, doch das Ende des Buches ist ganz offensichtlich noch lange nicht gekommen. Dass Lesen bzw. Vorlesen von Büchern die Intelligenzentwicklung von Kindern und damit deren Fähigkeit fördern kann, sich als Erwachsene in ihrem späteren Alltag zurechtzufinden, hat zu einer breit angelegten Kampagne der Lesefrühförderung von Ärzten, Neurowissenschaftlern, Pädagogen und Literaturwissenschaftlern geführt. Das Buch ist stärker denn je präsent in Kindergärten und Schulen und so ist Bücherlesen auch künftig als Kulturtechnik verankert. Weiterhin gibt es auch gedruckte Bücher, denen die E-Books und Hörbücher bisher nicht nennenswert etwas anhaben konnten. Es publizieren auch nach wie vor Autoren, die zwar für die Verlage Umsatz bringen sollen, von diesen aber auch gepflegt werden, obwohl sie nicht die Massen erreichen wie zum Beispiel die Autorin von *Harry Potter.*

Checkliste: Literaturgeschichte

Überprüfen Sie, ob Sie die folgenden Schlagwörter, die nicht chronologisch angeordnet sind, in Verbindung mit einer literarischen Epoche bringen können. Einzelne Begriffe verweisen auf mehrere Epochen, in denen sie von besonderer Bedeutung sind.

- → poetischer Realismus
- → Memento mori!
- → Genie – Geniezeitalter
- → höfische Literatur
- → ästhetische Erziehung des Menschen
- → dualistisches Weltbild
- → sozialistischer Realismus
- → Restauration
- → politische Lyrik
- → Exil – innere Emigration
- → dokumentarische Literatur
- → beseelte Natur
- → Popliteratur
- → Trümmerliteratur
- → bürgerliches Trauerspiel
- → episches Theater
- → Milieudarstellung
- → Zensur
- → Idealismus
- → Regelpoetik
- → Goldene Zwanziger
- → Erinnerungsliteratur
- → Wendeliteratur

Reflexion über Sprache

2

Die Fähigkeit, eine eigene Sprache zu entwickeln, zeichnet den Menschen gegenüber allen anderen Lebewesen der Erde aus. Vor diesem Hintergrund erscheint es sinnvoll, Sprache nicht nur wie ein Werkzeug zu benutzen, sondern sich auch einmal näher mit dem Phänomen Sprache auseinanderzusetzen. Denn unsere Sprache ist nicht etwas Festes, sondern etwas Lebendiges, das ständigen Veränderungen ausgesetzt ist, die wir als Nutzer mehr oder weniger bewusst mit beeinflussen.

2.1 Zeichen und Kommunikation

Das sprachliche Zeichen

„Am Morgen blieb der alte Mann lange im Bild liegen, um neun läutete das Fotoalbum, der Mann stand auf und stellte sich auf den Schrank, [...] dann nahm er seine Kleider aus der Zeitung, zog sich an, schaute in den Stuhl an der Wand, setzte sich dann auf den Wecker an den Teppich und blätterte den Spiegel durch, bis er den Tisch seiner Mutter fand." (aus: Peter Bichsel, *Der Tisch ist ein Tisch*)

Was ist hier geschehen? Der alte Mann fand sein Leben so eintönig und trist, dass er es verändern wollte und damit bei der Sprache begann, indem er den Gegenständen seiner Umgebung einfach andere Bezeichnungen zuordnete. Ein witziger Einfall, doch die Geschichte endet traurig, denn am Schluss versteht ihn niemand mehr, und auch der Mann versteht die anderen Leute nicht mehr, weil er deren Sprache vergessen hat.

In der Realität ist solch ein Vorgang nicht so ohne Weiteres vorstellbar, denn die Sprache ist als System relativ konstant: Die Beziehung zwischen einem Gegenstand bzw. einem Begriffsinhalt und seiner Bezeichnung besteht aus der Übereinkunft aller Sprecher, der **Konvention**. Diese kann sich nur ändern, wenn eine dahingehende Übereinkunft mehrerer Kommunikationspartner zustande kommt.

Dennoch gibt es auf die Frage „Warum heißt der Tisch Tisch?" keine logische Antwort, denn das geschriebene oder gesprochene Wort hat – mit Ausnahme von lautmalerischen Ausdrücken – mit dem Gegenstand von Natur aus nichts zu tun. Dass nun ausgerechnet dieses Wort für die Sache gewählt wurde, ist rein willkürlich, also **arbiträr**. Trotzdem kommt eine solche arbiträre Bezeichnung zustande, weil es die Konvention so ermöglicht.

Dahinter steht ein Modell, das das sprachliche Zeichen in seiner Funktion systematisch zeigt. Die Bedeutung dieses Modells liegt in der Erkenntnis, dass gegenseitiges Verstehen, also Kommunikation, nur möglich ist, wenn alle Kommunikationspartner die Konvention kennen, die gleiche Sprache sprechen und letztlich auch einen **gemeinsamen Zeichenvorrat** besitzen.

Ein Kommunikationsmodell

Das Grundprinzip der Kommunikation besteht im Wechselspiel zwischen **Sender** und **Empfänger**. Jeder Teilnehmer ist abwechselnd Sender und Empfänger. In der vereinfachten schematischen Darstellung verläuft der Kommunikationsvorgang folgendermaßen:

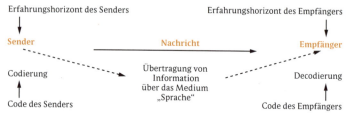

Beim Kommunikationsvorgang **codiert** (verschlüsselt) der Sender seine Botschaft, das heißt, er verpackt seine Idee in sprachliche oder andere

Zeichen, die über die Wahrnehmungsorgane beim Empfänger eintreffen und dort **decodiert** (entschlüsselt) werden.

Damit ist jedoch noch keineswegs gewährleistet, dass der Empfänger die Nachricht nun auch verstanden hat, denn dazu bedarf es zahlreicher Voraussetzungen. So müssen die **Codes** beider Partner übereinstimmen, diese müssen also die gleiche Sprache sprechen.

Auf die auf Seite 93 beschriebene Situation bezogen bedeutet dies, dass der alte Mann einfach den Code verändert hat, indem er seinen Gegenständen andere Bezeichnungen zugeordnet hat. Damit war er für seine Umgebung nicht mehr verstehbar. Er hätte ebenso fremdsprachliche Zeichen wählen können, dann hätten viele Leute ihn auch nicht verstanden.

Darüber hinaus bedarf es zwischen den Kommunikationspartnern eines vergleichbaren **Erfahrungshorizonts**, das heißt, dass Sender und Empfänger quantitativ und qualitativ in etwa die gleichen Informationen codieren und decodieren können.

Zeichen und Verständigung im Alltag

Dass die Fehlermöglichkeit in einem Kommunikationsvorgang sehr hoch ist, wird deutlich, wenn man sich die zahlreichen Missverständnisse (**gestörte Kommunikation**), die allenthalben geschehen, vor Augen hält. Nicht immer gelingt es, diese zu erkennen und aufzulösen, weil den Gesprächspartnern die Komplexität ihres Kommunikationsvorganges nicht bewusst ist.

Ein Beispiel: Ein Lehrer kommt in ein Klassenzimmer und ruft: „Hier ist ganz schön schlechte Luft!" Schnell springen einige Schüler auf und öffnen die Fenster. Doch wo in diesen Worten steckt die Anweisung, die Fenster zu öffnen? Offensichtlich muss in dieser eigentlich neutralen Bemerkung über die Qualität der Atemluft im Raum noch eine weitere Information mitschwingen, nämlich eine Handlungsanweisung.

Darüber hinaus, wieso sollten die Schüler die Fenster öffnen, wenn der Lehrer schlechte Luft bemerkt? Sie fanden das Klima eigentlich angemessen. Eine dritte Botschaft schwingt also in dieser Aussage mit: Der Lehrer möchte in diesem Zimmer so nicht unterrichten.

Das **Organonmodell** von Karl Bühler weist der sprachlichen Äußerung drei Bedeutungsseiten zu, nämlich die neutrale **Darstellung eines Gegenstandes oder Sachverhalts**, die **Ausdrucksseite**, also die Selbstäußerung des Senders, die in einer Botschaft mitschwingt, und die **Appellfunktion**, also die in der Botschaft enthaltene Handlungsanweisung an den Empfänger. Dementsprechend lässt sich auch das Eingangsbeispiel in diese drei Seiten zerlegen:

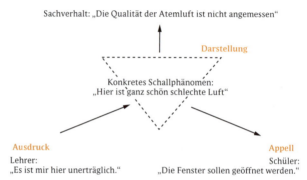

Nicht nur im konkreten zwischenmenschlichen Bereich, sondern vor allem auch für das Verstehen von Literatur ist Kommunikation ein wichtiges Thema. Literatur selbst basiert auf dem Modell von Kommunikation (siehe dazu Seite 146), und Kommunikation selbst ist häufig ein bedeutsames Thema literarischer Texte, da kommunikative Störungen nicht selten die Ursachen für Konflikte zwischen den Hauptfiguren sind.

Zu den bekanntesten Beispielen gehört zweifellos die Szene „Streit der Königinnen" am Höhepunkt von Schillers Drama „Maria Stuart". Sie bildet den Wendepunkt der Tragödienhandlung und leitet den katastrophalen Ausgang des Stücks ein, indem hier der letzte Verständigungsversuch zwischen den Kontrahentinnen Maria Stuart und Königin Elisabeth scheitert.

Den Appell Marias an Elisabeth, sie zumindest am Leben zu lassen, untermauert sie mit ihrem Verzicht auf den Thronanspruch in England (Sachgegenstand): *„Regiert in Frieden! Jedwedem Anspruch auf dies Reich* *tsag ich."* (III, 4 V. 2378 f.) Der Verzicht soll es der amtierenden Königin erleichtern, die Begnadigung auszusprechen, da sie in ihrem Amt nun keine Gefahr mehr durch Maria zu befürchten hat. Elisabeth hingegen versteht diesen Appell als Unterwerfung und Schuldeingeständnis der Gegenspielerin, was für sie endlich den Triumph über Maria bedeutet. Doch anders, als Maria erhofft, reagiert Elisabeth nun nicht auf der Basis der Staatsräson und der Humanität, sondern kostet diesen Triumph über die Konkurrentin aus, indem sie weitere Provokationen ausstößt, die Marias Würde berühren. An diesem Punkt ist die Kommunikation zwischen den Protagonisten gescheitert, was den Umschlag der Dramenhandlung und die Katastrophe bedeutet.

 Abi-Tipp: Zwischen den Zeilen

Für die Bearbeitung von Abituraufgaben, die sich mit der Analyse bzw. Erschließung literarischer Texte befassen, eignen sich die genannten Modelle zur qualifizierten Untersuchung der kommunikativen Strukturen. Zu berücksichtigen ist dabei nicht nur das, was konkret gesagt wird, sondern auch der Kontext, in dem es gesagt wird, und wie das Gesagte verstanden wird.

Es ist deshalb erforderlich, dass man auch auf das achtet, was zwischen den Zeilen steht. Regie-Anweisungen im Drama oder Erzählerkommentare in epischen Texten enthalten dazu häufig Informationen, die manchmal schnell überlesen werden.

2.2 Sprachgeschichte – Sprachvarietäten

Die Geschichte der menschlichen Sprache begann fast 2 Millionen Jahre vor unserer heutigen Zeitrechnung, wenn man den Evolutionsprozess mit einbezieht, der für die allmähliche **Ausbildung der Sprechwerkzeuge** des Menschen erforderlich war. Die Geschichte der Sprache ist aber mit der Entstehung verschiedener **Sprachfamilien**, die sich nach und nach im Zuge der Ausbreitung des Menschen über die Erde in den vergangenen 100 000 Jahren entwickelten, keineswegs abgeschlossen.

Denn bis heute unterliegen alle Sprachen immer noch einem **ständigen Wandel**, auch wenn diese Veränderungen im Vergleich zur langer stammesgeschichtlichen Entwicklung (Phylogenese) eher geringfügig sind und nur die Oberflächenstrukturen betreffen: Veränderungen im Wortbestand bzw. in der Wortbedeutung, in der Grammatik (z.B. Verwendung des Dativs statt des Genitivs), bei der Schreibweise (z.B. Rechtschreibreformen) oder durch die Vermischung verschiedener Sprachen im Rahmen einer zunehmenden **Globalisierung** (z.B. vermehrt Anglizismen im Deutschen).

Auch das Aussterben vieler Sprachen, auf das gegenwärtig die UNESCO warnend hinweist, kann als Sprachwandel und Teil unserer Sprachgeschichte aufgefasst werden. Sprache war und ist nie etwas Fertiges, sondern immer etwas Lebendiges, das Veränderungen unterworfen war und ist.

Entwicklung der menschlichen Sprache

Nach heutigem Stand der Forschung geht man davon aus, dass eine sehr lange Zeit der Evolution erforderlich war, damit der Mensch durch anatomische **Veränderungen im Mund- und Rachenbereich** überhaupt in der Lage war, eine Lautsprache zu entwickeln. Erst mit moderneren Forschungsmethoden war es möglich, dafür einen Nachweis zu erbringen, indem man die Veränderungen des knöchernen Zungenbeins beim Menschen rekonstruierte.

Die Entwicklung der Lautsprache fand zwischen 1,8 Millionen und 500 000 Jahren vor unserer Zeitrechnung statt. Die Tatsache, dass sich der Mensch im Verlauf seiner Evolution vom Einzelgänger zu einem in Gesellschaft lebenden homo erectus entwickelte, um im Schutz der Gemeinschaft seine Existenzprobleme besser bewältigen zu können, begünstigte im Sinne Darwins diesen Evolutionsprozess (Entwicklung der Sprechwerkzeuge).

Erst seit etwa 400 000 Jahren ermöglicht die **Anatomie des menschlichen Innenohrs** das Hören sprachtypischer Frequenzen. Heute geht man in der Forschung davon aus, dass etwa 200 000 bis 100 000 Jahre vor unserer Zeitrechnung sich wahrscheinlich ein Gen (**FoxP2-Gen**) im Erbgut des Menschen ausbildete, das unter anderem für die Entwicklung von Gehirnbereichen verantwortlich sein soll, die auch für die Sprachentwicklung (Verstehen und Artikulation) bedeutsam sind. Vor ca. 100 000 Jahren, als – ausgehend von Afrika – die Ausbreitung des Menschen über die Welt begann, war die vollständige Ausbildung der Sprachfähigkeit erreicht. Die Ausbreitung des Menschen über die Erde führte zur Entstehung verschiedener **Sprachfamilien**.

Erst über die letzten 7000 Jahre der menschlichen Sprachentwicklung liegen relativ gesicherte Erkenntnisse vor. Lange Zeit versuchte man Erklärungen für diese Entwicklung zu finden, indem man Rückschlüsse aus der Beobachtung des Spracherwerbs bei Kindern (Ontogenese der Sprachentwicklung) zog (→ Seite 108 f., Theorien zum Spracherwerb). Ende des 18. Jahrhunderts bildete sich in Deutschland ein besonderes Interesse an der stammesgeschichtlichen Entwicklung der Sprache heraus (→ Seite 103 ff., Theorien zum Ursprung der Sprache).

Sprachgeschichte und Sprachvarietäten

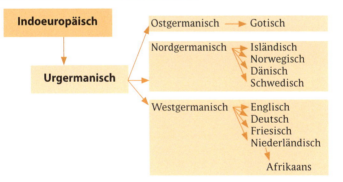

Die Abbildung zeigt in stark vereinfachter Darstellung, wie sich unsere heutigen germanischen Sprachen, zu der auch das Deutsche gehört, seit 2500 v. Chr. aus dem Indoeuropäischen entwickelt haben. In Ergänzung zeigt die folgende Abbildung, in welchen zeitlichen Schritten das heutige Deutsch seit 800 n. Chr. aus dem Westgermanischen entstanden ist.

200 n. Chr.	**Westgermanisch**
800 n. Chr.	Althochdeutsch
1200 n. Chr.	Mittelhochdeutsch
1600 n. Chr.	Frühneuhochdeutsch
Gegenwart	Deutsch

Wenn man von *der* deutschen Sprache, *dem* Hochdeutsch oder *der* **Standardsprache** Deutsch spricht, meint man ein theoretisches Konstrukt, das aus Normen besteht, die erst im 19. Jahrhundert festgelegt wurden. Das heißt, es gibt nicht *die* Standardsprache Deutsch, da die deutsche Sprache ein Geflecht von regional bestimmten **Sprachvarietäten** ist.

Sprachvarietät nennt man in den Sprachwissenschaften die Teilmenge einer Einzelsprache, die die Einzelsprache ergänzt oder modifiziert, aber nicht unabhängig von ihr existieren kann. Also selbst bei dem, was allgemein mit dem Begriff Standardsprache bezeichnet wird, gibt es – regional bedingt – gewisse Unterschiede.

Merke **Übersicht Sprachvarietäten**

geografischer Bezug	Dialekte, Regiolekte
in Bezug auf die Gesellschaftsschicht	Jugendsprache, Idiolekt, Frauensprache, Männersprache usw. (= Identität der Sprecher) Soziolekt, Gruppensprache (= Zugehörigkeit zu einer Schicht oder Gruppe)
in Bezug auf die Kommunikationssituation	Fachsprachen, Umgangssprache

Sprachwandel und Sprachpflege

Sprachgeschichte ist immer eng mit der **Zeitgeschichte** verbunden, da jede Generation ihren eigenen Sprachstil mit sich bringt, welcher von den bestehenden sozialen und politischen Umständen geprägt ist.

Die heutige **Jugendsprache** ist ein gutes Beispiel für eine Sprachvarietät, die einen besonders starken und schnellen Wandel erfährt. Noch vor zehn Jahren gab es in der Sprache der Jugendlichen keine Formulierungen wie „voll krass", „taschengeldmäßig" oder „chillen", dafür aber andere, die heute von der Jugend kaum noch verwendet werden (z. B. „meschugge" oder „knorcke" aus den 50er-Jahren). Die früheren Jugendsprachen gelten als deutlich konservativer und angepasster als die gegenwärtige Jugendsprache. Die Tatsache, dass in der Sprache der heutigen Jugendlichen z. B. ungewöhnliche Wortneuschöpfungen entstehen, Verstöße gegen Regeln der Grammatik vorkommen oder gehäuft Wörter aus fremden Sprachen Verwendung finden, führt immer wieder zu Kritik an dieser Form der Sprachvarietät. Dabei wird die Gefahr für die deutsche Sprache insgesamt sicherlich etwas überbewertet. Denn es wird manchmal vergessen, dass es ähnliche Phänomene schon immer gegeben hat, ohne dass die Sprache Schaden genommen hat, und dass die Abgrenzung von der Welt der Erwachsenen (dazu gehört natürlich auch die eigene Sprache) ein entwicklungspsychologisch bedeutsamer Faktor ist.

Abgesehen von diesen kritischen Stimmen zur Jugendsprache gibt es **Sprachkritik** als einen Beitrag zur **Sprachpflege** in Deutschland schon seit dem 17. Jahrhundert. Nach den Vorbildern in den Niederlanden und in Italien entstanden im 17. Jahrhundert zahlreiche **Sprachgesellschaften**, die sich der Pflege der deutschen Sprache widmen. Die bedeutendste und bekannteste war die „Fruchtbringende Gesellschaft" (1617–1680), die auch als „Palmenorden" bezeichnet wurde und vor allem für die radikale Tilgung lateinischer Wörter aus der deutschen Sprache eintrat.

Institutionen wie der Verein Deutsche Sprache (VDS) oder die Gesellschaft für deutsche Sprache (GfdS) bemühen sich heute um Sprachpflege, indem sie sich mit herrschenden Sprachnormen auseinandersetzen, um diese zu bewerten und auf unangemessenen Sprachgebrauch aufmerksam zu machen. Im Zentrum des Interesses steht dabei in erster

Linie das gesprochene und geschriebene Wort in öffentlichen Institutionen (Politik, Medien usw.). Erklärtes Ziel ist es, durch das Aufzeigen von Missständen einen Beitrag zu einer Verbesserung der Sprachkultur zu leisten. Mit verschiedenen Aktionen wie z. B. der Veröffentlichung des Anglizismenindex, der Wahl des Unwortes des Jahres (2011: „Döner-Morde", 2012: „Opfer-Abo", 2013: „Sozialtourismus"), des Wortes des Jahres (2013: „GroKo") oder des Sprach-Panschers des Jahres (2013: Duden) wenden sich diese Organisationen gegen:

→ Bürokratensprache und Amtsdeutsch,
→ den zunehmenden Anteil von Fremdwörtern in der deutschen Sprache (vor allem Anglizismen),
→ sexistischen Sprachgebrauch,
→ grammatikalisch nicht eindeutige und richtige Sprachgestaltung,
→ die unkorrekte Schreibweise und Aussprache von Wörtern.

In seiner extremen Form bezeichnet man den Versuch, die deutsche Sprache durch Sprachreinigung zu schützen, als **Sprachpurismus** und kritisiert den darin zum Ausdruck kommenden übertriebenen Nationalstolz.

Als Beispiel wird häufig auf Frankreich verwiesen, da dort deutlich stärker auf die Bewahrung der eigenen Sprache geachtet wird. Anders als in den meisten anderen europäischen Ländern heißt z. B. der Computer nicht Computer, sondern *ordinateur,* und die E-Mail *courriel.*

Bemühungen um die „Reinhaltung der deutschen Sprache" werden nicht nur kritisiert, weil darin eine übertriebene „Deutschtümelei" erkannt wird, sondern weil Sprache dadurch als etwas Schutzbedürftiges aufgefasst wird. Die Kritiker der Sprachpflege gehen davon aus, dass man auf Eingriffe „von oben" verzichten kann und soll, weil Sprachen an sich nicht zerstört werden können, sondern nur einem ständigen Wandel der Zeit unterworfen sind und einen Mechanismus der Selbstregulation besitzen.

Mehrsprachigkeit im Zeitalter der Globalisierung

Im Gegensatz zu sprachpuristischen Positionen stehen **interlinguale Entwicklungsprozesse**, die sich aus dem Entstehen einer multikulturellen Gesellschaft im Zeichen der zunehmenden Globalisierung ergeben.

Das „**Switchen**" (Wechseln von einer Sprache in eine andere) kennzeichnet z.B. nicht nur die gegenwärtige Pop-Musik, sondern findet sich auch bei Menschen, die zweisprachig aufgewachsen sind, bzw. in Gruppen, die multikulturell zusammengesetzt sind.

Neuere Untersuchungen stellen heraus, dass **Mehrsprachigkeit** sich positiv auf die Sprachkompetenz von Kindern auswirkt und einen intellektuellen Gewinn bedeuten kann, wenn die zweite Sprache nicht wie eine Fremdsprache, sondern in mehr oder weniger authentischen Situationen (z.B. zweisprachiges Elternhaus, bilingualer Unterricht usw.) parallel zur Muttersprache erlernt wird. Zum Beispiel werden dadurch frühzeitig sprachliche Bedeutungen und kulturelle Unterschiede reflektiert und weitere Sprachen können leichter gelernt werden.

Mehrsprachigkeit bei Kindern mit Migrationshintergrund führt dann zu Problemen, wenn weder die Muttersprache noch die Zweitsprache richtig erlernt wird.

2.3 Sprache – Denken – Wirklichkeit

Der Zusammenhang, der zwischen der Sprache, dem Denken und der Wirklichkeit besteht, beschäftigt die Menschen schon seit der Antike. Im Zentrum des Interesses standen und stehen noch heute folgende Fragen:

→ Welchen Ursprung hat die Sprache des Menschen?
→ Ist das Denken abhängig von der Sprache oder die Sprache abhängig vom Denken?
→ Wie lassen sich die Unterschiede der verschiedenen Sprachen erklären?
→ Haben diese Unterschiede einen Einfluss auf die Vorstellung von der Wirklichkeit?
→ Lässt sich das Denken durch die Sprache manipulieren?

Theorien zum Ursprung der Sprache: Sprache – Denken

Der englische Philosoph **John Locke** (1632–1704) stellte gegen Ende des 17. Jahrhunderts fest, dass es in verschiedenen Sprachen viele Wörter gibt, die keine Entsprechung in anderen Sprachen haben. Für Locke drücken solche Wörter komplexe Gedanken und Ideen aus, die aus den Lebensbedingungen und der Lebensweise der jeweiligen Gesellschaft hervorgegangen sind.

Der deutsche Philosoph, Theologe und Dichter **Johann Gottfried von Herder** (1744–1803) begründete mit seiner Abhandlung *Über den Ursprung der Sprache* (1772) die deutsche Sprachwissenschaft. Johann Gottfried von Herder und vor allem der deutsche Philosoph und Sprachforscher **Freiherr Wilhelm von Humboldt** (1767–1835) erweiterten die gedanklichen Ansätze John Lockes, indem sie diese auch auf die Grammatik einer Sprache bezogen.

Für Humboldt, den wohl bedeutendsten Sprachforscher seiner Zeit, der seine sprachtheoretische Position aus seinen linguistische Studien vieler verschiedener Sprachen (Chinesisch, Japanisch und semitische Sprachen, aber auch Sanskrit, Ungarisch oder Ägyptisch) entwickelte, ist Sprache nichts Festes und Unveränderbares, sondern etwas, das sich ständig in der Auseinandersetzung mit der Realität verändert (→ Seite 101). Sprache ist für Humboldt die sich ständig wiederholende Arbeit des Geistes, artikulierte Laute zum Ausdruck des Gedankens werden zu lassen.

Die Verschiedenartigkeit der von ihm untersuchten Sprachen liegt für Humboldt darin begründet, dass jede einzelne Sprache eine eigene Form gefunden hat, die Welt in Gedanken zu kleiden. Daraus ergibt sich für ihn eine „**jeder Sprache eigentümliche Weltansicht**". Ein Gedanke, den er in seiner bekannten Schrift *Ueber die Verschiedenheit des menschlichen Sprachbaues und ihren Einfluss auf die geistige Entwicklung des Menschengeschlechts* (1830–1835) ausführlich erläutert.

Marxistisch-materialistisch orientierte Sprachwissenschaftler wie **Friedrich Engels** (1820–1895) vertreten später die Auffassung, dass der Ursprung der Sprache weniger aus der Vernunft bzw. einem angeborenen intelligenten Instinkt des Menschen hervorgehe, sondern aus der Notwendigkeit entstehe, sich bei der Arbeit zu verständigen.

2.3 Sprache – Denken – Wirklichkeit

Theorien zum Ursprung der Sprache (seit Ende 19. Jh.)	Merke
Johann Gottfried von Herder (1772)	Ein innerer Drang lässt den Menschen aus den Tönen der lebenden Natur Sprache als Zeichen seines Verstandes entwickeln, um über die Natur zu herrschen.
Wilhelm von Humboldt (1820)	Die Komplexität von Sprache legt es nahe, dass Sprache nicht etwas ist, das der Mensch allein aufgrund seines Verstandes geschaffen hat, sondern ihm als intellektueller „Instinkt" angeboren ist.
Friedrich Engels (ca. 1876)	Marxistisch-materialistischer Ansatz (Sein bestimmt Bewusstsein): Gemeinschaftliche Arbeit verlangt nach Informationsaustausch, sodass sich im Laufe der Evolution des Menschen das Sprechorgan ausbildet und die Sprache entsteht.

Sprachliches Relativitätsprinzip

Aus der Annahme, dass Denken und Sprechen unzertrennlich miteinander verbunden sind und dass jede Sprache ihre eigene Weltsicht enthält, zieht schon Humboldt die Konsequenz, dass keine Sprache einen völlig objektiven Zugang zur Wirklichkeit hat. Die Summe des Erkennbaren liegt für ihn in der Mitte zwischen allen Sprachen und der Mensch kann sich der objektiven Wahrheit nur subjektiv nähern.

Im 20. Jahrhundert werden einzelne Grundgedanken Humboldts vom deutsch-amerikanischen Ethnologen und Anthropologen **Franz Boas** (1858–1942) aufgegriffen. Boas und seine Schüler untersuchten Indianersprachen, die sich grundsätzlich von europäischen Sprachen unterschieden. Boas Schüler **Edward Sapir** (1884–1939) stellte vor dem Hintergrund des Studiums dieser Sprachen schließlich die Hypothese auf, dass die lexikalischen und syntaktischen Strukturen einer bestimmten Sprache gewisse Arten des Denkens zwar nicht erzwingen, aber nahelegen. Sapirs Schüler **Benjamin Lee Whorf** (1897–1941) erlangte mit seinen Schriften, von denen einige 1963 in einer Sammlung mit dem Titel *Sprache, Denken, Wirklichkeit* in deutscher Übersetzung veröffentlicht wurden, große Popularität nicht nur in Kreisen der Sprachwissenschaft. Unter den geläufigen Bezeichnungen **Sapir-Whorf-Hypothese** bzw.

Sprachliches Relativitätsprinzip wird die recht radikal formulierte These gefasst, dass die Grammatik einer bestimmte Sprache unser Denken beherrsche, sodass die jeweiligen sprachlichen Strukturen nur eine relative Vorstellung von Wirklichkeit ermöglichten.

BEISPIEL: Zitat von Whorf

„Im vorhergehenden Artikel über ‚Naturwissenschaft und Linguistik' habe ich auf eine Täuschung über das Sprechen hingewiesen, der wir alle unterliegen. Es ist die Annahme, das Sprechen geschehe völlig frei und spontan, es ‚drücke lediglich aus', was immer wir es gerade ausdrücken lassen wollen. Diese Illusion resultiert aus der folgenden Tatsache: Die zwingenden Formen in unserem scheinbar freien Redefluss herrschen so völlig autokratisch, dass Sprecher und Zuhörer von ihnen unbewusst gebunden sind wie von Naturgesetzen. Die Strukturphänomene der Sprache sind Hintergrundsphänomene, die man gar nicht oder bestenfalls sehr ungenau wahrnimmt — so wie die winzigen Stäubchen in der Luft eines Raumes. Besser noch kann man sagen, alle Sprechenden unterliegen linguistischen Strukturen ungefähr so, wie alle Körper der Schwerkraft unterliegen. Die automatischen, unwillkürlichen Strukturschemata der Sprache sind nicht für alle Menschen die gleichen, sondern in jeder Sprache andere. Sie bilden die formale Seite der jeweiligen Sprache oder ihre ‚Grammatik' — ein Begriff der allerdings hier viel mehr einschließt als die Grammatik, die wir in der Schule aus den Büchern lernten.

Aus der Tatsache der Strukturverschiedenheit der Sprachen folgt, was ich das ‚linguistische Relativitätsprinzip' genannt habe. Es besagt, grob gesprochen, folgendes: Menschen, die Sprachen mit sehr verschiedenen Grammatiken benützen, werden durch diese Grammatiken zu typisch verschiedenen Beobachtungen und verschiedenen Bewertungen äußerlich ähnlicher Beobachtungen geführt. Sie sind daher als Beobachter einander nicht äquivalent, sondern gelangen zu irgendwie verschiedenen Ansichten von der Welt."

aus: Sprache, Denken, Wirklichkeit.
Hrsg. und übersetzt von Peter Krausser. Reinbek: Rowohlt 2003, S. 20 f.

Im Zusammenhang mit dem sprachlichen Relativitätsprinzip wird in der Regel auf eindrucksvolle Beispiele verwiesen: z. B. auf die Beobachtung, dass die Sprache der Hopi-Indianer im Gegensatz zum Englischen oder Deutschen eher eine „zeitlose" Sprache sei, da die Verben der Hopisprache nicht zwischen Vergangenheit, Gegenwart und Zukunft unterscheiden; oder dass die Sprache der Inuits gegenüber europäischen Sprachen über viel mehr Bezeichnungen für Schnee verfüge bzw. dass Wüstenvölker ein umfangreicheres Repertoire an Bezeichnungen für Sand benutzen würden. Gegenüber der oben gezeigten Sichtweise Humboldts zur Verschiedenartigkeit der Sprachen wird stark vereinfachend daraus der Schluss gezogen, dass Menschen aufgrund ihrer Zugehörigkeit zu bestimmten Kulturkreisen zu unterschiedlichen Ansichten von Welt kämen, sodass die **Wahrnehmung von Wirklichkeit nur relativ** sein könne.

Schwachstellen in der Beweisführung (die Begrenztheit des empirischen Materials und der dogmatische Charakter der Sapir-Whorf-These) führten ab Mitte des 20. Jahrhunderts bis in die Gegenwart zu einem verstärkten Aufkommen formalistischer und universalistischer Ansätze. Diese Ansätze haben sich den Nachweis zum Ziel gesetzt, dass alle unterschiedlichen Sprachen auf eine gemeinsame **Universalgrammatik** zurückzuführen sind. Eine solch abstrakte Universalgrammatik wäre dem Denken gegenüber eigenständig und hätte keinen Einfluss darauf. Die vor allem von **Noam Chomsky** (1928) vertretene **Nativismustheorie** (→ Seite 108) geht von der Existenz einer solchen Universalgrammatik aus. Gestärkt werden diese Ansätze auch durch neuere Forschungen in den **Neurowissenschaften**. Diese versuchen nachzuweisen, dass ein bestimmtes Sprach-Gen (FoxP2) für die Entstehung und Entwicklung von Sprache ausschlaggebend sei.

Trotz vielfältiger Kritik findet die Sapir-Whorf-Hypothese gegenwärtig wieder mehr Beachtung. Die amerikanischen Sprachwissenschaftler John Lucy und Penny Lee bemühen sich erneut darum, die Relativitätshypothese – empirisch besser abgesichert – durch einen Vergleich des Englischen mit dem Yukatekischen Maya zu beweisen.

Deutlich wird, dass die Debatte um das Verhältnis zwischen Sprache, Denken und Wirklichkeit bis heute keineswegs abgeschlossen ist und in der Sprachphilosophie, den Sprachwissenschaften und anderen wissenschaftlichen Disziplinen teilweise noch sehr kontrovers geführt wird. Im Zusammenhang einer kritischen Auseinandersetzung mit ideologisch geprägten Geschlechterrollenklischees in der Sprache (Frauensprache vs. Männersprache, patriarchalische Sprachstrukturen usw.) sowie durch neuere Erkenntnisse über die Funktionsweise des Gehirns (Was passiert im Gehirn, wenn wir sprechen? Wie entstehen Gedanken? usw.) in den

Neurowissenschaften steht die Diskussion um die Beziehung zwischen Sprache und Denken auch im Interesse einer breiteren Öffentlichkeit. Unabhängig von den oben angedeuteten Unterschieden und Kontroversen gehen die Vertreter fast aller Positionen von einem sehr engen Verhältnis zwischen Sprache und Denken aus. Grundsätzlich lassen sich im Rahmen dieser Grundannahme folgende Ansichten unterscheiden:

Merke **Sprache – Denken**

Extreme Positionen:
→ Sprache und Denken sind zwei getrennte Bereiche, die allerdings voneinander abhängig sind (Disparitätsthese).
→ Sprache und Denken sind identisch, das Denken ist „inneres Sprechen" (Identitätstheorie).

Zur ersten Position werden dabei drei Varianten als Thesen formuliert:
→ Das Denken bestimmt die Sprache, das Sprechen entwickelt sich aus dem Denken.
→ Die Sprache beeinflusst das Denken, indem es dem Denken bestimmte Bahnen vorgibt = Sapir-Whorf-Hypothese.
→ Sprache und Denken stehen in gegenseitiger Abhängigkeit, das eine ist ohne das andere nicht möglich.

Theorien zum Spracherwerb

Nach wie vor ist es nicht ganz geklärt, wie es Kindern überhaupt möglich ist, ihre Muttersprache so schnell zu erlernen. Seit Mitte des 20. Jahrhunderts werden folgende Theorien zum Spracherwerb kontrovers diskutiert:

Merke **Theorien zum Spracherwerb**

→ **Nachahmungstheorie (Skinner)**
  Spracherwerb beruht ausschließlich auf Nachahmung/Imitation (Kinder sind quasi eine Blackbox).
→ **Nativismustheorie (Chomsky)**
  Neugeborene verfügen über eine angeborene Universalgrammatik und universelle Laute.

2.3 Sprache – Denken – Wirklichkeit

→ **Stand der gegenwärtigen Forschung:**
Gesunde Neugeborene verfügen …
- über ein angeborenes Wissen über Sprache (keine Universalgrammatik, sondern angeborene Neigungen und Lernstrategien),
- über eine außerordentliche Fähigkeit, Sprache nur durch Hören zu lernen,
- über angeborene kognitive Systeme, mit denen sie Erwachsene beim Spracherwerb übertreffen.

Bis Mitte des 20. Jahrhunderts basierten all diese Theorien zum großen Teil auf Annahmen, Vermutungen und äußeren Beobachtungen, da die Wissenschaften noch nicht so weit entwickelt waren wie heute. Fortschritte durch gesicherte Erkenntnisse sind erst durch moderne Methoden der Hirnforschung (Neurobiologie) möglich geworden.

Neurowissenschaftliche Forschungen der Gegenwart könnten Chomskys Nativismustheorie stützen, wenn es ihnen durch die Erforschung der im Gehirn stattfindenden Prozesse beim Spracherwerb und bei der Sprachproduktion gelänge nachzuweisen, dass alle Menschen über eine Art **Bioprogramm „Sprache"** verfügen (z. B. **FoxP2-Gen**).

Obwohl in der Forschung heute ein weitgehender Konsens darüber besteht, dass Sprache sowohl aus einer dem Menschen angeborenen Kompetenz als auch aus dem Einfluss der Umwelt resultiert, ist nach wie vor umstritten, ob Sprache eher als eine kulturelle Errungenschaft, als angeborene Fähigkeit oder als Ergebnis kreativer Denkprozesse des Individuums zu begreifen ist. Die Annahme, dass unsere Sprache eine kulturelle Errungenschaft ist, fasst Sprache und Spracherwerb stärker als ein Produkt der **Phylogenese** des Menschen (stammesgeschichtliche Entwicklung) auf, wodurch auch relativitätstheoretische Erklärungsansätze für den Zusammenhang von Sprache, Denken und Wirklichkeit – wie z. B. das „sprachliche Relativitätsprinzip" (→ Seite 105 ff.) – eine Bestätigung ihrer Position finden. Demgegenüber betont die Annahme, dass der Erwerb der Sprache durch ein Bioprogramm im Menschen verankert ist, stärker die **Ontogenese** des Menschen (Entwicklung des Einzelwesens).

2.4 Einfluss der Medien auf die Sprache

Als mediale Texte bezeichnet man alle Texte, die über die Medien (Presse, Rundfunk, Fernsehen, Internet, SMS usw.) massenhaft verbreitet werden. Dazu gehören Zeitungstexte und Werbeanzeigen ebenso wie Werbespots oder Internetseiten. Zahlreiche mediale Texte werden heute sowohl in den Printmedien als auch im Internet veröffentlicht (Crossmedia). Neben dem Fernsehen gehört das Internet zu den wichtigsten Massenmedien der Gegenwart. Internetseiten, die in der Regel aus einer Text-Bild-Kombination bestehen, die durch interaktive Elemente ergänzt wird, sind in der Grundstruktur durchaus mit einem Artikel in einer Illustrierten vergleichbar, auch wenn die Publikations- und Gestaltungsformen sowie der Adressatenkreis andere sind.

> **Abi-Tipp: Layout beachten**
>
> Sollten Auszüge aus Webseiten in Abituraufgaben als Originalausdruck verwendet werden, ist bei der Analyse bzw. Interpretation das Layout mit einzubeziehen, da Aussage und Wirkung aus dem Zusammenspiel von Text- und Bildelementen entstehen.

Entwicklung der Medien

Das Internet und moderne Kommunikationsformen wie Facebook, Twitter oder WhatsApp besitzen eigene, sehr spezifische Kommunikationsstrukturen: digitale Sachtexte, Blogs, Internetforen, Chats, E-Mail, SMS usw. Die Geschwindigkeit und die schier unbegrenzten Möglichkeiten des globalen Austausches im Spannungsfeld zwischen Identität und Anonymität in einer virtuellen Welt beinhalten ganz eigene Konfliktpotenziale und Gefahren.

Die rasante Entwicklung der Technologien (z. B. Leistungsfähigkeit der Hard- und Software, Geschwindigkeit des Internetzugriffs, Leistungsfähigkeit und Funktionalitätsumfang von Handys, Tablets usw.) hat Vorteile wie den schnellen und globalen Austausch von Informationen sowie die Vielfalt von Kommunikationsmöglichkeiten mit anderen mit sich gebracht. Wie bei fast allen Veränderungen im Bereich der Technik und speziell der Medien werden die positiven Errungenschaften von unerwünschten Nebenwirkungen begleitet, die durchaus ernst zu nehmende Gefahren darstellen.

a. Internetkriminalität

Das Internet wird immer häufiger dazu missbraucht, Straftaten zu begehen. Zum einen werden eher traditionelle Formen der Kriminalität durch die Möglichkeiten der neuen Medien begünstigt, zum anderen entstehen ganz neue Formen. Zu den häufig vorkommenden Straftaten gehören:

→ Ausspähen vertraulicher Daten durch E-Mails (Phishing)
→ Technische Eingriffe durch Viren, Würmer oder Trojaner
→ Kreditkartenmissbrauch
→ Betrügerisches Anbieten von Waren und Dienstleistungen
→ Verstöße gegen das Urheberrecht
→ Cyber-Mobbing
→ Verbreitung von pornografischem Material
→ Verbreitung extremistischer oder rassistischer Propaganda

b. Verlust der Privatsphäre

Der gezielte Diebstahl von persönlichen Daten (siehe oben) sowie der häufig zu freizügige Umgang mit den eigenen Daten z.B. in sozialen Netzwerken (siehe unten) führt zu einem Verlust der Privatsphäre, der häufig nicht bewusst genug wahrgenommen wird. So werden E-Mail-Adressen und andere personenbezogene Daten mit Suchmaschinen im Internet gezielt gesammelt, um sie Interessenten z.B. zu Werbezwecken zu verkaufen. Alle Bewegungen im World Wide Web hinterlassen Spuren, die zu einem Profil zusammengefügt werden können.

c. Veränderungen des Sozialverhaltens

Das Internet birgt mit seinen vielfältigen Möglichkeiten ein Suchtpotenzial, sodass manche Internetnutzer einen immer größeren Teil ihrer Zeit im World Wide Web verbringen. Sehr kontrovers diskutiert wird, ob ein solches Verhalten zu Beeinträchtigungen der Kommunikation mit anderen führt und im Extremfall zu einer selbst verursachten

Isolation führen kann oder ob die spezifischen Kommunikationsformen im globalen Netz nicht vielmehr zu einer Intensivierung kommunikativer Prozesse beitragen. Vergleichbar kontrovers wird in diesem Kontext auch diskutiert, inwieweit die Sprache der neuen Medien die mündliche und schriftliche Sprachverwendung negativ beeinflusst (siehe unten).

Als besonders gefährdet gelten in allen Bereichen Kinder und Jugendliche, da sie häufig das Gefahrenpotenzial gar nicht erkennen bzw. nicht richtig einschätzen können und schneller den Verlockungen des vielfältigen Angebots erliegen als Erwachsene. Daher sind sie auch eine besonders beliebte Zielgruppe für Internetkriminelle.

Sprache im Internet

In wissenschaftlichen und journalistischen Texten, die sich mit dem Thema „Sprache in den neuen Medien" befassen, wird kontrovers diskutiert, welchen Einfluss Internet, SMS und vergleichbare moderne Kommunikationswege auf die Alltagssprache und die Sprachkompetenz vor allem junger Menschen besitzen.

Grundsätzlich lassen sich hinsichtlich dieser Kontroverse drei Positionen mit folgenden Kernaussagen unterscheiden:

a) Im Internet und bei der Kommunikation per SMS wird eine spezifische Sprache verwendet, die sich von der Standardsprache erheblich unterscheidet und sich negativ auf die mündliche und die schriftliche Sprachverwendung Jugendlicher im Alltag auswirkt.

b) Ein grundsätzlich negativer Einfluss des Internets und der Kommunikation per SMS auf die Qualität der Sprachverwendung Jugendlicher wird zurückgewiesen, da eine spezifische „Netzsprache" nur im Freizeitbereich (z.B. in Internetforen, auf informellen Webseiten und in vielen Chats) vorkomme, in anderen Nutzungskontexten aber kaum eine Rolle spiele.

c) Die „Netzsprache" wird als ein eigenständiges Sprachmedium aufgefasst, das eigene und neue Funktionen besitze und diese mit spezifischen Strukturen umsetze. Beobachtbare Spezifika in der Sprachverwendung (siehe Merkkasten auf Seite 113) werden eher als eine Bereicherung als als eine Gefahr aufgefasst.

2.4 Einfluss der Medien auf die Sprache

Gemeinsam ist allen drei oben genannten Positionen, dass sie grundsätzlich davon ausgehen, dass die Sprache im Netz in vielen Nutzungskontexten einen spezifischen Charakter hat.

> **Spezifika der Netzsprache** **Merke**
>
> → Veränderungen im Wortschatz durch die gehäufte Verwendung von Wörtern aus anderen Sprachen: Das sind in erster Linie Anglizismen (z. B. „Back-up", „Chat", „Account" usw.)
> → Verwendung von Emoticons (z. B. Smileys), Aktionswörtern (z. B. „freu" oder „grins"), Abkürzungen und Akronymen (z. B. „LOL" für „Laughing Out Loud" bzw. „Lots Of Luck" oder „MOTD" für „Message Of The Day")
> → Stärkere Orientierung des sprachlichen Duktus an der gesprochenen Umgangssprache

Autoren, die die Position b) vertreten, bemerken zur beobachtbaren Häufung von Anglizismen, dass diese durchaus verständlich sei. Schließlich seien fast 60 % aller Internetseiten englischsprachig und Englisch damit die Sprache des Netzes, da der Ursprung des World Wide Web von Amerika ausging. Allerdings weisen sie gleichzeitig darauf hin, dass neuere Statistiken belegen, dass heute Webseiten in deutscher Sprache – noch vor Webseiten in französischer und spanischer Sprache – mit ca. 8 % des Gesamtanteils bereits Platz 2 einnehmen.

Die Kritik an der Verwendung von Emoticons, Aktionswörtern, Abkürzungen und Akronymen halten die Vertreter von Position b) für überzogen, da es sich um Sprachspielereien handele, die nahezu ausschließlich im Freizeitbereich genutzt würden. Grundsätzlich geben sie zu bedenken, dass die Frage, welchen Einfluss die oben beschriebenen sprachlichen Auffälligkeiten auf die Sprech- und Schreibkompetenzen Jugendlicher haben, noch nicht wirklich geklärt sei. Sie verweisen diesbezüglich auf neuere Untersuchungen, die belegen, dass die heutigen Jugendlichen sehr wohl unterscheiden können zwischen dem Schreiben in informellen, dialogischen sowie dem mündlichen Gespräch angenäherten Nutzungskontexten im Internet und dem Schreiben „traditioneller" Textsorten, bei denen es auf eine kontextunabhängige Verständlichkeit ankommt.

2 Reflexion über Sprache

Diejenigen, die in ihren Artikeln eher der Position c) zuzuordnen sind, fordern in der Diskussion zur mehr Gelassenheit auf und bewerten die intensive Mediennutzung der „Netz-Generation" als unproblematisch. Im Gegensatz zu den Kritikern heben sie die Vorzüge hervor:

→ Orientierung in einem bedeutsamen Medium
→ Förderung des Denkens durch kritische Auswahl
→ Intensität der Kommunikation
→ Möglichkeiten zur Recherche

Aufgrund der Eigenständigkeit des Mediums sehen sie keine Bedrohung der deutschen Sprache durch „Überfremdung" und die Spezifika der Netzsprache interpretieren sie als konzeptionelle Mündlichkeit.

Merke **Konzeptionelle Mündlichkeit**

Der Begriff *konzeptionelle Mündlichkeit* weist darauf hin, dass typische Merkmale der mündlichen Kommunikation, wie umgangssprachliche Wendungen (z. B. „Tach" statt „Guten Tag"), Verkürzungen (z. B. „nich" statt „nicht") oder die Verwendung von Aktionswörtern (z. B. „stöhn", „würg" usw.) nicht Ausdruck von Oberflächlichkeit bei der Sprachverwendung sind, sondern Ausdruck eines bewusst gewählten Konzeptes. Der Wunsch der Schreibenden, Nähe zum Adressaten herzustellen, wird als Erklärung für dieses beliebte Phänomen in E-Mails, SMS und im Chat angeführt.

Soziale Netzwerke

Soziale Netzwerke wie Facebook, Twitter, XING, Google+, Myspace oder LinkedIn erfreuen sich weltweit immer größerer Beliebtheit. Mit über einer Milliarde Nutzern ist Facebook der Marktführer.

Der große Umfang an persönlichen Daten, Informationen zum Privatleben und Bildern, die in sozialen Netzwerken veröffentlicht werden, und die große Selbstverständlichkeit, mit der dies geschieht, geben Anlass zur Sorge um den Schutz der Privatsphäre. Häufig wird übersehen bzw. nicht richtig eingeschätzt, dass einmal eingestellte Informationen zur eigenen Person nur mit größeren Schwierigkeiten oder auch gar nicht mehr gelöscht werden können und somit für lange Zeit im Netz auch für unerwünschte Verwendungszwecke (z. B. als Informationsquelle für

Bewerbungsgespräche) zur Verfügung stehen. Äußerst problematisch sind zudem Formen des Cyber-Mobbings, bei denen die Strukturen der sozialen Netzwerke zur gezielten Verunglimpfung bzw. Diskriminierung ausgewählter Personen verwendet werden.

Selbst von denjenigen, die soziale Netzwerke grundsätzlich als eine Bereicherung der Medienlandschaft auffassen, werden die Verletzungen der Datenschutzrichtlinien durch die Weitergabe persönlicher Daten an Dritte scharf kritisiert (→ S. 111, Internetkriminalität).

Auf derart kritische Stimmen zur Nutzung sozialer Netzwerke wird von anderen entgegnet, dass die heutige Generation andere Vorstellungen von der Privatsphäre und Eigentumsrechten habe, da das Teilen von Daten das Wesen des Internets ausmache. Der Vorwurf, dass die intensive Nutzung mediengestützter Kommunikation zu Veränderungen im sozialen Verhalten führe (→ S. 111f.), indem die Face-to-Face-Kommunikation durch sie ersetzt werde, soll durch den Hinweis auf Studien entkräftet werden, die eher das Gegenteil belegen. Demnach greifen Nutzer nur dann vermehrt auf diese mediengestützten Kommunikationswege zurück, wenn andere Kanäle nicht zur Verfügung stehen. Einige, die selber soziale Netzwerke intensiv nutzen, vergleichen diese mit Poesiealben oder Brieffreundschaften.

Befürworter sozialer Netzwerke verweisen zudem darauf, dass sich vor allem in der jüngeren Vergangenheit gezeigt habe und in der Gegenwart zeige, dass diese Netzwerke einen Beitrag zur politischen Meinungsbildung leisten und zur Initialisierung von Demokratisierungsprozessen beitragen können.

Abi-Tipp: Analyse von Sachtexten zum Thema

Bei der Bearbeitung von Abituraufgaben zum Thema „Einfluss der Medien auf die Sprache" sollten Sie darauf achten, dass die Darstellung und die Bewertungen bestimmter Sachverhalte unterschiedlich sein können, je nachdem, welche Position vertreten wird, da das Thema nach wie vor sehr kontrovers diskutiert wird. Bei der Analyse sollten Sie deshalb zeigen, dass Sie andere Positionen kennen und in der Lage sind, einen eigenständigen Standpunkt einzunehmen.

2 Reflexion über Sprache

Checkliste	**Reflexion über Sprache**

Überprüfen Sie, ob Sie die folgenden Fragen zum Lernbereich *Reflexion über Sprache* beantworten können:

→ Wodurch unterscheidet sich die ontogenetische von der phylogenetischen Sprachentwicklung?

→ Begründen Sie die These, dass Sprachgeschichte immer auch Zeitgeschichte ist.

→ Welches Phänomen von Sprache wird mit dem Begriff *Sprachvarietät* ausgedrückt?

→ Wie wurde der Ursprung der Sprache seit Ende des 19. Jahrhunderts erklärt?

→ Nachahmungstheorie – Nativitätstheorie: Können Sie die beiden Positionen erläutern und gegeneinander abgrenzen?

→ Welcher Sachverhalt wird in der gegenwärtigen Forschung zum Erwerb der Sprache bei Kleinkindern noch kontrovers diskutiert und in welchen Punkten besteht ein Konsens?

→ Können Sie das sprachliche Relativitätsprinzip erklären und dazu begründet Stellung nehmen?

→ Ist es Ihnen möglich, die folgende kurze Fabel unter Einbezug Ihres sprachtheoretischen Wissens zu interpretieren?

Der Löwe *Günther Anders*
Als die Mücke zum ersten Mal den Löwen brüllen hörte,
da sprach sie zur Henne: „Der summt aber komisch."
„Summen ist gut", fand die Henne.
„Sondern?", fragte die Mücke.
„Er gackert", antwortete die Henne.
„Aber das tut er allerdings komisch."

→ Welche Gefahren werden häufig mit der schnellen Entwicklung des Internets und den modernen Kommunikationsmöglichkeiten (SMS, Soziale Netzwerke usw.) in Verbindung gebracht?

→ Was versteht man unter „konzeptioneller Mündlichkeit"?

→ Welche Gegenargumente zur Kritik an Sozialen Netzwerken führen Befürworter an?

Analysieren – Interpretieren

3

„Dass die Lehrer in Texte immer Aussagen hineininterpretieren, die der Autor vielleicht gar nicht gemeint hat, macht die Interpretations-aufsätze für uns so schwammig." Leider ein unter Schülern weit verbrei-tetes Vorurteil: Tatsächlich geht es bei der Deutung von Texten aber um die präzise Beschreibung der inhaltlichen, sprachlichen und formalen Gestaltungsmittel, anhand derer sich die Wirkungsabsicht eines Textes meist recht genau bestimmen lässt. Es ist also in Wirklichkeit ein „Heraus-Interpretieren" dessen, was der Text bietet.

3.1 Grundprinzipien und Begrifflichkeit

Es ist immer wieder zu beobachten, dass Schüler bereits hinsichtlich der Arbeitsaufträge „Analysieren Sie …", „Erschließen Sie …" oder „Interpre-tieren Sie …" irritiert sind, da es ihnen schwerfällt, die jeweiligen unter-schiedlichen Schwerpunktsetzungen der genannten Aufgabentypen zu erkennen. Dies rührt daher, dass die Richtlinien und Lehrpläne der verschiedenen Bundesländer in diesem Punkt nicht einheitlich sind, dass häufig auch Lehrer und nicht zuletzt die verschiedenen Schulbücher diese Begriffe nicht eindeutig verwenden. Daher sollen zunächst diese **drei Herangehensweisen** an literarische Texte oder Sachtexte umrissen werden.

Die **Textanalyse** bietet, ausgehend von einer relativ klar erkennbaren Aussageabsicht eines pragmatischen Textes (z. B. eine politische Rede), eine betont systematische, nach Kategorien geordnete **Untersuchung seiner formalen und sprachlichen Gestaltungsmittel**. Der Text wird mithilfe der Analyse (griech.: „Zergliederung") „auseinandergenom-men" und sehr genau beschrieben, weshalb sich die Analyse besonders für Sachtexte anbietet (→ Seite 172 ff.).

Die **Texterschließung** bzw. **Interpretation** hingegen zielt darüber hinaus auf die **Deutung** und gegebenenfalls **Bewertung** vor allem von **poetischen Texten** ab, die ihren Geltungsbereich zu einem großen Teil im subjektiven Wahrnehmungsfeld des Rezipienten haben. Es geht hierbei um eine plausible, nachvollziehbare Darlegung der eigenen Textwahrnehmung anhand von formalen und sprachlichen Gestaltungsmitteln. Dabei erschließt man in einem ersten Schritt die Wirkungsabsicht des Textes und die sprachlich-formalen Mittel, die diese Wirkung hervorrufen. Damit sind die äußere Form eines Textes gemeint (z.B. Sonett, episches Drama, Novelle etc.) sowie auch seine sprachlichen Besonderheiten (das heißt Bildlichkeit, Wortwahl, Satzbau, weitere rhetorische Stilmittel). Genau genommen handelt es sich auch hierbei um eine Analyse, denn man zerteilt dabei den Text in inhaltliche, sprachliche und formale Einzelteile.

Die Erschließung poetischer Texte geht jedoch im Vollständigkeitsanspruch nicht so weit wie die Analyse, da sie sich vor allem auf schwerpunktmäßig bedeutungstragende Stilmerkmale konzentriert. Im Folgenden wird unter Bezug auf die Aufgabenstellungen des schriftlichen Abiturs meist von der Erschließung und der Interpretation die Rede sein.

In einem zweiten Schritt, der **Interpretation**, fügt man alle zuvor gemachten Einzelbeobachtungen wieder zusammen und erstellt ein Gesamtbild von der Wirkung, die der Text auf seinen Leser, Zuschauer oder Zuhörer hat.

Zusammengefasst ist zum Zusammenhang zwischen Analyse und Texterschließung bzw. Interpretation festzustellen, dass die Analyse von Sachtexten (und entsprechend die Erschließung poetischer Texte) das Zergliedern eines Textes und seine genaue Untersuchung meint. Die Interpretation dagegen meint das Wiederzusammenfügen der Analyse-Ergebnisse zu einer Aussage über Absicht und Wirkung. Die Analyse bildet somit die operative Voraussetzung für die Interpretation, also einen Bestandteil davon.

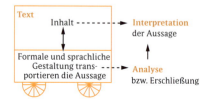

3.1 Grundprinzipien und Begrifflichkeit 119

Nicht alle Richtlinien und Lehrpläne der verschiedenen Bundesländer unterscheiden so differenziert zwischen Analyse, Texterschließung und Interpretation in ihren Abituraufgaben. In den Richtlinien und Lehrplänen für die Sekundarstufe II in Nordrhein-Westfalen wird für die Aufgabenarten der schriftlichen Abiturprüfung ausschließlich der Begriff „Analyse" verwendet, wie die Tabelle zu den Aufgabenarten und Aufgabenvarianten verdeutlicht.

Die Kombination verschiedener Teilaufträge kommt in ähnlicher Form jedoch auch in den anderen Bundesländern vor.

Aufgabenart I	A	Analyse eines Sachtextes mit weiterführendem Schreibauftrag
	B	vergleichende Analyse von Sachtexten
	C	vergleichende Analyse eines Sachtextes und eines literarischen Textes
Aufgabenart II	A	Analyse eines literarischen Textes mit weiterführendem Schreibauftrag
	B	Analyse eines literarischen Textes mit weiterführendem, produktorientiertem Schreibauftrag
	C	vergleichende Analyse von literarischen Texten
Aufgabenart III	A	argumentative Entfaltung eines fachspezifischen Sachverhalts bzw. Problems oder eines Problems, dessen fachlicher Hintergrund aus dem fächerverbindenden Unterricht bekannt ist, im Anschluss an die eingeschränkte Analyse einer Textvorlage
	B	argumentative Entfaltung eines fachspezifischen Sachverhalts bzw. Problems oder eines Problems, dessen fachlicher Hintergrund aus dem fächerverbindenden Unterricht bekannt ist, unter Vorgabe einer Kommunikationssituation

Auch wenn die oben beschriebene Differenzierung zwischen Analyse, Texterschließung und Interpretation nicht explizit in der Aufgabenformulierung zum Ausdruck kommt, wird sie implizit mitgedacht, da davon ausgegangen wird, dass man weiß, dass anders als bei Sachtexten zum Beispiel die Auseinandersetzung mit einem literarischen Text keine vollständige Analyse der formalen Gestalt und sprachlichen Struktur verlangt.

Abi-Tipp: Alte Abituraufgaben

Eine Sammlung der Abituraufgaben der letzten Jahre auf die Häufigkeit bestimmter Fragestellungen hin analysieren!

Aber Achtung: Die Regel, wonach eine Epoche, die im Vorjahr abgefragt wurde, dieses Jahr nicht drankommt, ist falsch!

Man sollte das Angebot des Kursleiters annehmen und an der Bearbeitung von möglichst vielen Abituraufgaben aktiv im Unterricht teilnehmen.

3.2 Vorgehensweise bei der Interpretation poetischer Texte im Abitur

Erfassen der Aufgabenstellung

Sowohl im Grundkurs- als auch im Leistungskursabitur hat sich in letzter Zeit eine in der Regel zwei- oder mehrteilige Aufgabenstellung als gängig herausgestellt, die einen Erschließungsauftrag mit weiterführenden Schwerpunktsetzungen kombiniert. So zeigten sich im Abiturfach Deutsch (Bayern) z. B. folgende Aufgabenstellungen:

BEISPIEL: Aufgabenstellung im Abitur
1. Erschließen und interpretieren Sie das folgende Gedicht vor seinem literaturgeschichtlichen Hintergrund! Vergleichen Sie, ausgehend von Ihren Ergebnissen, das hier dargestellte Frauenbild mit dem in einem anderen literarischen Werk!
2. a) Erschließen Sie die Dialogführung sowie die dramaturgischen und sprachlichen Gestaltungsmittel im folgenden Szenenausschnitt!
   b) Arbeiten Sie die Positionen der beiden Figuren heraus und legen Sie, ausgehend von Ihren Ergebnissen, vergleichend dar, welche Auffassung von Moral bei einer Figur in einem anderen literarischen Werk zum Ausdruck kommt!
3. Erschließen Sie den folgenden Romanauszug aus (...), charakterisieren sie die Hauptfigur und nehmen Sie zu ihrer Handlungsweise Stellung!

3.2 Vorgehensweise bei der Interpretation poetischer Texte im Abitur

In Nordrhein-Westfalen kann die Texterschließung auch mit einem weiterführenden Schreibauftrag verbunden werden, der stärker **kreativ und produktionsorientiert** ausgerichtet ist. Ein Beispiel aus den Richtlinien und Lehrplänen für diese Art von weiterführendem Schreibauftrag lautet:

BEISPIEL: Weiterführender Schreibauftrag

1. Analysieren Sie den Text [Fritz Deppert: Sterntaler (1972)]. Beziehen Sie ihn dabei auf das Sterntaler-Märchen der Brüder Grimm und auf das Märchen der Großmutter aus Büchners „Woyzeck"-Drama.
2. Entwerfen Sie einen eigenen Sterntaler-Text, in dem Sie ausgewählte Motive bzw. Motivvarianten benutzen.

Da kreative Schreibprozesse isoliert kaum zu bewerten sind, werden entsprechende Aufgaben in der Regel mit Ergänzungen verwendet, die Bewertungskriterien offenlegen. In der Beispielaufgabe ist das z.B. der Zusatz „indem Sie ausgewählte Motive bzw. Motivvarianten benutzen". Häufig wird in solchen Aufgaben auch dazu aufgefordert, dass der eigene Text dem Stil des Ausgangstextes angepasst sein soll oder dass ein Gegentext erstellt werden soll bzw. dass die Gestaltung des eigenen Textes im Anschluss schriftlich zu begründen ist. Auf entsprechende Zusätze ist also unbedingt zu achten, damit die mit der Aufgabenstellung verbundenen Erwartungen auch erfüllt werden.

Ausgehend von dem auf Seite 120 zuerst genannten Beispiel soll exemplarisch gezeigt werden, welche Erwartungen mit dieser Abituraufgabe für den Grundkurs verknüpft sind: „**Erschließen** und **interpretieren** Sie das folgende Gedicht vor seinem literaturgeschichtlichen Hintergrund. **Vergleichen** Sie, ausgehend von Ihren Ergebnissen, das hier dargestellte Frauenbild mit dem in einem anderen literarischen Werk."

Die fett gedruckten Wörter geben die einzelnen Arbeitsaufträge an und deuten zugleich auf eine mögliche Gliederung bzw. den Aufbau des eigenen Aufsatzes hin. Sie müssen folglich dort als Gliederungspunkte erscheinen! Man sollte sich also zu Beginn sehr konzentriert die einzelnen Anweisungen bewusst machen, was auf den folgenden Gedankengang hinauslaufen könnte:

Teilanweisungen	gedankliche Teilschritte
Ich soll das Gedicht erschließen	Zu Beginn erfolgt eine Untersuchung auf Inhalt, Form und Sprache.
Ich soll es vor seinem literaturgeschichtlichen Hintergrund interpretieren	Welche für seine Entstehungsepoche typischen Themen, Motive, Aussagen und Gestaltungsmerkmale beinhaltet es?
Ich soll das vorliegende Frauenbild herausarbeiten	Welche Rollenvorstellung oder welche Einstellung zu Frauen vermittelt der Text?
… und mit dem in einem anderen literarischen Werk vergleichen.	Aus einem beliebig gewählten anderen literarischen Text soll ein markantes Frauenbild herausgegriffen und in seiner Übereinstimmung oder seinem Gegensatz zum vorliegenden Text dargestellt werden. Wichtig hierbei: konsequent am Thema bleiben, regelmäßig Rückbezüge schaffen!

Lesen des Textes

Das erste Lesen – sinnvollerweise noch ohne Schreibgerät – dient einer ersten Begegnung mit dem in vielen Fällen noch fremden Text und hinterlässt einen **ersten Eindruck** von dessen Atmosphäre und Wirkungsabsicht. Notieren Sie anschließend auf dem Textblatt knapp die von Ihnen **vermutete Aussageabsicht**, dies ist ihre vorläufige Zielsetzung (Arbeitshypothese/1. Textverständnis).

Im zweiten Durchgang kennzeichnen Sie **inhaltliche und gestalterische Auffälligkeiten** am Rand. Da Sie noch nicht systematisch mit der Erschließung begonnen haben, sind dies die für Sie deutlichsten Beobachtungen und daher nützliche Schlüssel für die spätere Interpretation.

Überprüfen Sie, ob und inwiefern Ihre Arbeitshypothese und die bisher notierten Gestaltungsmittel zusammenpassen. Mit hoher Wahrscheinlichkeit ergeben sich hier jedoch Änderungen in der Schwerpunktsetzung. Diese sollen Sie feststellen und anschließend mit eigenen Worten auf Ihrem Konzeptblatt eine konkretisierte Hypothese formulieren.

Abi-Tipp: Optische Signale

Da das vorliegende Textblatt meist eng und dicht bedruckt ist, ist es hilfreich, hier mit optischen Signalen zu arbeiten: Benutzen Sie Farben, die sich vom Gedruckten abheben und verwenden Sie für unterschiedliche Bereiche verschiedene Farben und Textmarker. Das Gehirn reagiert auf diese optischen Reize nachweislich stärker als etwa auf eine Randbemerkung, die mit einem dünnen Bleistiftstrich geschrieben ist.

Vorsicht: Überfrachten Sie den Text nicht farblich, denn dann hebt sich die Signalwirkung und mit ihr die Einprägsamkeit wieder auf. Beschränken Sie sich also auf wirklich Notwendiges!

Verwenden Sie gegebenenfalls auch Symbole, wie z. B. ✓, ⇔, **?**, ⇒.

Auch diese erschließen sich Ihnen auf einen Blick und lenken schnell auf den wesentlichen Zusammenhang.

Vorbereitung der Erschließung

Klärung der grundlegenden Bedingungen des Textes:
→ Welches ist die Grundsituation? (Ort, Zeit, Stimmung)
→ Wer spricht (in Dramentexten)? Wer ist der Erzähler (in epischen Texten)? Wer ist das lyrische Ich?
→ Wer ist angesprochen? In welchem Verhältnis stehen die Kommunikationspartner zueinander?

Das hieraus folgende nächste Teilergebnis führt zu einer **Präzisierung der Arbeitshypothese**. Diese entwickelt sich von nun an zum roten Faden, an dem entlang die weitere Erschließung und zielgerichtete Untersuchung (Analyse) verlaufen wird.

Die mögliche Aussage- bzw. Wirkungsabsicht des vorgelegten Textes (Arbeitshypothese) kann sich in ganz unterschiedlichen Ausrichtungen zeigen, wie auf der folgenden Seite dargestellt:

- → Kritik an einem Zustand (z. B. an gesellschaftlichen oder politischen Verhältnissen wie im Sturm und Drang, im Vormärz oder auch in der Nachkriegsliteratur)
- → Forderung nach einer moralischen oder ethischen Veränderung (z. B. in der Aufklärung, in der 68er-Literatur)
- → Postulierung (Formulierung, Forderung) eines Idealzustandes (Klassik) oder eines Wunschzustandes (Romantik)
- → Aufbrechen allgemeingültiger Normen (z. B. sprachlich-syntaktische im Dadaismus, ästhetische im Expressionismus)
- → Rückbesinnung auf ursprüngliche Werte (Religiosität in der Romantik, nationale Identität in Romantik und Vormärz)
- → Unterhaltung, Spiel mit unterschiedlichen Themenwelten (Referenzbereichen); Wirken eines literarischen Textes ohne Botschaft (Detektivroman, Karnevalisierung, Gesellschaftscollage in der postmodernen Literatur)

Abi-Tipp: Notizblatt

Bei diesem und den nächsten Arbeitsschritten ist die Verwendung eines **Notizblattes** dringend anzuraten. Die häufig verbreitete Angewohnheit, auch in diesem Stadium noch auf dem Aufgaben- oder Textblatt zu arbeiten, führt aufgrund des Platzmangels zu Unübersichtlichkeit.

Erschließung

Nach den bisherigen grundlegenden Vorarbeiten, deren sorgfältige Durchführung ein in sich stimmiges, aber noch grobes Bild vom Wirkungszusammenhang des vorgelegten Textes ermöglicht hat, beginnt nun die detaillierte Untersuchung. Dabei sind die auffälligen und aussagekräftigen sprachlichen und formalen Befunde heranzuziehen, die die Aussagen des Textes stützen. Wichtig: Eine ausufernde und auf Vollständigkeit angelegte Sammlung von Gestaltungsmitteln ist nicht sinnvoll, wenn deren Bezug zum Textinhalt aus Zeitgründen nicht herausgearbeitet werden kann!

Diese Analyse dient dazu, die Arbeitshypothese zu prüfen und sie, wenn sie sich als schlüssig erwiesen hat, zu stützen (Verifizierung). Bei dieser

Vorgehensweise wird deutlich, wie eng der Bezug zwischen Inhalt und formalen bzw. sprachlichen Befunden in der Erarbeitungsphase ist. Es kann damit auch der Fehler vermieden werden, überflüssige, das heißt, die für die Hauptaussage des Textes wenig bedeutsamen Sprachmittel zusammenhangslos aufzulisten.

Da Inhalt, Form und Sprache in einem organischen, sich gegenseitig bedingenden Verhältnis zueinander stehen, hat sich die folgende Strukturierung bei der Analyse als nützlich erwiesen. Sie sollte in der Erarbeitungsphase auch tatsächlich als **Tabelle** angelegt werden, damit der Zusammenhang der drei Bereiche stetig im Blick bleibt.

Aussage/Wirkung (Hypothese)		
Schritt A	Schritt B	Schritt C
Zusammenfassung und Wiedergabe des Textinhalts, strukturiert z. B. nach Sinnabschnitten bzw. Strophen. Wichtig hier: rein textbezogene Wiedergabe! Keine vorweggenommene Bewertung!	präzisere Bestimmung der strukturellen und formalen Gegebenheiten, z. B. → Zahl und Gestaltung der Strophen und Verse (Lyrik) → Monolog oder Dialog? (Drama) → Erzählsituation (im epischen Text), z. B. Ich-, personaler, auktorialer Erzähler, innerer Monolog?	Zuordnung von sprachlichen Mitteln in der Reihenfolge ihrer Bedeutsamkeit: → Bildlichkeit: Metaphern, Symbole, Allegorien etc. → Wortwahl: i.d.R. Substantive, Verben, Adjektive, Adverbien, die aus bestimmten Bedeutungsbereichen stammen → Satzbau: Hypo-, Parataxe, Fragen, Ausrufe, Ellipsen → poetische (rhetorische) Mittel (vgl. Übersicht auf S. 187 ff.) → Metrum, Rhythmus → Reim, Klang
↓	↓	↓
Inhalt ↔	Struktur/Aufbau ↔	Sprache

BEISPIEL: **Stichpunktsammlung zur Erschließung**

Am Beispiel des romantischen Gedichtes *Weise des Dichters* (1809) von Friedrich Schlegel (1772–1829) soll die Stichpunktsammlung zur Erschließung exemplarisch vorgeführt werden.

Friedrich Schlegel, Weise des Dichters (1809)

Wie tief im Waldesdunkel Winde rauschen,
Ihr Lied dazwischen Nachtigallen schlagen,
Der muntre Vogel singt in Frühlingstagen,
Dass wir dem fernen Ruf bezaubert lauschen;

5 So seht Ihr hier jedwede Weise tauschen,
Betrachtung, linde Seufzer, tiefe Klagen,
Der Scherze Lust, der Liebe kühnes Wagen,
Und was den Seher göttlich mag berauschen.

Anklänge aus der Sehnsucht alten Reichen
10 Sind es, die bald sich spielend offenbaren,
Uns ihr Geheimnis bald mit Ernst verkünden;

Sinnbilder, leise, des gefühlten Wahren,
Des nahen Frühlings stille Hoffnungszeichen,
Die schon in helle Flammen sich entzünden.

Bevor mit dem Sammeln der einzelnen Stichpunkte begonnen wird, sollte eine klare inhaltliche Ausrichtung des Aufsatzes, der Hauptgedankengang, also die Arbeitshypothese festgelegt werden.

→ Autor und Titel des Gedichtes: Friedrich Schlegel, Weise des Dichters
→ Arbeitshypothese: Schaffen des Künstlers als ein von der Natur inspirierter und der Natur verwandter Prozess

Im Anschluss sollen dann die wichtigsten Beobachtungen zu Inhalt, Aufbau, Form und Sprache in Stichworten festgehalten werden. Dazu bietet sich eine Tabelle nach folgendem Muster an:

3.2 Vorgehensweise bei der Interpretation poetischer Texte im Abitur   127

Inhalt	Aufbau/Form	Sprache
	Sonett: 2 Quartette, 2 Terzette; Funktion: antithetische Struktur	
Strophe 1: Waldnatur und Vogelgesang in ihrer bezaubernden Wirkung	**These:** Waldnatur im Zentrum der Betrachtung	→ *wie – so*: Vergleich → Alliteration: *Wie ... Waldesdunkel Winde*: Verstärkung der poetischen Grundstimmung → Wortwahl: Substantive aus der Natur, bewegte Verben der akustischen Sinneswahrnehmung → Inversion: *Ihr Lied ...* → I- und u- bzw. au-Assonanzen: dunkle Waldniederungen, hohe Töne
Strophe 2: Nachtigall wird mit dem Schaffen des Dichters verglichen, der Gefühlsäußerungen des Menschen künstlerisch wiedergibt	**Antithese:** emotionale Erlebnissphäre des Menschen steht im Mittelpunkt, Schriftsteller als Seher Klammerreim, fünfhebiger Jambus	→ Anrede *Ihr*: Einbindung, Intensivierung → Asyndetische Reihung menschlicher Empfindungen: ungeordnete Gefühlsregungen (Zeile 6,7) → Klimax: Steigerung der Extreme (*Seufzer, Klagen, Lust*) → Antithese: gegensätzliche Gefühle (*Klagen – Liebe*) → Personifikation: *der Liebe kühnes Wagen*
Strophe 3: In seinem Werk werden Gefühlszustände der Sehnsucht verdeutlicht **Strophe 4:** Diese zeigt er in seinem entstehenden Werk in Form von Metaphern des herannahenden Frühlings	**Synthese:** schöpferisches Geheimnis der Natur in Verbindung mit dem schriftstellerischen Werk und mit den Anzeichen des Frühlings Metrumwechsel Daktylus, Trochäus: Zäsur im Leserhythmus, Künstlichkeit, Antithetik zu Strophe 1 und 2	→ Schlüsselbegriffe: *Sehnsucht, Geheimnis, Sinnbilder, Wahren*: nebulöse Andeutung, Phantasie → Antithese: *spielend offenbaren – mit Ernst verkünden* → Sinnbilder: *Frühling, helle Flammen* → Personalpronomen 1. Person: *uns*

3

Inhalt	Aufbau/Form	Sprache
Interpretations-ansatz: dichterisches Schaffensideal: Verschmelzung mit der Natur	Reime, durchgängig weibliche (klin-gende) Kadenzen, die fließend wirken; stringente Form des Sonetts: Durchgän-gigkeit, Verschmel-zung der verschiede-nen Bereiche	

Verfassen der Klausur

Die wesentliche Aufgabe besteht nun darin, aus den in der Erschließung gemachten Beobachtungen eine präzise These (zuvor: Hypothese) zu formulieren und dem Hauptteil der Arbeit voranzustellen. Alle forma-len und sprachlichen Befunde dienen nun als Belege für diese These und werden entsprechend an sie angebunden.

Um den bis hierhin entstandenen inhaltlichen Kern herum, der den Hauptteil bilden wird, müssen nun eine sinnvolle Einleitung und ein abrundender Schluss skizziert werden. Diese können unterschiedliche Aspekte und Gedankengänge verfolgen.

A. **Einleitung:** Hinleitung zur Aufgabenstellung – ideal: trichterförmig – vom Allgemeinen zum Besonderen
   Möglichkeiten: Angaben zu Autor, Werk, Epoche; Kernthematik des Textes; aktueller Anlass, wiederkehrende Problematik, Motivik etc.
B. **Hauptteil:** mit dem Ziel, zu einer interpretatorischen Gesamtaussage zu gelangen
   Möglichkeiten: These; 1. Erschließung; 2. Interpretation
C. **Schluss:** mit abrundender Wirkung
   Möglichkeiten: Aufgreifen der Eingangsfrage, Zeitbezug, Weiterfüh-rendes, etc.

In der praktischen Umsetzung der Interpretation ergeben sich grund-sätzlich zwei Möglichkeiten für die Gliederung des Hauptteils, die je nach Zweckmäßigkeit gewählt werden können.

3.2 Vorgehensweise bei der Interpretation poetischer Texte im Abitur

nach Inhalt/Struktur/Sprache	nach Sinnabschnitten im Text
A. Einleitung	A. Einleitung
B. Hauptteil	B. Hauptteil
1. Erschließung	1. Erschließung
a) Inhalt	a) Inhaltszusammenfassung des
b) Textstruktur/	ersten Sinnabschnitts,
formale Gestaltung	Erschließung Form und Sprache
c) sprachliche Gestaltung	b) Inhalt – Form – Sprache
2. Interpretation	(2. Sinnabschnitt)
C. Schluss	c) Inhalt – Form – Sprache
	(3. Sinnabschnitt)
	2. Interpretation
	C. Schluss

Praktische Hinweise

→ Die im 3. und im 4. Arbeitsschritt angefertigten Notizzettel werden nun so auf dem Schreibtisch platziert, dass sie beim Ausformulieren ständig im Blick sind und kontinuierlich in einen fließenden Text umgearbeitet werden können. Dabei können diejenigen Punkte, die abgehandelt sind, abgehakt, also tatsächlich durchgestrichen werden. So ist sichergestellt, dass man seine Beobachtungen und Ergebnisse vollständig einbezogen hat.

→ Damit der rote Faden, also der ständige Bezug zum Thema (Arbeitshypothese, Aussageabsicht) gewährleistet ist, muss dieser in regelmäßigen Abständen auch sprachlich durch Rückbindungen geleistet werden. Schließlich soll auch der Leser des Aufsatzes seine Orientierung im Text behalten.

→ Einleitung und Schluss sind – neben einem aussagekräftigen Hauptteil – insofern neuralgische Punkte des Aufsatzes, als sie den Kern des Textes sinnvoll umrahmen. Da immer wieder Schwierigkeiten auftreten, die Einleitung wirkungsvoll anzulegen, ist es hilfreich, sich die Einleitung wie einen Trichter vorzustellen. Es sind grundsätzlich sehr viele verschiedene Möglichkeiten gegeben, welchen Gedanken man in der Einleitung ausbaut. Man ist hier sehr frei in seiner Auswahl, doch sollte sich der gewählte Aspekt am Ende der Einleitung auf die vorgegebene Aufgabenstellung hin verengen; das heißt, eine sehr scharf umrissene Fragestellung sollte die Überleitung zum Hauptteil bilden.

→ Entsprechend kann man sich den Schluss als umgekehrten Trichter vorstellen, der sich also thematisch wieder weitet. Hier darf zwar das Kernthema nicht plötzlich abgeschnitten werden, es kann aber mit einer eigenen Idee etwas freier abgerundet werden.

→ Während die obige Gliederung als Grundgerüst für die Ausformulierung des Aufsatzes dient, wird die Version, die zur Korrektur mit abgegeben wird, sinnvollerweise erst **nach** Abfassung des Textes endgültig formuliert. (Nicht immer ist die Gliederung mit abzugeben. Auf die Aufgabenstellung achten!)

Da beim Verfassen des Textes meist noch Umstellungen oder Umgewichtungen erfolgen, kann mit dieser Vorgehensweise vermieden werden, dass die Gliederung von der Ausführung abweicht. Vielmehr trägt sie – nachträglich erstellt – den vorgenommenen Änderungen Rechnung.

Vor der ausgeführten Interpretation sollen die Arbeitsschritte der Textinterpretation zur Wiederholung noch einmal anschaulich zusammengefasst werden:

Abi-Tipp: Schlusskorrektur

Auf das Vorformulieren des gesamten Aufsatzes auf Konzeptpapier sollte man aus Zeitgründen verzichten. Nicht aber auf das abschließende Korrekturlesen. Hier nimmt man Korrekturen oder Streichungen sauber mit Lineal vor. Ergänzungen bzw. Einfügungen erfolgen nach Möglichkeit am Seitenende oder am Schluss des Aufsatzes. Nichts in den Text hineinquetschen, Unleserliches wird vom Korrektor nicht geschätzt und kann im Extremfall auch nicht gewertet werden.

3.2 Vorgehensweise bei der Interpretation poetischer Texte im Abitur

Arbeitsschritte
Merke

1. **Erfassen der Aufgabenstellung**
   Ermittlung der in der Arbeitsanweisung enthaltenen Teilaufträge
2. **Lesen des Textes**
   a) gedankliche Erfassung seiner Bedeutung, Formulierung einer vor-läufigen Aussageabsicht (Arbeitshypothese)
   b) Markierung auffälliger sprachlicher/formaler Gestaltungsmittel
3. **Vorbereitung der Erschließung**
   Klärung der grundlegenden Textzusammenhänge und Präzisierung der Arbeitshypothese
4. **Erschließung und Interpretation**
   a) abschnitts- bzw. strophenweise Wiedergabe des Inhalts und Zuordnung der sprachlichen und formalen Befunde
   b) Gesamtdeutung aus dem Zusammenhang von Inhalt, Form und Sprache heraus
5. **Verfassen der Klausur**
   a) Skizzieren bzw. Erstellen einer Einleitung und eines Schlusses, die den Hauptteil sinnvoll und folgerichtig umrahmen
   b) schrittweise Ausformulierung der Stichpunktsammlung mit konsequentem Bezug zur Gesamtaussage
   c) Angleichung der Stichpunktsammlung an den fertigen Aufsatz und Erstellung der Gliederung (nur in einigen Bundesländern obli-gatorisch!)

Häufig bereitet der Schritt von der Stoffsammlung zum ausformulier-ten Text Schwierigkeiten, da logische Zusammenhänge und Übergänge eine sprachliche Hürde darstellen. Aus diesem Grund soll exemplarisch anhand der Gliederung zum Gedicht *Weise des Dichters* vorgeführt wer-den, wie die schriftliche Ausgestaltung von Stichpunktsammlungen und Notizen aussehen könnte:

BEISPIEL: Gedichtinterpretation
Friedrich Schlegel, Weise des Dichters (1809)

Notizen	Ausführung
A. Einleitung Romantik (ca. 1790–1830), Gegenbewegung zur Klassik, Themen/Topoi: Poetisierung der Natur, Sehnsucht, künstlerisches Schaffen, Wan- dern, Ferne	In Abwendung von den unerreichbaren ästhetischen und sittlichen Idealen der Klassik beschäftigten sich die romantischen Künstler etwa zwischen 1790 und 1830 bevorzugt mit Themen und Motiven der menschlichen Phantasie, des künstlerischen Schaffens, der nicht greif- baren, transzendenten Sphäre. Dabei ist u. a. eine Rück- besinnung auf christlich-religiöse Werte zu beobachten und mit ihnen auch die Bewunderung für die Natur als Wunder der göttlichen Schöpfung. Die Natur wird von den Romantikern häufig als Quell und Impulsgeber dichterischer Schaffenskraft betrachtet, wie es etwa bereits bei Novalis in seinem posthum erschiene- nen Romanfragment „Heinrich von Ofterdingen" (1802) zu beobachten ist: Auf der Suche nach der blauen Blume, die der Inbegriff und Ausgangspunkt künstlerischer Gabe ist, durchwandert der Jüngling Heinrich von seiner Traumphantasie erzeugte Landschaften und Naturberei- che.
Überleitung	Deutlich konkreter ist die Rückwirkung von Natur- landschaften auf die dichterische Schaffenskraft in Friedrich Schlegels Sonett „Weise des Dichters" (1809) dargestellt.
B. Hauptteil I **Erschließung** **1. Inhalt**	Das Gedicht deutet bereits in seinem Titel einen thema- tischen Bezug zur lyrischen Kunst an. Die Weise ist eine einfache Tonfolge eines Liedes und weist demnach auf den melodischen Charakter eines Gedichtes hin.
Strophe 1: Waldnatur und Vogelgesang	So wird in der ersten Strophe ein Naturbild erzeugt, das den Wald als dunkel und vom Wind durchzogen vom Gesang der Nachtigall durchhallt zeigt.
Strophe 2: Nachtigall wird mit dem Schaffen des Dichters ver- glichen, der Ge- fühlsäußerungen des Menschen beschreibt	Die magische Wirkung dieser Situation auf den Betrach- ter setzt sich in der zweiten Strophe fort, denn hier wird das Naturidyll als Vergleich für die Natur des Menschen in dessen verschiedenen Gefühlsäußerungen herangezogen. So wie also die Nachtigall im Wald singt, zeigt die Weise des Dichters den Menschen in seinen Empfindungen.

3.2 Vorgehensweise bei der Interpretation poetischer Texte im Abitur

Notizen	Ausführung
Strophe 3: In seinem Werk werden Gefühlszustände der Sehnsucht verdeutlicht.	Die dritte Strophe hebt hervor, dass im Gedicht alte Mythen und seit Menschengedenken gültige Gefühlsmuster verdeutlicht werden, die, ...
Strophe 4: Diese zeigt er in seinem entstehenden Werk in Form von Metaphern des herannahenden Frühlings.	... so der vierte Abschnitt, als Metaphern des herannahenden Frühlings in der Lyrik erscheinen.
2. Aufbau Sonett: 2 Quartette 2 Terzette Funktion: antithetische Struktur	Das Sonett erscheint in seiner charakteristischen äußeren Gestaltung, nämlich in zwei Quartetten und zwei Terzetten. Der dem Sonett eigene antithetische Aufbau spiegelt sich inhaltlich in einem dialektischen Dreisprung wider, das heißt, auf die Darstellung einer Ausgangssituation (These) folgt ein entgegengesetzter Bereich (Antithese). Die Überwindung oder Zusammenführung (Synthese) der Gegensätze leisten die Strophen 3 und 4.

Entsprechend beinhaltet die erste Strophe schwerpunktmäßig die Naturdarstellung des Waldes, während in der zweiten die Erlebniswelten des Menschen als Thema der Dichtung im Mittelpunkt stehen.

In den beiden Terzetten wird abgehoben auf eine übergeordnete Sinneinheit, die der Lyrik die besondere Fähigkeit zuweist, immer gültige Wahrheiten und den Gehalt der Schöpfung allgemein gültig zu vermitteln. |
| **3. Sprachlich-stilistische Gestaltung** Strophe 1: „Wie" ... „so": Vergleich | Auffällig ist die in den ersten beiden Strophen angelegte Grundstruktur des Vergleichs, der in den Versen 1 und 5 („Wie"... „So"...) die dichterische Darstellung der menschlichen Natur mit den Tönen der Waldnatur veranschaulicht. Die in jedermanns Erfahrungsschatz verankerten, archetypischen akustischen Erinnerungen an Waldspaziergänge benutzt dieser Vergleich, um den Vorgang lyrischen Schaffens deutlich zu machen. |

Notizen	Ausführung
Alliteration: „Wie ... Waldesdunkel Winde ...": Verstärkung der poetischen Grundstimmung; i- und u- bzw. au-Assonanzen: dunkle Waldniederungen, hohe Töne	Dabei werden auch im vorliegenden Gedicht klangliche Mittel verwendet, um diese natürliche Grundstimmung zu erzeugen. So hebt gleich im ersten Vers die Alliteration „Wie (...) Waldesdunkel Winde (...)" die seh- und hörbaren Eindrücke im Wald hervor. Aber auch in der ganzen Strophe erzeugen i- und u- bzw. au-Assonanzen die optische und akustische Stimmung von dunklen Waldniederungen, die von hohen Tönen, etwa des Windes, aber auch des Vogelgesangs durchschallt werden.
Wortwahl: Substantive aus der Natur, bewegte Verben der akustischen Sinneswahrnehmung Inversion: „Ihr Lied ..."	Die Substantive „Waldesdunkel", „Winde", „Nachtigallen" bilden klar die Rahmensituation des Waldes ab und repräsentieren die Wirkungsabsicht des Gedichtes, indem sie mit lyrischen Begriffen wie „Lied", „singt" und „Ruf" gekoppelt werden. Überhaupt sind die Verben sämtlich der akustischen Sinneswahrnehmung entnommen: „rauschen", „(ein Lied) schlagen", „lauschen". Dieser zweite Bedeutungsschwerpunkt, die Lyrik, wird durch die Inversion [Anm.: verschränkte Satzstellung] im zweiten Vers unterstrichen, bei der die „Ihr Lied" deutlich an den Beginn des Verses gestellt wird.
Strophe 2: Anrede „Ihr": Einbindung, Intensivierung Asyndetische Reihung menschlicher Empfindungen: ungeordnete Gefühlsregungen	So wie das lyrische Ich am Ende der ersten Strophe mit dem Personalpronomen der 1. Person „Wir" eine Kollektivierung des Naturerlebnisses schafft, deutet es aus der Perspektive des Kunstschaffenden mit der Anrede „Ihr" den Leser auf seinen Wirkungsbereich hin. Seine Gedichte („jedwede Weise") verarbeiten unterschiedlichste Empfindungslagen des Menschen, angefangen bei bloßer „Betrachtung" über „linde Seufzer", „tiefe Klagen" bis hin zu „Lust" und „Liebe".
Klimax: Steigerung der Extreme Antithese: gegensätzliche Gefühle Personifikation: „der Liebe kühnes Wagen"	Die Antithetik schöner und schmerzlicher Gefühle repräsentiert die Willkür, mit der die Natur hier mit dem Menschen umspringt. Zusätzlich ist auch eine Steigerung der Intensität der jeweiligen Emotionen erkennbar. Dass ihre Abfolge für den Menschen nicht steuerbar ist, wird durch ihre asyndetische Aneinanderreihung zum Ausdruck gebracht. All dies ausdrucksvoll zu vermitteln gehört zum Handwerk des Dichters, der sogar den dahinter stehenden Plan des Schöpfers umsetzen soll. („Und was den Seher göttlich mag berauschen.")

3.2 Vorgehensweise bei der Interpretation poetischer Texte im Abitur   135

Notizen	Ausführung
Klammerreim, fünfhebiger Jambus	Beiden Strophen gemeinsam sind die metrische Gestaltung sowie das Reimschema. Der fünfhebige Jambus durchzieht mit leichtem Fluss den Text, der, ohne von auffälliger Künstlichkeit gestört zu sein, der natürlichen, authentischen Sprache nahekommt. Das Fließende, Verbindungen und Verschränkungen Schaffende wird durch den Klammerreim abba, der auch in der zweiten Strophe vorliegt, unterstrichen. Hierdurch wird angedeutet, dass trotz der unterschiedlichen inhaltlichen Schwerpunktsetzungen der beiden Quartette eine Verschmelzung der Sphären Natur und Mensch bzw. Dichtung angestrebt wird.
Strophen 3 und 4: Schlüsselbegriffe „Sehnsucht", „Geheimnis", „Sinnbilder", „Wahren": nebulöse Andeutung, Phantasie Antithese „spielend offenbaren" – „mit Ernst verkünden" Personalpronomen 1. Person „uns" Sinnbilder „Frühling", „helle Flammen"	Während die Sinneseindrücke, die in den beiden Quartetten evoziert werden, durchaus jedem Betrachter des Gedichtes unmittelbar bekannt und geläufig sein dürften, werden mit den Schlüsselbegriffen der folgenden Strophen vielmehr nebulöse Andeutungen unerahnbarer Tiefe gemacht. Mit „der Sehnsucht alten Reichen" können ewig währende, die Zeiten überstehende Urwünsche des Menschen gemeint sein, die in der Lyrik sowohl auf leichte Weise als auch ernst verarbeitet werden können. Die Antithese „sich spielend offenbaren" – „mit Ernst verkünden" zeigt hierbei die gestalterische Variabilität der Dichtkunst, ihr breites Bedeutungsspektrum an. Hier allerdings sieht sich das Ich nicht mehr dem Rezipienten gegenübergestellt, sondern es rechnet sich wieder zu der Gruppe derer, die staunend vor unbegreifbaren Empfindungen stehen. Das Personalpronomen der 1. Person „uns" weist darauf hin, dass eine Verschmelzung stattgefunden hat, nicht nur zwischen dem Dichter und seinem Publikum, sondern vielmehr zwischen der Natur, dem Menschen und der Lyrik. Dem im Entstehen begriffenen Werk gehen seine Zeichen voran, „stille Hoffnungszeichen", die den Frühling ankündigen und schon erste Wirkung hinterlassen („helle Flammen"). Letztlich erscheinen die Elemente des Frühlings als Metapher einer dem allgemeinen Zugang verborgenen Wahrheit.

Notizen	Ausführung
Metrumwechsel Daktylus, Trochäus: Zäsur im Leserhythmus, Künstlichkeit	Dass in den beiden Terzetten eine völlig neue Bedeutungsebene betreten wird, die über dem gewohnten Erlebnishorizont liegt, zeigt ausdrucksstark der Wechsel des Versfußes an. Weg vom bisherigen fließenden Jambus ist das Gedicht jetzt weitgehend in aus Daktylus und Trochäus zusammengesetzten Versen gestaltet. Es ergibt sich dadurch eine deutliche rhythmische Zäsur, die die inhaltliche Veränderung unterstreicht. Auffällig ist auch die auf einmal künstliche bzw. kunstfertigere Gestaltung des Gedichtes, die wohl den künstlerischen Wert der Lyrik belegen soll. Auch die verwendeten Reime lauten nun anders als in den Quartetten und sollen mit dem Schema cde, dce eine in sich geschlossene Sinneinheit verkörpern.
II. Interpretation Zentrales Motiv: Schaffen des Künstlers inspiriert von der Natur, dadurch zugleich Annäherung bzw. Verschmelzung mit ihr der Dichter ist herausgehoben vor anderen Menschen, da er besondere Seherfähigkeiten hat; Frühling als Sinnbild erwachenden Lebens deutet auf aktiven Schaffensprozess hin, den die Natur initiiert	Insgesamt lässt sich im Gedicht „Weise des Dichters" von Friedrich Schlegel als Hauptmotiv das Schaffen des Künstlers feststellen, das von der Natur inspiriert und freigesetzt wird. Unmissverständlich wird der schöpferische Prozess des Lyrikers den Äußerungen der Natur, also etwa dem Gesang der Nachtigall, gleichgestellt. Das Ergebnis ist ein Kunstwerk, das Ausdruck für die Verschmelzung zwischen dem Menschen und der Natur auf einer höheren Ebene ist. Dementsprechend kommt dem Dichter eine besondere seherische Fähigkeit zu, mit der er die göttlichen Zeichen zu lesen vermag. Seine Aufgabe ist es, diese göttlichen Zeichen in seinem Werk zu vermitteln, sodass er damit den Lesern eine Brücke zu tieferen Einsichten bauen kann. Unzweifelhaft schaffen klanglich bestimmte Verben sowie aus den Bedeutungsbereichen der Natur und des Gefühls stammende Substantive und passende Assonanzen eine Atmosphäre, die bereits in der vorbewussten Wahrnehmung des Textes ein harmonisches Naturempfinden auslösen. Damit ist der Weg geebnet, Schlegels Gedicht als Preisung der Schöpfung zu erleben, die sich die Lyrik als Ausdrucksmittel gewählt hat.

3.3 Interpretation von lyrischen Texten **137**

Notizen	Ausführung
C. Schluss Künstlerischer Anspruch der Romantik: Universaldichtung, die auch die unsichtbare, unerahnte Welt erfassen kann und alle Lebensbereiche durchdringen soll	Hat Friedrich Schlegel in seinem 116. Athenäum-Fragment auch noch so inbrünstig sein poetisches Credo formuliert, das der romantischen Dichtung eine gattungsübergreifende Neuorientierung beimisst, so ist dieses Fragment doch eine konkretere Vorstellung davon schuldig geblieben, wie man diese Literatur zu schreiben hat. Es wird nicht recht deutlich, welche Form und Gestaltung seine Poesie besitzen soll. Es erscheint der lyrische Fluss dieser poetologischen Abhandlung selbst mehr als Kunstwerk denn als Anleitung. Folgt man ihr aber inhaltlich, so entspricht das Gedicht „Weise des Dichters" diesen Vorstellungen in idealer Weise: Auch dieses Gedicht versucht „das Leben und die Gesellschaft poetisch (zu) machen", es endet keinesfalls hermetisch, sondern offen, indem sein letztes Bild helle Flammen zeigt, die auf ein entstehendes Kunstwerk hindeuten. In diesem Sinn hat Schlegel sich an sein eigenes Postulat von der „progressiven Universalpoesie" gehalten, was bedeutet, dass das romantische Werk nicht fertig, sondern immer im Entstehen begriffen ist.

Die bisherigen Ausführungen dienen dem Grundverständnis von Sinn und Vorgehensweise bei der Textinterpretation. Sie stellen den Leitfaden zur Bewältigung dieser Aufsatzform dar, mit dessen Hilfe man zu einem sinnvollen und aussagekräftigen eigenen Text gelangen kann. Sie berücksichtigen allerdings noch nicht die teilweise sehr ausgeprägten gattungsspezifischen Unterschiede zwischen den Großbereichen Lyrik, Epik und Dramatik.

3.3 Interpretation von lyrischen Texten

Lyrik ist neben der Dramatik und Epik eine der drei Hauptgattungen der Dichtung. Ein Grundmerkmal dieser Gattung ist der **Flatterrand**, das heißt, die Tatsache, dass der Text in Verse oder Zeilen umgebrochen ist. Bis ins 20. Jahrhundert waren der sprachliche **Rhythmus**, das **Versmaß** und der **Reim** typische Merkmale lyrischer Texte. In Abgrenzung zur Epik spricht man bei der Lyrik nicht vom „Erzähler", sondern im Allgemeinen vom lyrischen Sprecher oder dem lyrischen Ich, wenn im lyrischen Text die Ich-Form gewählt ist.

Alle literarischen Epochen der deutschen Literatur haben in mehr oder weniger bedeutsamem Maße lyrische Texte hervorgebracht. Die Geschichte dieser Gattung reicht bis in die Antike zurück. Dort wurden lyrische Texte gesungen, wobei der Vortrag auf der Leier (Lyra) begleitet wurde, und es bildeten sich Gedichtformen wie die Elegie, die Hymne und die Ode.

Der höfische Minnesang des Hochmittelalters gilt – nach den althochdeutschen *Merseburger Zaubersprüchen* und dem *Wessobrunner Gebet* – als frühestes Zeugnis deutschsprachiger Lyrik. Zu den bekanntesten Vertretern zählen Walther von der Vogelweide (um 1170 bis ca. 1230) und Wolfram von Eschenbach (um 1170/1180 bis ca. 1220).

Die bedeutendsten deutschen Lyriker der Klassik waren Johann Wolfgang von Goethe (1749–1832) und Friedrich Schiller (1759–1805). Die von ihnen neu gestalteten Formen der Ballade und der Erlebnislyrik wurden in der Epoche der → Romantik weiterentwickelt. In dieser Blütezeit deutscher Lyrik entstanden → Poetiken, die verbindliche Regeln und Normen für die Gestaltung von Gedichten enthielten.

Französische Lyriker gaben ab Mitte des 19. Jahrhunderts wichtige Impulse für das Entstehen der modernen Lyrik. In Deutschland brachte vor allem die Umbruchsituation im Übergang vom 19. auf das 20. Jahrhundert – verbunden mit dem 1. Weltkrieg – einen innovativen Schub für die Gestaltung von Lyrik.

In Opposition zu lang herrschenden Traditionen und Normen und auf der Suche nach anderen Ausdrucksformen verzichten moderne Gedichte zum Teil ganz bewusst auf Elemente wie Rhythmus, Metrum und Reim. Diese herkömmlichen Gestaltungsmittel werden zwar auch in den modernen Gedichten noch verwendet, aber die Dichter fühlen sich nicht mehr poetologisch verbindlichen Regeln verpflichtet. Die Freiheit und Vielfalt der Formen, die sich daraus ergeben, spiegeln sich in expressionistischen Gedichten, surrealistischen Bilderwelten und dadaistischen Lautgedichten sowie in der Konkreten oder Visuellen Poesie.

> **Abi-Tipp: Kontext**
>
> Für das Verstehen und die Interpretation lyrischer Texte sind der historische Kontext der Entstehungszeit sowie die Zugehörigkeit zu einer literarischen Epoche sehr bedeutsam. Bei Abituraufgaben sollte man deshalb genau darauf achten, ob ein Entstehungsdatum, der Name des Dichters, die formale Gestalt oder eine andere Zusatzinformation Hinweise für eine entsprechende Einordnung geben.

Eine gewisse Orientierungshilfe in der Vielfalt lyrischer Zeugnisse stellen die nachfolgend aufgelisteten Klassifizierungsbegriffe dar, auch wenn diese nicht immer ganz eindeutig und trennscharf sind, da sie entweder formale oder stärker inhaltliche Aspekte in den Vordergrund stellen:

Klassifizierungen in der Lyrik

Anakreontik: Anlehnung an die Dichtung des griechischen Lyrikers Anakreon (ca. 580–490 v. Chr.): Heitere und graziöse Verse, Kurzgedichte

Ballade: Das wesentliche Merkmal der Ballade (ursprünglich aus dem Italienischen: Tanzlied) ist die Verbindung aller drei Gattungsmerkmale in einem Text: Es wird eine Geschichte erzählt (episches Element), es gibt Dialoge und einen dramatischen Konflikt (dramatisches Element) und eine Versform sowie sprachlich-stilistische Gestaltungsmittel (lyrische Elemente).

Dinggedicht: Ein Gedicht, in dem ein Gegenstand oder ein Lebewesen vom lyrischen Sprecher distanziert beschrieben wird, um dem dargestellten „Ding" eine über sich hinausweisende symbolhafte Bedeutung zu verleihen.

Elegie: (von griechisch *élegos*: Klagelied), ursprünglich eine Gedichtform, die durch die Verwendung von Distichen (Verbindung von Hexameter und Pentameter) bestimmt war. Bereits seit der Antike hat sich aber eine inhaltliche Festlegung dieser Gedichtform herausgebildet, und Trauer, Schwermut und Sehnsucht wurden zum zentralen Gegenstand der Elegie.

Hymnus/Hymne: Ursprünglich feierlicher Lob- und Preisgesang, der zur Liturgie der Kirchen gehörte. Der neuzeitliche Hymnus löste sich vom religiösen Gehalt, und durch die Verwendung freier Rhythmen wurde auch die formale Gestalt verändert. Im Sturm und Drang erreichte der Hymnus durch Goethe und Schiller eine neue Blüte.

Ode: Ode (von griechisch *aeídein*: singen) wurden ursprünglich die nach strengen Strophenvorgaben aufgebauten Gesänge des Chors im antiken Drama genannt. Inhaltliches Merkmal der Ode in neuerer Zeit ist eine anspruchsvolle Thematik (Feierlichkeit); formale Merkmale sind die klare strophische Gliederung und die meist reimlosen Verse sowie die sehr überlegte stilistische Gestaltung.

Sonett: Eine Gedichtform, die aus der Renaissance stammt. Das Sonett hat 14 Zeilen mit einem markanten Reimschema (z. B. abba abba cdc dcd), das verschiedene Variationen haben kann. Häufig wurden die formal getrennten Quartette (zwei Vierzeiler) und Terzette (zwei Dreizeiler) genutzt, um eine antithetische Gedankenstruktur auszudrücken: 1. Quartett = Einführung in ein Thema, 2. Quartett = gegensätzlicher Gedanke; Terzette = Synthese. Besondere Beachtung fand das Sonett in Deutschland vor allem während des Barock.

Visuelle/konkrete Poesie: Vereinzelte Beispiele für diese experimentellen Gedichtformen gibt es schon seit dem Barock. Seit etwa 1950 werden die Begriffe Visuelle oder Konkrete Poesie für eine Strömung verwendet, die optische bzw. akustische Aspekte des verwendeten Sprachmaterials in den Vordergrund stellt. Einige wichtige Vertreter dieser Richtung deutschsprachiger Poesie sind: Eugen Gomringer (*1925), Helmut Heißenbüttel (1921–1996), Hans Carl Artmann (1921–2000) und Ernst Jandl (1925–2000).

BEISPIEL: Ernst Jandl
lichtung
manche meinen
lechts und rinks
kann man nicht
velwechsern.
werch ein illtum.

Lyrische Gestaltungsmittel

Lyrik stellt im Allgemeinen die kürzeste der drei literarischen Gattungen dar. Ihr Aussage- bzw. Wirkungsgehalt ist ein ganz anderer als bei den längeren, den dramatischen oder epischen Texten. Der Bedeutungshorizont eines Gedichtes ist oft sehr weit gefasst, mitunter so weit, dass er für den Rezipienten gar nicht vollständig erfassbar ist. Ebenso verhält es sich auch mit der zweiten Dimension, der Tiefe: Mehrere Bedeutungsschichten, zu denen man nicht ohne mehrmaliges Durchlesen und Durchdenken des Textes gelangt, liegen häufig in einem Gedicht übereinander.

Die besondere Konstruktionsweise von Gedichten zeichnet sich aus durch extreme Verdichtung des Aussagegehaltes auf engem Raum. Diese Verknappung wird erzielt durch spezifische sprachliche Mittel wie Symbolik, Metaphorik, Chiffren, aber auch durch eine bestimmte syntaktische Kontraktion (beispielsweise Parataxe oder unvollständige oder gar abgerissene Sätze). Um die Interpretation eines Gedichtes angemessen darstellen zu können, sind die folgenden Leitfragen, Kategorien und Fachtermini ein unabdingbares Instrumentarium.

→ **Wortwahl/Bildlichkeit:**
- Aus welchen Bereichen stammt die Wortwahl?
- Auf welche Ebenen und Sphären weist sie mit Hilfe von **Vergleichen**, **Metaphern**, **Chiffren** oder **Symbolen** hin? (z. B. Natur, Technik, Kunst, Zerrissenheit, Tod)

→ **Strophen/Verse:**
- Wie viele Strophen/Verse enthält das Gedicht?
- Aus wie vielen Versen bestehen die vorliegenden Strophen?
- Wie lang sind sie?
- Weisen sie **Reime** auf?
- Enthalten sie **Zäsuren**?

→ **Metrum:**
- Lässt sich ein Versmaß erkennen?
- Lassen sich die gängigen Metren (**Jambus, Trochäus, Daktylus, Anapäst**) feststellen?
- Oder liegt eine unregelmäßige metrische Gestaltung vor, z. B. eines der genannten Versmaße, das jedoch nicht konsequent durchgehalten ist? Finden sich **Enjambements** (Zeilensprünge)?

- Wenn eine einigermaßen deutliche metrische Gestaltung vor-
  herrscht, sind auch die **Kadenzen** (Versenden) zu untersuchen:
  Liegen klingende oder stumpfe Kadenzen vor?

→ **Reim/Klang:**
  - Ist ein Reim vorhanden?
  - Gehört er in eines der gängigen Schemata
    Paarreim (aabb), **Kreuzreim** (abab), **Klammerreim** oder **umar-
    mender Reim** (abba)?
  - Nur in sehr streng komponierten Reimschemata stellt sich auch die
    Frage nach **Waisen**, das heißt, nach einer reimlosen Zeile inner-
    halb einer ansonsten gereimten Strophe.
  - Häufig reimen sich zwar die Versenden nicht, doch schaffen **Asso-
    nanzen** (Gleichklänge) durch gleiche Vokalfolgen im Wort- und
    Zeileninneren Verbindungen zwischen Versen.

→ **Syntax:**
  - Sind die Sätze in den einzelnen Strophen vollständig oder ellip-
    tisch? Sind sie gar defekt?
  - Liegt vorwiegend Hypotaxe oder Parataxe vor?
  - Ist die Verwendung von Ausrufen oder Fragen auffällig häufig?

> **Merke** **Form und Inhalt**
>
> Allein die Auflistung der oben genannten Aspekte im Aufsatz ist nicht sinn-
> voll und lediglich eine Darstellungsleistung. Erst wenn die formalen und
> sprachlichen Elemente mit dem inhaltlichen Gehalt in Verbindung gebracht
> werden, kann von einer Interpretation gesprochen werden.

In der Regel lässt sich sagen, dass das → Barock, die → Aufklärung und
besonders die → Klassik Gedichte von besonders kunstvoller formaler Gestaltung hervorgebracht haben, während die → Romantik hier
eine Übergangsphase darstellt, die bereits Abweichungen zulässt. Die
Romantik weist damit ins 19. Jahrhundert, das mit der anschließenden,
stärker realistischen Darstellungsweise von Wirklichkeit die Moderne
vorbereitet und damit zunehmend auf geschlossene Sinn- und Formkon-
zepte verzichtet.

Besonders ab dem → Expressionismus sind Gedichte nicht mehr an den traditionellen Gestaltungsmerkmalen wie Strophen, Metrum und Reim messbar, sondern zunehmend an ihrem Bild- und Symbolgehalt oder der Besonderheit des sprachlichen Experiments (→ Seite 74 f.).

 Abi-Tipp

Die formale und sprachliche Gestalt eines Gedichtes lässt deutliche Rückschlüsse auf die mögliche Entstehungszeit und deren ästhetische Vorstellungen zu. Das Fehlen formaler Gestaltungsmerkmale – speziell in moderner Lyrik – ist im Verlauf der Analyse auf jeden Fall als Besonderheit erwähnenswert, da sich darin z. B. eine bewusste Ablehnung anderer Gestaltungsgrundsätze ausdrückt (Bruch mit Normen und Traditionen).

Es ist zwar wichtig, die Fachtermini zu beherrschen, aber die konkrete Aufgabe verlangt in der Regel nicht, dass man einen Aspekt nach dem anderen abarbeitet, sondern eine begründete Auswahl trifft.

3 Analysieren – Interpretieren

Checkliste — Interpretation lyrischer Texte

1. Erfassen der Aufgabenstellung

→ Einzelaufträge unterscheiden (z. B. Zusammenfassen, Erschließen, sprachliche Mittel einbeziehen, Interpretation etc.)

→ auf Zusatzaufträge achten (z. B. den Zeithintergrund einbeziehen, Epochenmerkmale einbeziehen, Vergleich des Themas und seiner Umsetzung mit Gedichten anderer Epochen)

→ Teilaufträge (Operatoren) in der Arbeitsanweisung unterstreichen; sie dienen als Grobgerüst für die spätere Gliederung

2. Lesen des Textes

→ erster Lesevorgang ohne Stift; auf Dinge achten, die sofort auffallen

→ dann: Notieren des Themas

→ Notieren der möglichen Wirkungs-/Aussageabsicht (Deutungshypothese)

3. Klärung der für die Lyrik spezifischen Gestaltungsmittel

→ weitere Lesevorgänge mit Notizen auf dem Textblatt

→ Klärung: Grundsituation, Grundstimmung, lyrisches Ich

→ Einteilen und stichpunktartiges Skizzieren des Gedichtinhalts nach Strophen am Textrand; Vorsicht: Handlungs- oder Sinnabschnitte können deckungsgleich mit den Strophen sein oder auch mehrere Strophen überspannen

→ sprachliche Gestaltungsmittel markieren: Wortwahl, Satzbau, rhetorische Stilmittel, Assonanzen etc.

→ formale Gestaltungsmittel kennzeichnen: Zahl der Strophen, Zahl der Verse, Reimschema, Metrum auf dem Gedichttext notieren; wichtig auch: Abweichungen von einer regelmäßigen Gestaltung

→ auf einem gesonderten Notizblatt: Klärung der Bildlichkeit, Unterscheidung zwischen Bild- und Bedeutungsebene, Grad und Art der Verschlüsselung (Chiffrierung) durch Metaphern, Symbole, Parabolik

→ Art des Gedichtes vermerken (z. B. Sonett, Ode, Ballade, moderne Formen der Lyrik)

→ Klärung von Informationen, die außerhalb des Textes stehen, z. B. Entstehungszeit, ggf. -ort, Autorbiographie, Literaturgeschichtliches; diese Angaben können für Einleitung oder Schluss herangezogen werden.

3.3 Interpretation von lyrischen Texten

4. Zusammentragen der Ergebnisse `Checkliste`

→ Einteilung des Notizblattes in drei Spalten (Inhalt, Form, Sprache)
→ stichpunktartige Zusammenfassung des Inhalts in der linken Spalte
→ formale und sprachliche Befunde in der Mitte und rechts daneben den Inhalten genau zuordnen; stichpunktartig die jeweilige Wirkungsabsicht vermerken (→ Seite 187 ff.)

5. Verfassen der Klausur

→ Deutungshypothese wird jetzt als These vorangestellt
→ beim Verschriftlichen die Punkte auf den Notizblättern abarbeiten und abhaken, damit nichts vergessen wird
→ regelmäßig Rückbezüge zur Deutungsthese herstellen, damit der rote Faden nicht verloren geht und ein organischer Zusammenhang entsteht
→ bei der Interpretation die Einbeziehung des Gedichttitels nicht vergessen (kann direkt Aufschlüsse über den Inhalt geben oder gerade durch seine Gegensätzlichkeit zum Inhalt den Schlüssel zum Verständnis bilden)
→ Bezug zur Gedichtart schaffen, der deutungsrelevant ist (z. B. antithetische Grundstruktur des Sonetts, getragene Stimmung der Ode)
→ Zusatzaufträge bearbeiten, z.B.: Vergleich mit einem anderen Gedicht, Einbeziehung von Zusatzmaterial in die Interpretation
→ Einleitung, Schluss und endgültige Gliederung können auch nach dem Hauptteil ausformuliert werden; das ergibt möglicherweise eine größere Passgenauigkeit.

3.4 Interpretation von epischen Texten

Der Begriff „Epik" kommt aus dem Griechischen. Griechisch „épos" bedeutet „das Gesagte", „das Berichtete" oder „die Erzählung". Der Begriff wird heute als Gattungsbezeichnung für erzählende Dichtung (in Prosa oder in Versform) verwendet. Das wesensmäßig bestimmende Merkmal der Gattung ist die Existenz eines Erzählers, durch den eine Handlung vermittelt wird. Der Erzähler ist als Vermittler selbst eine fiktive Figur des Textes, wie dem folgenden Schaubild zu entnehmen ist:

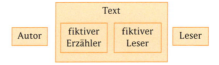

Der Erzähler kann sehr unterschiedlich angelegt sein: Er kann z. B. selbst in ein Geschehen involviert sein oder aber auch als unbeteiligter Beobachter über die Handlungen anderer Figuren berichten. Damit sind allerdings recht extreme Ausprägungen umrissen, während die Gattung im Verlauf ihrer historischen Entwicklung sehr differenzierte Möglichkeiten gerade zur Gestaltung des Erzählers entwickelte. Auf den Seiten 149 ff. werden in einer Übersicht gattungsspezifische Merkmale zusammengestellt, die in ihrer Mehrzahl dazu beitragen, die Besonderheiten des Erzählers und seiner spezifischen Art des Erzählens zu bestimmen und begrifflich zu fassen. Zunächst aber sollen zum Zweck der Orientierung und Unterscheidung in der Fülle epischer Texte wesentliche epische Grundformen genannt und knapp erklärt werden.

> **Abi-Tipp: Textauszug**
>
> Achten Sie darauf, ob Ihnen im Abitur ein ganzer epischer Text (z. B. Kurzgeschichte, Parabel) vorgelegt wird oder ein Auszug. Dieser Auszug kann ein Romananfang oder -ende sein, ein Kapitel oder einfach ein Ausschnitt mitten aus der Texthandlung. Diese Zuordnung ist für die Interpretation stets bedeutsam und darf im Aufsatz nicht außer Acht gelassen werden!

3.4 Interpretation von epischen Texten

Epische Formen

Merke

Epische Kurz- oder Kleinformen
→ Anekdote
→ Erzählung
→ Fabel
→ Parabel
→ Gleichnis
→ Legende
→ Märchen
→ Novelle
→ Parodie
→ Kurzgeschichte
→ Sage
→ Satire
→ Witz

Epische Großformen
→ Abenteuerroman
→ Bildungsroman
→ Experimenteller Roman
→ Historischer Roman
→ Psychologischer Roman
→ Trivialroman
→ Zeitroman

Grundsätzlich kann man sagen, dass die epischen Kurzformen sich pointiert nur mit Ausschnitten der Welt befassen, während der Roman als epische Großform auf die Welt als „Ganzes" und auf epische Breite zielt. Die Klassifizierung der epischen Kurzformen (linke Spalte) ist nicht immer trennscharf. Auf Definitionen zu den jeweiligen Textformen wird hier verzichtet, da diese hinreichend aus dem Deutsch- und Fremdsprachenunterricht bekannt sein müssten.

Auch die Unterscheidung der verschiedenen Romanformen (rechte Spalte) ist in der Literaturwissenschaft keineswegs einheitlich, da sie sehr stark davon abhängig ist, welche Kriterien man zur Differenzierung anlegt. Die in der rechten Spalte der Tabelle gebotene Auswahl von Romantypen ist daher nicht vollständig und enthält auch Unschärfen und Überschneidungen. Beispielsweise beinhalten manche Bildungsromane eine intensive Auseinandersetzung mit der psychischen Disposition der Figuren, sodass man sie auch als psychologische Romane bezeichnen könnte. Die Bezeichnung „Trivialroman" beruht auf einem Werturteil, das auch auf alle anderen genannten Romanformen zutreffen könnte. Ein Abenteuerroman kann formal und inhaltlich so einfach gestaltet sein, dass man ihn auch als Trivialroman bezeichnen könnte. Die Auswahl und die sich anschließenden Kurzdefinitionen orientieren sich an den Begrifflichkeiten, die häufig im Deutschunterricht verwendet werden.

Kurzdefinitionen der wichtigsten Romantypen

Abenteuerroman: Stark verallgemeinernd handelt es sich um eine längere Handlung (häufig während einer Reise), in deren Verlauf ein Held oder die Helden in spannende Ereignisse verwickelt werden. Abhängig von der Gestaltung zählten zum Abenteuerroman auch der Reiseroman, der Schelmenroman, der Ritterroman, die Robinsonade u. a.

Bildungsroman: Der Bildungsroman entstand in der 2. Hälfte des 18. Jahrhunderts und schildert im Allgemeinen die Bildungs- oder auch Entwicklungsgeschichte eines Menschen. Im Mittelpunkt stehen dabei das Verhältnis des Individuums zur Welt und der Prozess der Auseinandersetzung mit ihr. Synonym wird häufig auch die Bezeichnung Entwicklungsroman verwendet.

Experimenteller Roman: Diese Bezeichnung wird nur auf moderne Romane angewendet, die sich vor allem durch ihre formale Gestaltung von den traditionellen Romanen unterscheiden.

Historischer Roman: Der historische Roman befasst sich mit geschichtlichen Ereignissen und Personen, wobei Geschichte allerdings nicht wissenschaftlich exakt dargestellt sein muss, sondern im Sinne der dichterischen Freiheit auch umgestaltet sein kann.

Psychologischer Roman: Im psychologischen Roman steht weniger die Handlung im Zentrum des Interesses der Darstellung als das Innenleben der Figuren: Ihren seelischen Befindlichkeiten und deren Hintergründen und Ursachen gilt die besondere Aufmerksamkeit. Erst ein gewisser Grad der Reife in der Erzählkunst erlaubte diese Konzentration auf sensible Zusammenhänge im Inneren der Figuren, sodass man vom psychologischen Roman erst ab der Mitte des 18. Jahrhunderts spricht.

Trivialroman: Als Trivialroman bezeichnet man Texte, die aufgrund ihrer Themenauswahl bzw. der formalen Gestaltung nicht die ästhetischen Maßstäbe der Literaturkritik erfüllen. Das liegt meistens an den populären Themen und an der Wiederholung gängiger formaler Grundmuster (Seriencharakter: z. B. Arztromane, Heimatromane usw.).

Zeitroman: Anders als der historische Roman befasst sich der Zeitroman nicht mit lange vergangener Geschichte, sondern mit der zeitgenössischen Geschichte der jeweiligen Epoche.

Kategorien der Erzähltextanalyse

Bei der Beschreibung und Interpretation von epischen Texten haben gattungsspezifische Aspekte eine besonders hohe Relevanz. Sie zu kennen und das entsprechende Repertoire an Fachbegriffen präsent zu haben, ist eine wichtige Voraussetzung, um die Besonderheiten einer Kurzgeschichte, einer Novelle oder eines Romans angemessen herausarbeiten zu können.

→ **Leitmotiv:** Eine bestimmte Aussage, die einer bestimmten Figur, Handlung, Situation oder Stimmung zugeordnet ist und in ihrer Wiederkehr auf diese hindeutet; dadurch wird die Handlung gegliedert vorangetrieben.

→ **Dingsymbol:** Ein Gegenstand von zentraler, zum Symbol erhöhter Bedeutung, vor allem in der Ballade und der Novelle. Der Gegenstand erscheint an wesentlichen Punkten der Handlung und versinnbildlicht deren Kern(-konflikt).

→ **Darbietungsweise:** Das → Erzählverhalten kann ganz wesentlich die Darstellungsweise des Erzählers beeinflussen. So ist der epische Bericht häufig die Darstellungsweise eines auktorialen Erzählers, während die → erlebte Rede eher beim personalen Erzähler vorkommt. Folgende Darbietungsweisen sind im Allgemeinen zu unterscheiden: epischer Bericht, Kommentar, Tatsachenreportage, direkte oder indirekte Rede, erlebte Rede und innerer Monolog.

→ **Erzählhaltung:** Der Begriff „Erzählhaltung" bezeichnet die Einstellung (Haltung) des Erzählers gegenüber dem Erzählten. So kann er z. B. so erzählen, dass der Eindruck großer innerer Beteiligung und Zustimmung entsteht (affirmative Erzählhaltung) oder aber der Eindruck von Gleichgültigkeit (unbeteiligte oder distanzierte Erzählhaltung). Weitere häufig vorkommende Erzählhaltungen lassen sich mit folgenden Begriffen umreißen: kritisch, ironisch, satirisch oder parodistisch.

> **Abi-Tipp: Fachbegriffe**
>
> Eine sichere Beherrschung des Beschreibungsvokabulars (Kenntnis der Fachbegriffe) lenkt die Aufmerksamkeit auf Details, die sonst leicht vergessen werden. Zudem lassen sich Besonderheiten des Textes mit ihnen schneller und leichter erklären. Das bedeutet Zeitersparnis und verbessert die Arbeitsökonomie!

→ **Erzählverhalten:** In der Regel unterscheidet man drei verschiedene Arten von Erzählverhalten:
- **Auktoriales Erzählverhalten:** Der Erzähler tritt als jemand auf, der über dem Geschehen steht, indem er z. B. andeutet, dass er weiß, was geschehen ist, das Geschehen kommentiert und bewertet.
- **Personales Erzählverhalten:** Der Erzähler tritt hinter die Figuren zurück und erzählt das Geschehen aus dem Blickwinkel einer der Figuren.
- **Neutrales Erzählverhalten:** Der Erzähler berichtet als distanzierter Beobachter. Von neutralem Erzählverhalten spricht man auch, wenn ohne Eingriffe des Erzählers längere Dialogpassagen der Figuren wiedergegeben werden.

→ **Erzählperspektive:** Grundsätzlich unterscheidet man zwischen der Außenperspektive und der Innenperspektive, je nachdem, ob der Erzähler nur über das äußere Erscheinungsbild und die von außen wahrnehmbaren Handlungen spricht, oder ob er auch die inneren Gedanken und Gefühle einer Figur zum Gegenstand des Erzählens macht.

→ **Erzählform:** Grundsätzlich unterscheidet man die Ich-Form des Erzählens und die Er-Form, je nachdem, ob der Erzähler von sich selber (Ich-Form) oder nur von anderen (Er-Form) spricht. Bei der Ich-Form differenziert man außerdem noch zwischen dem erlebenden Ich (Erzähler ist Figur im Geschehen) oder dem erzählenden Ich

3.4 Interpretation von epischen Texten

(Erzähler erzählt zwar in der Ich-Form, tritt aber nicht als Figur im Geschehen auf).

→ **Erlebte Rede:** Gedanken einer Figur oder ein gedachtes Streitgespräch, das sich nur in ihrem Kopf abspielt, werden in der 3. Person Präteritum im Indikativ der wörtlichen Rede, aber formal in der indirekten Rede wiedergegeben: *Hatte er sie wirklich so verletzt? Das hatte er doch nicht gewollt!*

→ **Innerer Monolog:** Unmittelbare Wiedergabe des Bewusstseinsstandes einer Figur als Gedankenstrom (*stream of consciousness*) in Monologform, also in der 1. Person Präsens. Dabei ergeben sich meist Zeitdehnung und eine Lockerung der Syntax.

→ **Standort des Erzählers:** Bezogen auf den Standort des Erzählers lassen sich im Allgemeinen die überschauende Sicht und die begrenzte Sicht unterscheiden. Die überschauende Sicht nimmt der Erzähler in der Regel beim auktorialen Erzählverhalten ein, während das personale Erzählverhalten eher zu einer begrenzten Sicht der Dinge führt.

→ **Modalität:** Der jeweilige Modus, den der Erzähler verwendet, kann für die Aussage und Wirkung bedeutsam sein. Wichtig ist die Unterscheidung von Indikativ, Konjunktiv I und Irrealis (Konjunktiv II). Während das Erzählte in der Regel im Indikativ steht, werden zur indirekten Wiedergabe der wörtlichen Rede eines Dritten die Formen des Konjunktivs I bzw. entsprechende Ersatzformen des Konjunktivs II verwendet. Mit dem Irrealis deutet der Erzähler an, dass er über etwas Unwirkliches oder nur Erdachtes spricht.

→ **Raumgestaltung:** Die Darstellung des Handlungsortes kann sehr unterschiedlich gestaltet werden. Orte der Handlung können präzise und genau im Verlauf des Erzählens beschrieben werden, sodass sie eine eigene Dynamik erhalten, sie können aber auch völlig in den Hintergrund treten oder eher unwirklich erscheinen.

→ **Zeitgestaltung des Erzählens:** Das Verhältnis zwischen Erzählzeit und erzählter Zeit bestimmt die Zeitgestaltung des Erzählens. Die **Erzählzeit** bezeichnet den Zeitraum, den man benötigt, um den epischen Text zu lesen. **Erzählte Zeit** dagegen meint den Zeitraum, den die dargestellten Ereignisse umfassen. So kann z.B. eine Erzählung von 15 Seiten, für die man ca. 30 Minuten benötigt, um sie zu lesen

(Erzählzeit), eine erzählte Zeit von einem Jahr umfassen (erzählte Zeit). Je nach Verhältnis unterscheidet man:

- **Zeitdeckung:** Erzählzeit und erzählte Zeit sind etwa gleich lang.
- **Zeitraffung:** Die erzählte Zeit ist deutlich länger als die dazu verwendete Erzählzeit.
- **Zeitdehnung:** Ein an sich kurzer Moment, der der erzählten Zeit, wird im Erzählen sehr weit ausgeführt (Erzählzeit länger als erzählte Zeit).

Bei der Zeitgestaltung ist des Weiteren darauf zu achten, ob verschiedene Zeitebenen bei parallel verlaufenden Handlungssträngen vorhanden sind. **Zeitsprünge**, **Vorausdeutungen** und **Rückgriffe** sind epische Darstellungsmittel, die zu einer sehr differenzierten Zeitgestaltung beitragen können.

> **Merke** **Epische Texte**
>
> Epische Texte erscheinen meist im Präteritum, dennoch gilt für ihre inhaltliche Zusammenfassung als Standardtempus grundsätzlich das Präsens.

→ **Sprachliche Gestaltung:** In der Epik sind naturgemäß die Wortwahl und der Satzbau vorrangig von Bedeutung. Bezogen auf den Satzbau ist grundsätzlich zwischen Hypotaxen, Parataxen und Ellipsen zu unterscheiden. Während z. B. hypotaktische Satzkonstruktionen eher den Eindruck von einem geordneten und gedanklich zielgerichteten Gemütszustand des Sprechenden erzeugen, können parataktische Sätze oder Ellipsen auf emotionale Beteiligung bzw. innere Aufgewühltheit deuten.

3.4 Interpretation von epischen Texten   **153**

Interpretation epischer Texte   `Checkliste`

1. Erfassen der Aufgabenstellung

→ Einzelaufträge richtig und vollständig identifizieren

→ Erschließung und Interpretation erscheinen häufig mit Zusatz-
anweisungen, z. B.:
- Einbeziehung des Zeithintergrunds
- Charakterisierung einzelner Figuren
- Vergleiche von Einzelaspekten mit anderen literarischen Werken
- eigene Stellungnahme
etc.

→ dazu unterschiedliche Operatoren unterstreichen (Grobgerüst für
spätere Gliederung)

2. Lesen des Textes

→ erster Lesevorgang bei umfangreichen epischen Texten idealerweise
zunächst ohne Bearbeitung

→ anschließend Notieren der ersten Idee zur möglichen Wirkungsabsicht
des Auszuges auf dem Textblatt (Deutungshypothese)

3. Klärung der für epische Texte spezifischen Gestaltungsmittel

→ Gliedern in Sinnabschnitte durch Klammern am Textrand, stichpunktartige Zusammenfassungen

→ Kennzeichnen hervorstechender formaler oder sprachlicher Gestaltungsmerkmale (rhetorische Stilmittel)

→ Klärung von:
- Angaben zum Autor
- Entstehungshintergrund (z. B. Trümmerliteratur)
- Textsorte (z. B. Roman, Novelle, Erzählung, Kurzgeschichte)
- Erzählverhalten (z. B. auktorial), Erzählhaltung (z. B. distanziert)
- Erzählform (z. B. Ich-Erzähler)
- Erzählweise (z. B. erlebte Rede, innerer Monolog)
- Raumgestaltung (z. B. geschlossen, offen)
- Zeitgestaltung (z. B. Zeitdehnung)

→ Bestimmung von Leitmotiven oder Dingsymbolen (häufig bei Novellen
und Kurzgeschichten)

3

Checkliste

4. Erschließung und Interpretation/Detailanalyse

→ Einteilung des Notizblattes in zwei bzw. drei Spalten: Inhalt, Sprache, (Form bei Epik nur gegebenenfalls, eher die o. g. epikspezifischen Gestaltungsmittel)

→ links Inhaltszusammenfassung, stichpunktartig und nach Sinnabschnitten (mit Zeilenangaben)

→ in die Mitte jeweils zum betreffenden Abschnitt auffällige Sprachmittel

→ rechts übrige Gestaltungsmittel

5. Verfassen der Klausur

→ Ausformulieren der Notizen, dabei Abhaken auf dem Notizblatt

→ Deutungshypothese wird jetzt zum Kern der Interpretation, d. h.: Alle einbezogenen Befunde müssen auch mit Bezug zur Deutungsidee formuliert werden, sonst hängen sie in der Luft.

→ je nach Aufgabenstellung Zusatzaufträge abarbeiten, z. B.: Motivvergleich mit einem anderen Werk, Einbeziehung des Epochenhintergrunds, Erörterung einer bestimmten Fragestellung etc.

→ Einleitung und endgültige Gliederung können auch nach dem Hauptteil zusammen mit dem Schluss formuliert werden.

3.5 Interpretation von dramatischen Texten

Neben der Lyrik und der Epik ist das Drama die dritte große Gattung der Literatur. Mit dem Fachbegriff *Drama* bezeichnet man jegliche Form von Theaterstücken.

Gegenüber den Gattungen Lyrik und Epik ist der als Rede oder Gegenrede die Handlung vorantreibende Dialog das wesentliche Merkmal der Dramatik. Kennzeichnend ist außerdem die szenische Realisierung auf der Bühne. Ein Ausnahme stellen sogenannte Lesedramen dar, die meist so genannt wurden, weil zur Zeit ihrer Entstehung einer Aufführung aus unterschiedlichen (technischen, sozialen, politischen) Gründen nicht möglich war.

Das 18. Jahrhundert hat vor allem mit der Epoche der → Aufklärung und der → Klassik eine ganze Reihe bedeutsamer Dramen hervorgebracht. Viele von ihnen stehen noch heute auf den Spielplänen deutscher Theater und sind schon deshalb häufig Gegenstände des Deutschunterrichts. Ausschnitte aus Dramen oder einzelne Szenen aus dramatischen Texten, die zuvor im Unterricht der Oberstufe besprochen worden sind, werden in allen Bundesländern oft als Abituraufgaben gewählt.

Um eine solche Textvorlage angemessen bearbeiten zu können, sind sowohl gesicherte Kenntnisse im Bereich der Literaturgeschichte (z. B. für die Einordnung in die übergeordneten gedanklichen Zusammenhang einer Epoche) als auch Wissen zur Dramengeschichte und Dramentheorie sehr nützlich. Zur Erinnerung und zur Vertiefung des im Unterricht schon behandelten Stoffes wird im Folgenden ein kurzer Überblick über die Geschichte des deutschen Dramas im Zusammenhang mit dem jeweiligen dramentheoretischen Hintergrund gegeben.

Johann Wolfgang von Goethe (1749–1832) und Friedrich Schiller (1759–1805) haben im Verlauf der Klassik eine ganz Reihe wichtiger Dramen verfasst, sodass man sagen kann, dass das deutsche Theater in der Klassik seine Hochphase und Blütezeit hatte.

3 Analysieren – Interpretieren

Johann Wolfgang von Goethe		
1786	*Iphigenie auf Tauris*	Schauspiel
1788	*Egmont*	Trauerspiel
1790	*Torquato Tasso*	Schauspiel
1808	*Faust.* Der Tragödie erster Teil	Tragödie
1831	*Faust.* Der Tragödie zweiter Teil	Tragödie
Friedrich Schiller		
1787	*Don Carlos*	Drama
1798/99	*Wallenstein*	Dramatisches Gedicht
1800	*Maria Stuart*	Tragödie
1801	*Die Jungfrau von Orleans*	Romantische Tragödie
1803	*Die Braut von Messina*	Tragödie
1804	*Wilhelm Tell*	Schauspiel

Die Bestimmung des jeweiligen Dramentyps der aufgezählten Dramen macht deutlich, dass es eine Einteilung dramatischer Literatur gibt, nach der zwischen Drama, Schauspiel bzw. Tragödie usw. differenziert wird. Die entsprechenden Einteilungen sind in der Literaturwissenschaft nicht einheitlich und variieren, je nachdem, welche Bezugsgrößen den Gattungsbegriff Drama näher ausdifferenzieren sollen.

Nimmt man die Gesamtstruktur als Bezugsgröße, kommt man zu einer Unterscheidung in Tragödie, Komödie oder Groteske, während man vom Ideen-, Handlungs- oder Figurendrama spricht, wenn man die jeweils treibende Kraft als Bezugsgröße wählt. Wird die Form als Bezugsgröße genommen, kommt man zu Einteilungen wie Einakter, dramatisches Gedicht usw. Wenn man die Handlungsstruktur zum Kriterium der Unterscheidung macht, kommt man zu Bezeichnungen wie analytisches Drama oder Stationendrama.

Es gibt noch eine ganze Reihe weiterer Einteilungen, die für die schulische Auseinandersetzung jedoch nicht unbedingt von Bedeutung sind. Stattdessen werden in der sich anschließenden Übersicht – weitgehend unabhängig von der jeweiligen Bezugsgröße – die für den Bereich der Schule wichtigsten Begriffe genannt und mit einer Kurzdefinition versehen.

Kurzdefinitionen der wichtigsten Dramentypen

Drama: Wird im Allgemeinen als Oberbegriff für dramatische Texte verwendet. Als Oberbegriffe synonym verwendet werden auch Schauspiel, Spiel oder Stück.

Tragödie: Die Tragödie (dt.: Trauerspiel) ist eine Form des Dramas, deren grundlegende Funktion in der Darstellung des Tragischen liegt. Im Sinne der antiken Tragödie meint dies die unverschuldete Verstrickung des Menschen in Schuld, da ihn das Schicksal in eine Situation stellt, die für ihn ein Dilemma bedeutet. Beispielsweise gibt es für Antigone, die tragische Heldin in Sophokles' (griechischer Dramatiker um 497/496 v. Chr. bis ca. 406/405 v. Chr.) gleichnamiger Tragödie *Antigone* (442 v. Chr.) keinen Ausweg, da sie gegen das Gesetz des Staates verstößt, wenn sie ihren getöteten Bruder beerdigt, wie es das Gesetz der Religion verlangt.

Nach antiker Dramentheorie ging man davon aus, dass die Erschütterung des Zuschauers und damit die reinigende Wirkung (Katharsis) umso größer waren, je tiefer die Heldin bzw. der Held im Verlauf des Stückes stürzten. Die Schuld der Helden und ihr Leid wurden als unausweichlich und unabwendbar (Vorherbestimmung) empfunden, da sie von den Göttern oder vom Schicksal verhängt zu sein schienen. Stark vereinfachend wird die Struktur der Tragödie dadurch gekennzeichnet, dass ein Ereignis zu einem tragischen Konflikt führt, an dessen Ende meist der Tod der Helden steht.

Komödie: Die Komödie (dt.: Lustspiel) ist im Gegensatz zur Tragödie durch den guten Ausgang gekennzeichnet sowie durch die Tatsache, dass Komik in ihr das tragende Element ist. Als Komik wird dabei eine erheiternde oder belustigende Wirkung bezeichnet, die von einer Person, einer Handlung oder einer Situation ausgeht. Je nach Art der vorherrschenden Komik unterscheidet man folgende Typen der Komödie: Typen- oder Charakterkomödie, Situationskomödie, Intrigenkomödie, Konversations- oder Gesellschaftskomödie sowie die satirisch-gesellschaftskritische Komödie.

Groteske: Die Groteske verbindet in sich Widersprüchliches: z. B. das Komische und das Grauenhafte oder das Würdevolle und das Närrische.

Dabei ist sie häufig sprunghaft und überraschend, um gegen rein ratio
nales Denken zu opponieren. Durch Elemente der → Verfremdung bzw.
des Absurden wird teilweise die Kluft zwischen Schein und Realität ent
larvt (→ Seite 81).

Bürgerliches Trauerspiel: Kennzeichnend für das bürgerliche Trau
erspiel ist, dass die alte Ständeklausel nicht mehr gilt, wonach in Trau
erspielen nur Fürsten und Könige als Helden vorkommen durften. Im
bürgerlichen Trauerspiel, das durch G. E. Lessing in Deutschland wäh
rend der Epoche der → Aufklärung eingeführt wurde, treten nur noch
der niedere Adel und vor allem das Bürgertum auf. Dementsprechend
sind auch die vorherrschenden Themen und Konflikte beschaffen, die in
erster Linie Familie und private Beziehungen sowie Moral und Anstand
betreffen. Formal unterscheidet sich das bürgerliche Trauerspiel von der
traditionellen Tragödie dadurch, dass es in Prosa und nicht mehr in Versen abgefasst ist.

Stationendrama: Kennzeichen hierfür ist die lockere Abfolge von Einzelszenen, wodurch bei dieser offenen Form des Dramas (→ Nichtaristotelisches Drama) keine in sich geschlossene, lineare Handlung wie
bei den Dramen der geschlossenen Form (→ Aristotelisches Drama)
entsteht. Eine besondere Form des Stationendramas stellt das → epische
Theater Bertolt Brechts dar.

Analytisches Drama: Wird auch als Enthüllungsdrama bezeichnet, da
für das im Stück dargestellte Geschehen wichtige Ereignisse außerhalb
der auf der Bühne dargestellten Handlung liegen und im Verlauf des Dramas erst nach und nach „enthüllt" werden. Sowohl für den Zuschauer als
auch für die agierenden Figuren ergibt sich daraus ein Spannungsbogen.

Ideendrama: Mit diesem Begriff werden Dramen bezeichnet, bei denen
die dargestellte Handlung und die Zeichnung der Figuren keinen eigenen Stellenwert haben, sondern ganz im Dienst einer übergeordneten
Idee (z. B. der Idee der Toleranz in Lessings *Nathan der Weise*) stehen.
Teilweise wirken solche Dramen aus diesem Grund etwas konstruiert.

Handlungsdrama: Im Gegensatz zum → Figurendrama sind bei dieser
Art des Dramas die äußeren Handlungen die treibenden Kräfte des

3.5 Interpretation von dramatischen Texten

Geschehens. Dies gilt besonders für Dramen mit sozialkritischen Themenschwerpunkten wie z.B. in den Stücken Gerhart Hauptmanns (→ Naturalismus) oder Bertolt Brechts (→ episches Theater), da in ihnen gezeigt wird, welche Auswirkungen gesellschaftliche Zustände auf die Figuren und ihr Handeln besitzen.

Figurendrama: In diesem Typus des Dramas, der auch Charakterdrama genannt wird, steht meist der Konflikt eines Individuums mit der Gesellschaft im Mittelpunkt des Geschehens. Anders als im Handlungsdrama kommt der Ausgestaltung der Charaktere deshalb eine besondere Bedeutung zu. Bekannte Beispiele sind Goethes *Götz von Berlichingen mit der eisernen Faust* (1773) oder Heinrich von Kleists (1777–1811) *Prinz Friedrich von Homburg* (1821).

Formen des Dramas

Für den Deutschunterricht und die Interpretation von Dramen in Abiturklausuren bedeutsam ist vor allem die fundamentale Unterscheidung zwischen **aristotelischem** (auch antikes oder klassisches Drama bzw. Drama der geschlossenen Form genannt) und **nichtaristotelischem Theater** (auch modernes Drama bzw. Drama der offenen Form genannt). Zwischen diesen beiden Formen bestehen sowohl im Hinblick auf den Inhalt als auch im Hinblick auf die Form große Unterschiede. Auch die Wirkungsabsicht ist beim aristotelischen Drama eine andere als beim nichtaristotelischen Drama.

Für die Interpretation eines Dramas ist es wichtig, dass man aufgrund bestimmter Merkmale erkennt und nachweisen kann, dass es sich um die eine oder andere Form des Dramas handelt, um dann entsprechende Elemente der zu analysierenden Einzelszene z.B. auf den übergeordneten Wirkungszusammenhang beziehen zu können.

In den *Anmerkungen zur Oper „Aufstieg und Fall der Stadt Mahagonny"* hat Bertolt Brecht 1938 die wesentlichen Unterschiede zwischen dem aristotelischen und nichtaristotelischen Drama in einer Tabelle übersichtlich zusammengestellt:

Dramatische Form des Theaters	Epische Form des Theaters
Die Bühne „verkörpert" einen Vorgang	sie erzählt ihn
verwickelt den Zuschauer in eine Aktion und verbraucht seine Aktivität	macht ihn zum Betrachter, aber weckt seine Aktivität
ermöglicht seine Gefühle	erzwingt von ihm Entscheidungen
vermittelt Erlebnisse	vermittelt Kenntnisse/Erkenntnisse
der Zuschauer wird in eine Handlung hineinversetzt	er wird ihr gegenübergesetzt
es wird mit Suggestion gearbeitet	es wird mit Argumenten gearbeitet
die Empfindungen werden konserviert	sie werden bis zur Erkenntnis getrieben
der Mensch wird als bekannt vorausgesetzt	der Mensch ist Gegenstand der Untersuchung
der unveränderliche Mensch	der veränderliche und verändernde Mensch
Spannung auf den Ausgang	Spannung auf den Gang der Handlung
eine Szene für die anderen	jede Szene für sich
die Geschehnisse verlaufen linear	in Kurven
natura non facit saltus[1]	facit saltus[2]
die Welt, wie sie ist	die Welt, wie sie wird
was der Mensch soll	was der Mensch muss
seine Triebe	seine Beweggründe
das Denken bestimmt das Sein	das gesellschaftliche Sein bestimmt das Denken

[1] lat. Die Natur macht keine Sprünge; [2] lat. macht Sprünge

Aristotelisches Drama

Aristotelische Dramen bzw. Dramen der geschlossenen Form orientieren sich stark an der Dramaturgie des antiken Theaters und speziell an der Poetik des griechischen Philosophen Aristoteles (384–322 v. Chr.), dem diese Form des Dramas auch ihren Namen verdankt. Die Art der Dramen – in erster Linie der Tragödie – wurde bis ins 19. Jahrhundert ganz wesentlich durch die aristotelische Lehre von den drei Einheiten geprägt:

Die drei Einheiten nach Aristoteles

Merke

→ **Einheit des Ortes:** Das Geschehen auf der Bühne soll sich möglichst in einem Raum bzw. an nur einem Ort abspielen.
→ **Einheit der Zeit:** Die gespielte Zeit (die im Stück dargestellte Zeit) sollte möglichst mit der Spielzeit (der Länge des Theaterstückes) übereinstimmen, auf keinen Fall aber mehr als 24 Stunden umfassen.
→ **Einheit der Handlung:** Die Handlung sollte linear verlaufen und nur einen Handlungsstrang besitzen. Neben- oder Parallelhandlungen oder größere Zeitsprünge waren durch diese Forderung ausgeschlossen.

Die Lehre des Aristoteles von den drei Einheiten war vor allem bestimmt von der Art der damaligen Aufführungsplätze, denn die antiken Amphitheater erlaubten lediglich das Spiel auf der Freilichtbühne (Einheit des Ortes), und zwar bei Tageslicht bis zum beginnenden Sonnenuntergang (Einheit der Zeit), wodurch auch keine Neben- oder Parallelhandlungen (Einheit der Handlung) möglich waren. Obwohl später der Bau spezieller Schauspielhäuser, die Erfindung der Drehbühne usw. ganz andere Möglichkeiten für die Aufführung von Theaterstücken eröffneten, orientierte man sich noch bis Anfang des 19. Jahrhunderts an den Vorgaben des Aristoteles, da man glaubte, das Geschehen auf diese Weise für den Zuschauer plausibel und nachvollziehbar zu machen.

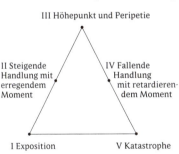

Der Bauplan antiker Dramen war im Wesentlichen durch eine feste Einteilung in entweder fünf oder drei Akte bestimmt, wobei jeder Akt eine spezifische Funktion hatte, die 1863 von **Gustav Freytag** in *Technik des Dramas* folgendermaßen systematisiert wurde. Dreiakter waren in der Regel um II (Steigende Handlung) und IV (fallende Handlung) verkürzt. Der dramatische Konflikt, der im ersten Teil der Dramen entfaltet wurde, stellte eine Art Dilemma dar. Der Held geriet in eine Situation, die eine Entscheidung von ihm verlangte und vor allem in der Tragödie zwangsläufig zur Katastrophe führte, da es keine wirklichen Alternativen gab, um die Handlung zu einem guten Ausgang zu führen.

Für die Figuren galt bis zur Entwicklung des → bürgerlichen Trauerspiels die **Ständeklausel**. Das bedeutete, dass in der Tragödie nur Personen hohen oder gehobenen Standes auftreten durften, da nach Aristoteles der Gegenstand der Tragödie die Nachahmung einer abgeschlossenen Handlung von erhabener Bedeutung sein sollte. Dem Leben der niederen Stände würde es, so die Auffassung, an Größe und Wichtigkeit fehlen, um in der Tragödie dargestellt zu werden. Das Personal der Tragödie bestand daher vor allem aus Göttern, Königen, Fürsten und anderen Personen von hohem Stand.

Für die Komödie, deren Bedeutung wesentlich niedriger eingestuft wurde, galt diese Ständeklausel nicht. Hier durften zum Beispiel auch bürgerliche Figuren auftreten.

Aus der aristotelischen Forderung, dass die Tragödie in „gewählter Rede" abzufassen sei, ergab sich, dass die Sprache der großen Dramen und Tragödien des 18. Jahrhunderts in Versen gestaltet war.

Die Gesamtkonzeption dieser Dramen sollte gemäß der aristotelischen Lehre von der Katharsis (griech. = Reinigung) dazu beitragen, beim Zuschauer Furcht und Mitleid zu erregen, wovon man sich eine reinigende Wirkung versprach.

Nichtaristotelisches Drama

Mit dem Begriff nichtaristotelisches Drama werden im Allgemeinen alle Stücke bezeichnet, die die aristotelischen Regeln nicht bzw. nur sehr bedingt einhalten.

Die Dichter des → Sturm und Drang z. B. haben sich bewusst über das feste und statische Regelwerk der Dramen der geschlossenen Form hinweggesetzt, indem sie die Einheit des Ortes und der Handlung durch die Verwendung von Fetzenszenen aufgaben und Prosa statt Versdichtung zur Sprache der Figuren machten.

3.5 Interpretation von dramatischen Texten — 163

> **Merke**
>
> **Nichtaristotelisches Drama**
> → freie Ausdehnung der Handlung über Raum und Zeit
> → Reihung von Einzelszenen, Fetzenszenen (Selbstständigkeit der einzelnen Szene)
> → Parallel- und Nebenhandlungen
> → umfassendere Sicht auf die treibenden Kräfte einer Handlung – Nähe zur Epik

Entsprechende Stücke hat es immer gegeben, auch im Verlauf des 18. Jahrhunderts und während der Epoche der → Klassik. Auch die Dramen Christian Dietrich Grabbes (1801 – 1836) und Georg Büchners (1813 – 1837) aus der Epoche des → Jungen Deutschlands sind zu den nichtaristotelischen Stücken zu zählen. Erst im 20. Jahrhundert jedoch erreichte das nichtaristotelische Drama mit dem → epischen Theater Bertolt Brechts und dem → absurden Theater einen eigenen Stellenwert.

Episches Theater

Brecht wendet sich mit seiner Dramaturgie besonders gegen die klassischen drei Einheiten (Einheit des Ortes, der Zeit und der Handlung), gegen die Einfühlung des Zuschauers und die Katharsis. Stattdessen will er durch seine Art von Theater erreichen, dass der Zuschauer eine **kritische Distanz** aufbaut und zur **Reflexion** angeregt wird. Um zu verhindern, dass der Zuschauer sich in das gespielte Stück hineinversetzt, sich mit den Figuren identifiziert, mit ihnen mitempfindet und mit ihnen leidet, verwendet das epische Theater verschiedene **Verfremdungseffekte**. Dazu gehören die Einbindung von Liedern und Songs in das Geschehen auf der Bühne (Montagetechnik), die Verwendung von Bildern, Texten und Spruchbändern auf und vor der Bühne, die teilweise direkte Ansprache der Zuschauer durch die Schauspieler sowie das Improvisieren. Erklärtes Ziel dieser Mittel ist es, beim Zuschauer keine Illusion entstehen zu lassen, die die Identifikation mit den Figuren erlaubt, sondern ihm jederzeit völlig bewusst zu machen, dass er nur ein Theaterstück sieht. Diesen Zweck sollte auch die bewusst gewollte Kargheit der Bühnenausstattung unterstützen.

Absurdes Theater

Mit dem Begriff „absurdes Theater" werden moderne Theaterstücke bezeichnet, die sich thematisch mit der **Sinnlosigkeit** und **Ausweglosigkeit** des Menschen in der modernen Gesellschaft befassen. Absurd meint im Sinne des französischen Schriftstellers und Philosophen des Existenzialismus Albert Camus (1913–1960) etwas, das **ohne Sinn** ist. Die Stücke befassen sich nicht theoretisch mit dieser Thematik, sondern zeigen den Menschen in Situationen, welche die Absurdität für den Zuschauer offensichtlich werden lassen.

Als Prototyp gilt *Warten auf Godot* (1952) des irischen Autors Samuel Beckett (1906–1989); im ganzen Stück wird allein das Warten auf eine Person (Herrn Godot) dargestellt, von der man gar nicht genau weiß, ob sie kommt – und die schließlich auch gar nicht kommt. Absurde Theaterstücke wirken durch ihre Art parabelhaft-abstrahierend, indem Raum und Zeit nicht konkretisiert werden und vor allem die Sprache, das eigentliche Medium des Dramas, inhaltsleer wird oder auch indem man – wie in weiten Passagen von *Warten auf Godot* – ganz auf sie verzichtet.

In dem Stück *Die kahle Sängerin* (1950) des französischen Schriftstellers rumänischer Herkunft Eugène Ionesco (1909–1994) wird die Entfremdung eines Ehepaars durch die Monotonie und schließlich völlige Auflösung der Dialoge in eine Art „Buchstabenbrei" veranschaulicht. Inhaltlich kreisen die absurden Theaterstücke um zentrale Themen des menschlichen Daseins: Tod, Leben, Kommunikationslosigkeit, Vereinsamung und die Erkenntnis der Sinnlosigkeit. Im deutschsprachigen Raum fand das absurde Theater nicht die gleiche Geltung wie z.B. in Frankreich. Zu erwähnen sind aber hier Stücke von Wolfgang Hildesheimer (1916–1991), Peter Handke (*1942) und Günter Grass (*1927). Das Drama *Spiele, in denen es dunkel wird* (1958) von Wolfgang Hildesheimer gilt als erstes absurdes Theaterstück im deutschsprachigen Raum.

Dokumentartheater

Als „Theater der Berichterstattung" hat Peter Weiss diese Dramenform 1971 bezeichnet. Mit **Originaldokumenten** von Gerichtsprozessen (z.B. Peter Weiss, *Die Ermittlung* 1965), Verhören (Heinar Kipphardt, *In der*

Sache Robert J. Oppenheimer 1964 sowie *Bruder Eichmann* 1965) oder journalistischem Recherchematerial soll unter Verzicht auf Fiktionalität ein kritikwürdiger Sachverhalt entlarvend dargelegt werden.

Die Themen des Dokumentartheaters betreffen gesellschaftliche bzw. politische Missstände oder Themen geschichtlicher Aufarbeitung, wie z.B. in den genannten Beispielen der Frankfurter Auschwitzprozess 1963–65, die Ergreifung des flüchtigen NS-Verbrechers Adolf Eichmann durch den israelischen Geheimdienst oder das Verhör des Raketeningenieurs Robert J. Oppenheimer durch die amerikanische Atomenergiebehörde ab 1954 wegen seiner vermeintlich antipatriotischen Haltung. Mittels **Montage** und **Collage** von Auszügen der Originaldokumente zu einem Dramentext soll der Schrecken der jeweiligen Thematik vermittelt und bei den Rezipienten eine **Bewusstseinsänderung** herbeigeführt werden.

Während es in der Reinform ursprünglich nur wenige dokumentarische Theaterstücke gab, das dokumentarische Element eher als Stilelement in anderen Dramen (z.B. Rolf Hochhuth, *Der Stellvertreter* 1963) zu finden war, erlebt das Dokumentartheater seit den 1990er Jahren eine deutliche Renaissance und kommt in der Gegenwartsliteratur inzwischen häufiger vor (z.B. Andres Veiel, *Der Kick* 2005, Feridun Zaimoglu und Günter Senkel, *Schattenstimmen* 2008).

Interpretation von dramatischen Texten

Dramen, primär als Schauspiel und erst in zweiter Linie zum Lesen konzipiert, bereiten bei der Analyse und Interpretation manchmal Schwierigkeiten, weil kein Erzähler vermittelnd oder kommentierend zur Seite steht, sondern der Rezipient sich aus den Bühnenanweisungen und den Dialogen sein eigenes Bild von der Handlung machen muss. Dabei stellt immer wieder die Sprache eine Verständnishürde dar, besonders wenn es sich um Texte bis zum 19. Jahrhundert handelt.

Andererseits kann gerade die Unmittelbarkeit, mit der der Dramentext dem Leser begegnet, eine Chance bedeuten, seine eigenen Erfahrungen mit den Figuren zu machen und seine eigenen Schlüsse aus ihrem Handeln zu ziehen.

3 Analysieren – Interpretieren

Anders als im Bereich der Lyrik und Epik betreffen Abituraufgaben zu dramatischen Texten in der Regel nur eine ausgewählte Szene oder einen Ausschnitt daraus, da das Drama als Ganzes nicht als Textvorlage gegeben werden kann. Entsprechende Aufgaben zu dramatischen Texten enthalten deshalb ausgesprochen häufig eine Schwerpunktsetzung, die sich auf gattungsspezifisch bedeutsame Aspekte bezieht, wie z. B.:

→ Aristotelisches Drama – nichtaristotelisches Drama –
   episches Theater – absurdes Theater
→ Handlung – Handlungsstruktur – dramatischer Konflikt
→ Figurenzeichnung – Figurenrede
→ Thematische Struktur und thematische Schwerpunkte

Zentraler Gegenstand der Interpretation soll zwar die Textvorlage sein, aber Bezüge zum Kontext, in den die ausgewählte Szene eingebettet ist, sind sinnvoll und notwendig. Dazu gehört, dass bei der Beschreibung des Inhalts auch das der Szene vorausgehende und sich anschließende Geschehen zumindest knapp beschrieben wird.

Dazu gehört – je nach Schwerpunktsetzung in der Aufgabenstellung – eventuell auch, dass die besondere Bedeutung der Szene im Aufbauplan des ganzen Stückes herausgearbeitet wird oder dass Bezüge zu anderen Stellen des Dramas hergestellt werden, an denen dieselben Figuren bedeutsam sind oder ein gemeinsamer thematischer Aspekt behandelt wird.

Da es sich bei den vorliegenden Texten im Allgemeinen um Spielvorlagen handelt, kommt den meist kursiv gedruckten Regieanweisungen besondere Bedeutung zu. Sie enthalten Hinweise auf den Handlungsort, die Stellung und die Bewegung der Figuren im Raum oder ihre Haltung und ihre Art des Sprechens. Entsprechende Hinweise in der Textvorlage werden leicht überlesen, obwohl sie eine wichtige Aussage des Autors zur Art und Weise des Spielens auf der Bühne enthalten.

Bemerkungen zum Dramentyp, zur Art des Dramas oder zu entsprechenden dramentheoretischen Hintergründen sollten an geeigneter Stelle in angemessenem Umfang eingebunden werden. Dazu ist häufig schon die Einleitung der geeignete Ort.

> **Abi-Tipp: Hintergrundwissen**
>
> Es ist gut und sinnvoll, in einer Abiturarbeit zu zeigen, dass man fundiertes und sicheres Wissen zur Dramengeschichte und Dramentheorie hat. Entsprechende Ausführungen sollten aber unmittelbar auf den zu interpretierenden Text bezogen sein und das zum Verständnis erforderliche Maß nicht übersteigen. Seitenlange Auslassungen zu einer auswendig gelernten Dramentheorie sind nicht hilfreich!

Die folgenden Leitgedanken und Kriterien bilden die Grundlage der Interpretation von Dramentexten.

a) Handlung und Figuren

Während die Epik erzählend eine Kette von Entwicklungen und äußeren Handlungen abspielt wie ein Film, konzentriert sich das Drama auf die Darstellung von inneren Konflikten zwischen Menschen. Folglich ist der Diskurs, also die kommunikative Auseinandersetzung zwischen den Figuren, das Thema eines Bühnenstücks. Die Frage, die sich dabei stellt, sucht nach den Gründen für einen Konflikt und danach, ob und wie die Konfliktlösung angegangen wird. Die Figuren des Dramas werden hier also nicht charakterisiert, sie charakterisieren sich selbst durch das, was sie sagen, und die Art, wie sie miteinander sprechen.

Folgende Fragen sind bei der Interpretation also zu klären:
- Wer sind die Beteiligten, in welchem Verhältnis stehen sie zueinander?
- Welcher Konflikt herrscht zwischen ihnen vor und wodurch ist er entstanden?
- Streben sie eine Lösung an oder ist diese aufgrund von Kommunikationsunfähigkeit oder ungleichen Kommunikationsniveaus nicht möglich?
- Wo genau liegt der Punkt der Umkehr bzw. wo scheitert der Verständigungsversuch?

Wesentliche Voraussetzung für die Klärung dieser Gegebenheiten ist eine präzise Wiedergabe der Dialogführung. Dafür ist es wichtig, die genaue Bedeutung des Dialogs zu erfassen; hilfreich ist der Versuch, das Gespräch gedanklich in die heutige Sprache zu übersetzen und sich dabei den Inhalt bewusst zu machen.

Die Dialogführung sollte in wesentlichen Zügen zusammengefasst und wiedergegeben werden, sodass der Kern des Konflikts zum Ausdruck kommt. Als praktische Vorgehensweise hat es sich erwiesen, ein Verlaufsschema zu skizzieren und mit Stichpunkten zu füllen, die in eigenen Worten einzelne Abschnitte des Gesprächs wiedergeben, etwa folgendermaßen:

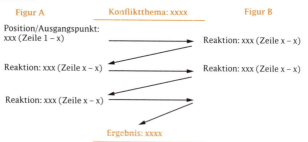

Auch Monologe sollten in ähnlicher Weise zergliedert und erfasst werden: Auch hier werden die jeweiligen Sinnabschnitte der Figurenrede zusammengefasst, damit ihre Aussage deutlich wird. Regieanweisungen, die angeben, **wie** eine Figur etwas sagt, sollten unbedingt berücksichtigt werden.

b) Raum

Die Bühne eines Theaters macht den Raum, in dem sich ein Dramengeschehen abspielt, konkret. Der Zuschauer sieht unmittelbar, in welcher Umgebung sich die Handlung abspielt, und erfährt gerade durch die relative Freiheit des Regisseurs bei der Bühnengestaltung, welche Interpretation des Stücks zum Ausdruck kommen soll.

In Textform jedoch sind die Bühnenanweisungen in der Regel extrem reduziert, es ist eigentlich meist nur der Ort der Handlung angegeben, der nur in den seltensten Fällen präzise beschrieben wird.

Doch ist auch die Raumgestaltung des Dramentextes durchaus in die Interpretation einbeziehbar: Wenn etwa Friedrich Schillers Regieanweisungen nur in Andeutungen auf den jeweiligen Handlungsraum eingehen, so trägt dies der Forderung der klassischen Ästhetik Rechnung, wonach nichts Äußerliches vom zentralen Konflikt und der eigentlichen Haupthandlung ablenken soll.

Anders hingegen verfährt das naturalistische Drama (→ Naturalismus), das in detaillierten Vorgaben der Regieanweisungen beispielsweise eine proletarische Stadtwohnung vorzeichnet, um damit die in der Aussageabsicht enthaltene Gesellschaftskritik auch optisch zu unterstreichen.

Letztlich hat somit auch die Raumsituation eines Dramentextes ihren Anteil am organischen Zusammenhang zwischen Inhalt, Form und Sprache und vervollständigt damit die Interpretation.

c) Sprache

Da nach den Vorstellungen des klassischen, geschlossenen Dramas (→ aristotelisches Drama) die Sprache der Figuren eine Hochsprache sein soll, ist für die Interpretation durchaus von Interesse, ob der zu bearbeitende Dramentext dieser Forderung folgt oder ob er davon abweicht.

So verwendet etwa Georg Büchner in seinen Dramen eine realistische Sprache, die der realen Situation der von ihm kritisierten gesellschaftlichen Verhältnisse entspricht. Noch radikaler geht in diesem Sinne das naturalistische Drama vor, das dialektale und schichtspezifische Merkmale einbezieht. Hier soll die Verwendung einer authentischen Sprache dazu beitragen, das kleinbürgerliche Elend zu vermitteln.

Dementsprechend sind, ausgehend von der Wechselwirkung mit der Aussageabsicht in Dramen, folgende sprachliche Gestaltungsmerkmale zu untersuchen:

→ **Bildlichkeit:** Metaphern, Symbole, Vergleiche
→ **rhetorische Stilmittel:** z. B. Ironie, Klimax, Hyperbel, Stichomythien
→ **Wortwahl:** Hochsprache – authentische Sprache
→ **Satzbau:** Hypotaxe, Parataxe, Ellipse, Ausrufe, Fragen
→ **Metrum:** in klassischen Dramen häufig Blankvers, Knittelvers

3 Analysieren – Interpretieren

| Checkliste | **Interpretation dramatischer Texte** |

1. Erfassen der Aufgabenstellung

→ Einzelaufträge unterscheiden (z. B. Zusammenfassen, Erschließen, sprachliche Mittel einbeziehen, Interpretation etc.)

→ auf Zusatzaufträge achten (z. B. Figurenkonstellation herausarbeiten, Gesprächsverlauf erarbeiten, den Zeithintergrund einbeziehen, Epochenmerkmale einbeziehen, Vergleich mit anderen Dramen oder Figuren, Bezug zur Dramenform herstellen)

→ Teilaufträge (Operatoren) in der Arbeitsanweisung unterstreichen; sie dienen als Grobgerüst für die spätere Gliederung

2. Lesen des Textes

→ erster Lesevorgang ohne Stift; auf Dinge achten, die sofort auffallen

→ Notieren des Themas

→ Notieren der möglichen Wirkungsabsicht (Deutungshypothese)

3. Klärung der für das Drama spezifischen Gestaltungsmittel
(vgl. vorangehende Seiten)

→ weitere Lesedurchgänge: Einteilen des Textes in Handlungs- oder Sinnabschnitte in Form von Markierungen am Textrand

→ stichpunktartige Inhaltszusammenfassung auf dem Textblatt

→ sprachliche und formale Gestaltungsmerkmale: sprachliche Mittel und sprachlicher Stil (z. B. hoher Stil des klassischen Dramas, Dialekt, Soziolekt), Monolog oder Dialog

→ Regieanweisungen auswerten

→ auf einem gesonderten Notizblatt: Gesprächsverlauf skizzieren, Notizen zum Kommunikationsverhalten der Figuren (z. B.: Konflikt kann im Gespräch gelöst werden oder verschärft sich, unterschiedliche Diskursbereitschaft der Gesprächspartner, ggf. absurde Gesprächssituation, Gedankenverlauf in Monologen)

→ Verlauf der Handlung/Aufbau (z. B. linear, Zeitsprünge, Rückblenden, collagenhaft, dokumentarisch, epische Elemente, Verfremdungseffekte)

→ Raum- und Zeitgestaltung

→ Figurenzeichnung

→ Klärung des Dramentyps, besonders Zuordnung zum geschlossenen (aristotelischen, klassischen) oder offenen (nichtaristotelischen) Theater

3.5 Interpretation von dramatischen Texten | **171**

> Checkliste

→ Klärung von Informationen, die außerhalb des Textes stehen, z. B. Entstehungszeit, ggf. -ort, Autorbiographie, Literaturgeschichtliches; diese Angaben können für die Einleitung oder den Schluss herangezogen werden.

4. Zusammentragen der Ergebnisse

→ Einteilung des Notizblattes in drei Spalten (Inhalt, Form, Sprache)
→ stichpunktartige Zusammenfassung des Inhalts in der linken Spalte, nach Sinnabschnitten strukturiert (mit Zeilenangaben)
→ formale und sprachliche Befunde in der Mitte auflisten und den Inhalten links genau zuordnen; stichpunktartig die jeweilige Wirkungsabsicht vermerken (→ Tabelle der rhetorischen Stilmittel, S.187 ff.).

5. Verfassen der Klausur

→ Deutungshypothese wird jetzt als These vorangestellt
→ beim Verschriftlichen die Punkte auf den Notizblättern abarbeiten und abhaken, damit nichts vergessen wird
→ regelmäßig Rückbezüge zur Deutungsthese herstellen, damit der rote Faden nicht verloren geht und ein organischer Zusammenhang entsteht
→ bei der Interpretation den Dramentyp einbeziehen (z. B.: Komödie, Tragödie, bürgerliches Trauerspiel; Grad der Übereinstimmung mit bzw. Abweichung von den aristotelischen Forderungen gibt Aufschluss bei der Deutung)
→ bei Textauszügen: Position innerhalb der Texthandlung berücksichtigen (z. B. Dramenexposition, Höhepunkt, Ausgang des Konflikts, Position im analytischen Drama)
→ Einleitung, Schluss und endgültige Gliederung können auch nach dem Hauptteil ausformuliert werden; das ergibt möglicherweise eine größere Passgenauigkeit.

3

3.6 Analyse von Sachtexten

In einigen Bundesländern gibt es neben den Aufgabenformen der Erörterung, der Erschließung und Interpretation von poetischen Texten Aufgaben, die die Analyse eines Sachtextes in den Mittelpunkt stellen. Je nach Aufgabenvariante kann es sich dabei um die Analyse eines Sachtextes mit erweitertem Schreibauftrag, um den Vergleich von zwei Sachtexten oder auch um den Vergleich eines Sachtextes mit einem poetischen Text handeln (→ Seite 119, Aufgabenart I). Da die Analyse eines Sachtextes neben der Bestimmung des **Argumentationsansatzes** (Makrostruktur des Textes) in besonderem Maße die Auseinandersetzung mit den formalen und den sprachlichen Gestaltungsmitteln des Textes, also mit der **Argumentationsstruktur** (Mikrostruktur des Textes) verlangt, unterscheiden sich die Vorgehensweise und die Gliederung einer schriftlichen Abiturarbeit bzw. die Vorbereitung für die mündliche Abiturprüfung.

Sachtextarten

Sachtexte lassen sich nach ihrer Intention in unterschiedliche Gruppen unterteilen, nämlich in informative, normative, argumentative und appellative Texte.

Informative Texte stellen Sachverhalte bzw. Vorgänge sachlich und objektiv dar, wie z.B. Protokolle, Berichte, Inhaltszusammenfassungen.
Normativ nennt man Texte, die Definitionen, Regeln oder Vorgaben mit für den Adressaten bindender Bedeutung beinhalten, z.B. Gesetzestexte, Gebrauchsanweisungen, Handlungsleitfäden.
In **argumentativer** Weise richten sich z.B. Kommentare, Rezensionen, aber auch juristische Schriftsätze oder wirtschaftliche Standortanalysen an ihre Adressaten mit dem Ziel, diese von einer Position zu überzeugen. Die Grenze zu den **appellativen** Darstellungsformen ist sehr fließend, denn auch diese versuchen den Adressaten zu beeinflussen und zu einer Meinungs- und nach Möglichkeit auch Verhaltensänderung zu bewegen. So gehen etwa Leserbriefe, Politikerreden, Petitionen oder Gesuche ebenfalls argumentativ vor, jedoch mit dem Ziel, konkret ein bestimmtes Verhalten zu erreichen.

3.6 Analyse von Sachtexten

Häufig finden sich aber Mischformen, z. B. baut eine Literaturkritik auf informativen, also zusammenfassenden Bestandteilen auf. Auch sind normative Vorgaben darauf angelegt, ein Verhalten in eine bestimmte Richtung zu lenken. Weil die beiden letztgenannten Textsorten (argumentativ, appellativ) gezielt etwas in Bewegung bringen wollen, nämlich eine Meinung bzw. ein Verhalten, spricht man hier auch von **pragmatischen Texten**. Abituraufgaben beziehen sich oft auf pragmatische Sachtexte, weil hier mit rhetorischen, also manipulativen Mitteln gearbeitet wird, die ein Abiturient durchschauen und darlegen können soll.

Übersicht über die wichtigsten abiturrelevanten Sachtextarten

Abhandlung: Wissenschaftliche oder populärwissenschaftliche Auseinandersetzung mit sprach- bzw. literaturwissenschaftlichen, historischen oder soziologischen Themen

Essay: Kürzere Abhandlung, bei der ein meist allgemeingesellschaftliches Thema auf geistreiche Weise behandelt wird; persönlich gefärbt; im Gegensatz zur Erörterung oft unsystematisch und aspekthaft, dafür stilistisch pointierter

Flugblatt: Direkter Versuch der politischen Einflussnahme auf eine breite Öffentlichkeit; häufig unter Zwangsbedingungen (Verfolgung, Zensur, Geheimhaltung) eingesetzt und daher sprachlich sehr eindrücklich bzw. rhetorisch dicht

Glosse: Satirisch witzige, spöttische Auseinandersetzung mit einem aktuellen gesellschaftspolitischen oder kulturellen Thema; ursprünglich als Randbemerkung verstanden und folglich von kompaktem Umfang

Kommentar: Meinungsbildende, oft analytisch angelegte Auseinandersetzung mit einem aktuellen gesellschaftlichen, politischen oder kulturellen Thema; knapper Umfang

Kolumne: Kommentar oder Glosse mit festem Stammplatz in einer Zeitung, d. h. unter einer gleichbleibenden Überschrift regelmäßig erscheinend; ebenfalls knapp, oft eine Textspalte

Leserbrief: Subjektive Stellungnahme von Lesern einer Zeitung zu allen möglichen öffentlichen Themen; reicht von sachlicher bis zu polemisierender Darstellung

Rede: Ursprünglichste Form der rhetorischen Einflussnahme zu politischen, gesellschaftlichen, kulturellen Themen; entstanden aus der antiken juristischen Rede, heute vor allem Politikerrede

Rezension/Kritik: Subjektive, kritische oder affirmative Auseinandersetzung mit einem meist kulturellen Phänomen, z. B. Besprechung einer Theater- oder Operninszenierung, Buch- oder Filmbesprechung

Parodie: Abhandlung oder Vorführung, bei der durch Imitation und Übertreibung bestimmter Wesensmerkmale einer Person oder Vorlage auf humorvolle Weise Kritik geübt werden soll

Satire: Ähnlich der Parodie mit Nachahmung und spöttischer Übertreibung eine Form der Kritik durch Zurschaustellung von Schwächen

Arbeitsschritte

Die im Folgenden beschriebenen Arbeitsschritte sind bei Aufgabentypen mit dem Schwerpunkt „Analyse von Sachtexten" zu leisten. In reduzierter Form sind diese Arbeitsschritte aber auch bei den Abituraufgaben anzuwenden, die die Analyse eines Sachtextes als Ausgangspunkt für eine sich anschließende Erörterung verlangen (→ „Erörtern und Argumentieren im Anschluss an Sachtexte", Seite 211 ff.):

A Einleitende Zusammenfassung

Vorstellen des Textes mit Angaben zur Textsorte, zum Thema, zur Kernaussage, zur Intention und zum Adressaten:

→ Wovon handelt der Text?
  Markieren Sie die Schlüsselwörter.
→ Welche hauptsächliche Aussage wird vertreten?
  Welche Position nimmt der Verfasser zum Tatbestand oder Problem ein (siehe Anfang und Schluss)?

3.6 Analyse von Sachtexten

→ Was will der Verfasser?

Die präzise Kennzeichnung der Intention ist von großer Bedeutung für das Gelingen der Gesamtanalyse. Soll ein Problembewusstsein geweckt werden? Beschreibt der Verfasser einen Sachverhalt oder eine Entwicklung? Beklagt er einen Missstand? Stellt er Forderungen?

→ An wen richtet sich der Text?

Überlegen Sie, welcher Voraussetzungen es bei den Lesern bedarf, um das Thema, die Hauptthese(n) und die Absicht überhaupt zu verstehen.

B Analyse des Argumentationsansatzes/Makrostruktur

Hier geht es um die Gliederung des Textes in größere Sinnabschnitte und um die Funktion dieser Abschnitte. Der Inhalt lässt sich meist zutreffend mit zentralen Begriffen charakterisieren. In einigen Bundesländern wird an dieser Stelle eine strukturierte Inhaltsangabe verlangt; damit ist ebenfalls eine nach argumentativer Funktion unterteilte abschnittsweise Wiedergabe des Textes gemeint.

Für die eigene Orientierung kann eine Tabelle mit folgendem Aufbau dienen:

Zeilen	Inhalt	Funktion
...	...	...

Abi-Tipp: Formulierungshilfen

Einleitung:

→ Der Verfasser leitet seinen Kommentar mit Beispielen dafür ein, wie …
→ Der Autor beginnt provokativ mit der These …
→ Die Autorin stellt eingangs die Frage nach …/… wirft Fragen auf …
→ Der Kommentator sensibilisiert zu Beginn seine Leserschaft für sein Thema, indem er …
→ Die Rede beginnt mit einer übertreibenden Darstellung der/des …

Hauptteil:

→ Anschließend/Im Anschluss leitet sie über zu …
→ Danach formuliert er den Kernkonflikt …
→ Mit einer Reihung von Fragen spitzt die Rednerin ihr Thema zu …
→ In der Folge/Im Folgenden zeigt der Text auf, wie …
→ Darüber hinaus untermauert er seine Auffassung mit …
→ Er argumentiert dabei mit …
→ Weiterhin führt er Belege für (…) an …
→ Sie differenziert zwischen …
→ Der Redner distanziert sich von …/… schließt sich der Auffassung an …

Schluss:

→ Die Politikerin resümiert schließlich …
→ Letztlich/Abschließend/Zusammenfassend wird die Forderung formuliert, …
→ Somit kristallisiert sich der Hauptkritikpunkt heraus …
→ So kommt der Redner zu dem Ergebnis …

3.6 Analyse von Sachtexten | **177**

Analyse der Argumentationsstruktur/Mikrostruktur

Bei der genaueren Untersuchung der einzelnen größeren Textabschnitte geht es nun um Besonderheiten des Textes und seiner Argumente.

→ Werden Tatsachen wiedergegeben, Fragen gestellt, Thesen formuliert?
→ Welche Art von Argumenten wird verwendet?
→ Werden Zitate benutzt? Aus welchem Bereich stammen sie?
→ Wie werden die Zitate eingesetzt: als Illustration, Erläuterung, Beleg etc.?
→ Welchen Wortschatz nutzt der Verfasser?
→ Welche Besonderheiten des Satzbaus sind zu beobachten?
→ Welche rhetorischen oder poetischen Mittel werden eingesetzt? (→ Übersicht zu den rhetorischen Figuren, Seite 187 ff.)
→ Enthält der Text Wertungen?
→ Welche Absicht wird im Text verfolgt?

Eigene Stellungnahme

Die eigene Stellungnahme kann sich auf unterschiedliche Sachverhalte beziehen:

→ Ist der Text in sich stimmig? Argumentiert der Verfasser überzeugend?
→ Passen Argumente und Beispiele, Stil und Inhalt des Textes zusammen?
→ Wie ist der Text zu beurteilen (unter ethischen oder ästhetischen Gesichtspunkten)?
→ Erfüllt der Text seinen Zweck?
→ Ist eine weitere Differenzierung möglich oder notwendig?

Die Analyse eines einzelnen Sachtextes ist in der Regel mit einem erweiterten Schreibauftrag verbunden, wie das folgende Beispiel aus den Vorschlägen für Abiturthemen in Nordrhein-Westfalen zeigt.

BEISPIEL: Abituraufgabe

Text: Max Frisch, Verantwortung des Schriftstellers (1978)

1. **Analysieren** Sie diesen Text. Klären Sie dabei, worin Frisch die „Verantwortung des Schriftstellers" sieht und wie er sich die Entwicklung von „Motivationen für das Schreiben" vorstellt.

2. **Entwerfen Sie eine Stellungnahme**, in der Brecht zu den Äußerungen von Max Frisch Stellung nimmt.

Wie das Beispiel zeigt, kann ein erweiterter Schreibauftrag eine persönliche Stellungnahme zu der im Text dargebotenen Position oder Meinung des Verfassers verlangen. Wie eine solche Stellungnahme zu verfassen ist, erfahren Sie im Teilkapitel „Stellungnahme" (→ Seite 212 f.).

Wenn der erweiterte Schreibauftrag eine Stellungnahme verlangt, ist der Arbeitsschritt D deutlich zu verkürzen oder entfällt ganz. Wichtig ist, dass bei der Bearbeitung des erweiterten Schreibauftrags ein unmittelbarer Bezug zu den Ergebnissen der Analyse hergestellt wird. Es schadet nicht, wenn man sich auch in der Stellungnahme auf bereits zuvor getroffene Aussagen zurückbezieht.

Analyse eines Sachtextes mit weiterführendem Schreibauftrag

Hierbei handelt es sich um eine sachtextgestützte Erörterung bzw. auch um freiere Formen der Stellungnahme zu dem im Sachtext angesprochenen Thema. Die Aufgabenstellung ist in der Regel zweigeteilt:

→ Zunächst soll ein Sachtext auf seine Makro- und Mikrostruktur (Argumentationsschritte und sprachliche Gestaltung) hin untersucht werden.

→ Anschließend soll, ausgehend von diesen Ergebnissen, Stellung genommen werden zu einer bestimmten Fragestellung (→ Teilkapitel 4.3, Seite 211 ff.).

→ Der zweite Aufgabenteil kann auch als Auftrag zu einer Erörterung oder zu einem Kommentar formuliert sein. Bei der Bearbeitung ist es wichtig, die Argumentation des Vorlagetextes zu berücksichtigen und einzubeziehen, sich jedoch zugleich davon zu lösen und zu einer gedanklich eigenständigen Sichtweise zu gelangen. Das heißt, die eigene Stellungnahme muss sich zwangsläufig thematisch weiten.

Zu beachten ist hierbei, dass die Wiedergabe der Argumentationsstruktur des Sachtextes die einfachste der geforderten Schreibkompetenzen ist, wohingegen die Erörterung bzw. der Kommentar die anspruchsvollste gedankliche Leistung darstellt. Daher ist es unbedingt nötig, die Gewichtung der unterschiedlichen Aufgabenteile im Blick zu behalten.

und die einfacheren nicht zulasten der abstrakteren überzugewichten (→ Kapitel „Erörtern – Argumentieren", Seite 196 ff.).

Vergleich zweier Sachtexte

Beim Vergleich von Sachtexten sind grundsätzlich dieselben Arbeitsschritte nötig, die unter dem Stichwort „Analyse von Sachtexten" zur Erarbeitung der Makro- und Mikrostruktur genannt werden. An die Stelle der eigenen Stellungnahme tritt dann aber der direkte Vergleich der beiden Texte, der sich z. B. auf die folgenden Sachverhalte richten kann:

→ Einbeziehen des Kontextes (Entstehungszeit und -bedingungen beider Texte);

→ Ermitteln von Urteilskriterien (bei Rezensionen etwa: Unausgesprochenes zwischen den Zeilen; verdeckte Wertungsmaßstäbe; Mischungen literarischer und außer-literarischer Faktoren);

→ spezifische Leistung des einen Textes im Vergleich zum anderen (bei Rezensionen z. B. mit der Frage, in welchem Maß der Text informierenden oder urteilenden Charakter besitzt);

→ Vergleich von Kriterien und Intentionen (bei Rezensionen z. B. mit der Frage nach offenem oder unausgesprochenem Maßstab und nach abgewogenem, einseitigem oder gar polemischem Urteil).

In der Regel und besonders bei ungleichartigen Texten geht man linear vor, das heißt, der Textvergleich schließt sich der jeweiligen Analyse der Einzeltexte an. Wenn die beiden Texte mehrere ähnliche und vergleichbare Aspekte bieten, empfiehlt sich das aspektorientierte und damit abschnittsweise Untersuchungsverfahren.

Vergleich von Sachtexten mit fiktionalen Texten

Bei dieser Art der vergleichenden Textanalyse empfiehlt sich das lineare Vorgehen, um die Besonderheiten der jeweils anderen Textsorte angemessen darzustellen. Unterschiede ergeben sich vor allem aus dem andersartigen Bezug zur Realität des Autors und des Lesers. Der Vergleich der Texte sollte deshalb in Ergänzung bzw. Modifikation der oben genannten Aspekte folgende Sachverhalte besonders berücksichtigen:

→ Entstehungszeit, Publikationsort, Adressatenkreis, historischer Hintergrund;

→ Anteil des Autobiografischen, Realitätsgehalt der dargestellten Wirklichkeit;

→ Wirkungsabsicht und Wirkung der Texte (evtl. Einbezug von Rezensionen; Unterschiede in der Wirkungsweise von Sach- und poetischem Stil).

Checkliste   Analyse eines Sachtextes

1. Erfassen der Aufgabenstellung

Der Arbeitsauftrag „Analysieren Sie den Text von …(Autor)." beinhaltet verschiedene Einzelvorgänge:

→ Benennen von Autor, Titel, Textsorte, Erscheinungsort und -jahr sowie ggf. Zusatzinformation (Kontext, Textauszug etc.)

→ Benennen des Themas

→ Darstellen der Kerngedanken bzw. der Intention

→ Beschreibung des argumentativen Aufbaus (Makrostruktur)

→ Auseinandersetzung mit bestimmten inhaltlichen Besonderheiten (z. B. Titel, Bezüge, Art der Gedankenführung, Funktion von Einleitung oder Schluss)

→ Analyse der sprachlichen Gestaltung und deren Bezüge zur Textintention

2. Lesen des Textes

→ erster Lesevorgang ohne Stift, dann Klärung der Rahmenbedingungen des Textes (Autor, Entstehungszeit und -ort, ggf. Auffälligkeiten in diesem Bereich)

→ Notieren des Themas und der möglichen Intention

3. Analyse des Sachtextes

→ weitere Lesedurchgänge: Einteilen des Textes in Sinnabschnitte in Form von Markierungen am Textrand

→ stichpunktartige Inhaltszusammenfassung auf dem Textblatt

→ auf einem Extra-Notizblatt: Zusammenstellung der Makrostruktur

→ Kommentare zu inhaltlichen Auffälligkeiten: hier auch mit Textmarker bzw. Symbolen arbeiten

3.6 Analyse von Sachtexten

Checkliste

→ sprachlich-stilistische Gestaltungsmerkmale: rhetorische Mittel und sprachlicher Stil, hier besonders auch Ironie, Polemik, Zynismus, Parodie/Nachahmung bestimmter bekannter Vorlagen etc.

4. Verfassen der Klausur

→ Abarbeiten der Notizen in der Reihenfolge wie in 1. angegeben

→ beim Verschriftlichen die Punkte auf den Notizblättern abhaken, damit nichts vergessen wird

→ Bezüge zwischen Inhalt, sprachlicher Gestaltung und Textintention herstellen, damit diese nicht als Einzelteile zusammenhanglos nebeneinanderstehen

3.7   Klassische Rhetorik – ein kurzer Abriss

Begriff

Rhetorik (griech. *rhetoriké téchne*: „Redekunst") ist definiert als die Kunst, durch öffentliches Reden einen Standpunkt überzeugend zu vertreten und so Denken und Handeln anderer zu beeinflussen. Rhetorik bezeichnet aber auch die Theorie und Wissenschaft dieser Kunst.

Geschichte

Ihre Wurzeln hat die Rhetorik sowohl als praktisch angewandte Kunst wie auch als theoretisches Regelwerk in der **griechischen Antike** und ist hier eng verbunden mit der attischen Demokratie: Mittels einer überzeugenden **Rede vor Gericht** stand es Bürgern offen, ihre Rechte geltend zu machen. Während es in vorsokratischer Zeit gängige Lehrmeinung war, mit einer guten Rede die schwächere Position zur stärkeren machen zu können, forderte **Sokrates** (ca. 470 – 399 v. Chr.) eine Rückbesinnung auf den Wahrheitsgehalt der Rede. Eine erste systematische Beschreibung der Rhetorik unternimmt **Aristoteles** (384 – 322 v. Chr.). In dieser Zeit bilden sich drei Stilarten der öffentlichen Rede heraus:

→ Gerichtsrede *(genus iudiciale)*: Der Schwerpunkt liegt hier auf der Darstellung von Vergangenem, also zurückliegenden Sachverhalten, zur Durchsetzung rechtlicher Interessen.

→ Lobrede/Festrede *(genus demonstrativum)*: Im Mittelpunkt steht das Gegenwärtige, das anlässlich eines Festes oder militärischen Sieges honoriert werden soll.

→ Politikerrede *(genus deliberativum)*: Zukünftiges, also politische Wunsch- oder Zielvorstellungen, werden mit sprachlicher Eindrücklichkeit einer breiten Öffentlichkeit nahegebracht.

Die besondere Leistung der **römischen Rhetorik** zeigt sich in der Übersetzung der aristotelischen Lehre ins Lateinische durch **Marcus Tullius Cicero** (106 – 43 v. Chr.) und in der Weiterentwicklung der griechischen Vorlage. In der römischen Rhetorik war die Redepraxis deutlich gegenüber der Theorie in den Vordergrund gerückt; als Gegengewicht forderte Cicero vom kompetenten Redner eine juristische und philosophische Ausbildung sowie sittliche Integrität. **Marcus Fabius Quintilianus** (ca.

3.7 Klassische Rhetorik – ein kurzer Abriss

35 – 100 n. Chr.) verlieh der rhetorischen Theorie eine neue Dimension, indem er sie umfassend in einem zwölfbändigen Lehrbuch auch zur pädagogischen Kunst erhob: „Wenn wir von den Göttern die Redegabe als das höchste Gut empfangen haben, das uns von den übrigen Lebewesen unterscheidet – wofür sollen wir mehr sorgfältiges Bemühen aufbringen?" Die Redekunst als Grundlage für ein Erziehungs- und Bildungsideal wirkte richtungsweisend für die kommenden Jahrhunderte.

So wurde, nicht zuletzt aufgrund der Lehre Quintilians, die Rhetorik eine der **„Sieben Freien Künste"** (*septem artes liberales*), die ab dem 5. nachchristlichen Jahrhundert und durch das **Mittelalter** hindurch die Grundlage jeglicher wissenschaftlicher Ausbildung waren. Der Ausbildungsweg verlief über das *Trivium* mit den Fächern Rhetorik, Grammatik und Dialektik und das *Quadrivium* mit den Fächern Mathematik, Arithmetik, Musik und Astronomie.

Eine Wiederbelebung erfuhr die Rhetorik während der Zeit des **Humanismus**, der an der Antike orientiert ein Weltbild konstituierte, das sich dann auch im Wissenschaftsbetrieb des **Barock** manifestierte.

In der Zeit der **Aufklärung** führte die klassische Rhetorik zu einer Polarisierung unter den Gelehrten: Einerseits bildete sie eng verbunden mit der Logik weiterhin das Gerüst des Lehrwesens. Andererseits schlug in dieser Zeit eine seit Platon bestehende rhetorikfeindliche Tradition durch, die die aufklärerische Suche nach Wahrheit und Faktizität nicht vereinbar sah mit der Formulierung des nur Wahrscheinlichen, Hypothetischen. **Immanuel Kant** (1724 – 1804) kritisierte die Rhetorik sogar als „die Kunst, sich der Schwäche der Menschen zu seiner Absicht zu bedienen", was dem aufklärerischen Bestreben, Menschen mit Rationalität und Tatsachen zur Erkenntnis zu verhelfen, gänzlich widersprach.

Gegen Ende des **18. Jahrhunderts** brach die klassische rhetorische Tradition, nicht zuletzt einhergehend mit dem Ende der Französischen Revolution, weitgehend zusammen. Im europäischen Parlamentarismus des **19. Jahrhunderts** mit seinen spezifischen Themen wie Imperialismus, Kolonialismus, Kriegsrüstung, aber auch Arbeiterkampf und Revolution, erfolgte mit dem stärker auf den emotionalen Effekt des Vortrags zielenden Ansatz der Politikerrede eine klare Abkehr von den traditionel-

3 Analysieren – Interpretieren

len Prinzipien der Rhetorik. In der **ersten Hälfte des 20. Jahrhunderts** erlebte vor allem die Politikerrede in ihrer stark auf den massenmanipulativen Aspekt reduzierten Auslegung in vielen europäischen Ländern, aber besonders in Deutschland, einen Tiefpunkt hinsichtlich des ursprünglich sittlichen Anspruchs der klassischen Lehre.

Prinzipien der Rhetorik

In der Vorbereitung der Rede werden seit der Antike fünf Phasen unterschieden:

1. *inventio:* Die Findung der Gedanken, die zum Thema gehören, stellt die Eingangsphase bei der Erarbeitung einer Rede dar. Die sogenannten W-Fragen (Wer? Was? Wo? Womit? Warum? Wie? Wann?) bilden hier die Hilfestellung, den gedanklichen Rahmen einzugrenzen.

2. *dispositio:* Die Auswahl, Gliederung und Anordnung der Gedanken bildet die gedankliche Ausarbeitung der Rede. Die seit der Antike bekannte Einteilung in Einleitung, Hauptteil und Schluss beinhaltet fünf Bauelemente:

   - Einleitung (*caput*):   Anrede des Publikums (*exordium*)
   - Hauptteil (*medium*): Darlegung des Sachverhalts (*propositio*), Erörterung (*argumentatio*) mit Beweisen (*probationes*) und Widerlegungen (*refutationes*)
   - Schluss (*finis*):   Schlussfolgerung (*conclusio*) und ggf. Anrede des Publikums (*peroratio*)

3. *elocutio:* Die Einkleidung der Gedanken in Worte, das Ausformulieren der Rede soll den Prinzipien der Sprachrichtigkeit, der Klarheit, der Knappheit und der Angemessenheit folgen. Hierbei erhält der Einsatz rhetorischer Mittel, also die zielgerichtete Abweichung von der Standardsprache zur Erzeugung von Aufmerksamkeit und Einprägsamkeit, seinen besonderen Stellenwert. Dabei gilt, dass die ästhetische Auskleidung der Sprache (*ornatus*) sich in Maßen durchaus auch über grammatische Richtigkeit hinwegsetzen darf, um Ausdruckskraft zu erzeugen, zum Beispiel durch eine Inversion (Umkehr der gewöhnlichen Wortstellung im Satz).

3.7 Klassische Rhetorik – ein kurzer Abriss

4. *memoria:* Das Auswendiglernen der Rede wurde schon in der Antike mithilfe geeigneter Merktechiken durchgeführt.

5. *actio/pronuntiatio:* Die sichere, fehlerfreie Vortragsweise ist letztlich die Voraussetzung für die Überzeugungskraft der Rede.

Rhetorische Mittel

Grundsätzlich werden **zwei Hauptgruppen** von Stilmitteln unterschieden: die **Figuren** und die **Tropen**. Mit Figuren werden alle Mittel bezeichnet, die mit der konkreten Wortbedeutung arbeiten. Dazu gehört etwa die Umstellung von Wörtern (z. B. Inversion) oder ihre Verbindung mit anderen Wörtern (z. B. Litotes, Alliteration, Akkumulation). Während Figuren also die ursprüngliche Wortbedeutung beibehalten, arbeiten Tropen mit deren Veränderung, also mit allen Formen von Bildlichkeit und im übertragenen Sinne Gemeinten (z. B. Metaphern, Ironie, Symbol, Allegorie). Inzwischen ist es jedoch auch weit verbreitet, beide Gruppen als Figuren zu bezeichnen.

Rhetorische Mittel lassen sich außerdem nach ihrer **Änderungskategorie** unterteilen, d. h. nach der Art und Weise, in der ihre Abweichung von der alltäglichen, nicht kunstvollen Standardsprache vorgenommen wird:

→ **Erweiterungen** dienen dazu, durch Vergrößerung des Umfangs (z. B.: durch Hypotaxe, Akkumulation, Vergleich) eine höhere Anschaulichkeit zu erreichen, aber auch eine größere Elaboriertheit zu demonstrieren. Dies erhöht die Evidenz des Gesagten, aber auch den Eindruck von Kompetenz aufseiten des Sprechers. Auch auf emotionaler Ebene wirken Erweiterungen, indem sie eine stärkere Verwobenheit des Redners mit seinem Gegenstand zum Ausdruck bringen.

→ Mit **Verkürzungen** (z. B. Ellipse, Asyndeton) erzielt der Redner Eindrücklichkeit durch die Reduktion auf Wesentliches. Dies kann rational ansprechen, indem ein gewisser Pragmatismus zum Ausdruck kommt, andererseits aber auch emotional durch die Direktheit und Entschlossenheit, die in der Verkürzung liegen.

→ **Ersetzungen** funktionieren, indem einzelne Wörter (z. B. durch Metaphern) oder Satzteile (Paradoxon) ausgetauscht werden gegen nicht so übliche, unerwartete Wörter. So wird der Zuhörer zu mehr Aufmerksamkeit und Anteilnahme gezwungen. Besonders im poetischen Bereich gelten ersetzende Figuren und Tropen als Zeichen künstlerischer Vielfalt.

→ Durch **Umstellungen** von Sätzen oder Wörtern im Text wird ähnlich wie oben ein Erwartungsbruch erzeugt, der die Aufmerksamkeit der Rezipienten auf bestimmte Aussagen lenkt (z. B. Parallelismus).

Darüber hinaus haben sprachliche Mittel ganz unterschiedlich große **Wirkungsbereiche:** So beziehen sich **Klangfiguren** auf die Lautgestalt von Wörtern, **Wortfiguren** auf den Sinn von einzelnen Wörtern und **Satzfiguren** entsprechend auf den Sinn ganzer Sätze oder Satzteile. **Gedankenfiguren** besitzen die höchste Komplexität und Reichweite, denn sie erstrecken sich über mehrere Sätze hinweg, durchaus auch über den gesamten Text.

Eine Übersicht mag den Zusammenhang zwischen Änderungsgrad und Wirkungsbereich rhetorischer Stilmittel verdeutlichen:

	Klang-figuren	Wortfiguren	Satzfiguren	Gedanken-figuren
Erweiterung	Reim, Assonanz, Alliteration	Definition Wortspiel Wiederho-lung	Anapher Periphrase Einschub Hypotaxe	Pleonasmus Gleichnis
Verkürzung	Apokope	Synekdoche	Ellipse Asyndeton Parataxe	Ausruf Befehl
Ersetzung	Neologismus	Synonym Litotes Metapher Symbol	Anakoluth Rhetorische Frage	Allegorie Ironie Euphemismus
Umstellung	Schüttelreim	Anagramm Akrostichon	Parallelis-mus Chiasmus Inversion	Vorwegnahme Nachtrag

Die folgende Liste gibt einen Überblick über die häufigsten rhetorischen Mittel und ihre Wirkungsweise.

3.7 Klassische Rhetorik – ein kurzer Abriss

Die wichtigsten rhetorischen Figuren und ihre Wirkung in Texten

Begriff	Definition	Beispiel	Wirkung
Akkumulation (lat. Anhäufung)	Anhäufung von Wörtern oder Begriffen	„Hat er mir Frösch gefangen? Hat er Laich? Keinen Süßwasserpolyp? Keine Hydra? Vestillen? Cristatellen?" (Büchner, *Woyzeck*)	Steigerung der Wirkung; mitunter humorvoll durch gezielte Überfrachtung des Rezipienten
Allegorie (gr. *bildliche Redeweise*)	versinnbildlichte Darstellung	Waage (für Gerechtigkeit)	Möglichkeit, Abstraktes anschaulich zu machen; Anregung zu Reflexion
Alliteration	Gleicher Anlaut in mehreren Wörtern	„Wie tief im Waldesdunkel Winde rauschen" (F. Schlegel, *Weise des Dichters*)	Hervorhebung durch Gleichklang; Zusammengehöriges wird lautlich verknüpft
Anakoluth	grammatisch fehlerhafte Satzkonstruktion; Satzbruch	„Korf erfindet eine Mittagszeitung,/ welche, wenn man sie gelesen hat, /ist man satt." (Christian Morgenstern)	erhöhte Aufmerksamkeit durch Irritation, ggf. Komik oder Betonung eines Satzteils
Anapher	Wiederholung eines Wortes oder einer Wortgruppe zu Beginn aufeinanderfolgender Sätze oder Satzteile	„Und ich sagte, so tut doch etwas. Und sie sagten resigniert, wir können doch nichts tun. Und das ging so in dieser Republik ..." (Stefan Heym, 4.11.1989)	Eindringlichkeit, Betonung durch die augenfällige bzw. akustisch auffällige Wirkung

Begriff	Definition	Beispiel	Wirkung
Anrede	Hinwendung zum Adressaten bzw. Rezipienten in der 2. Person	„Und die Welt hebt an zu singen/ Triffst du nur das Zauberwort." (Eichendorff, *Wünschelrute*)	Direkte Einbeziehung des/der Angesprochenen: Nachdrücklichkeit; auch: Bruch in der Rezeption eines Bühnenstückes (Verfremdungseffekt)
Anspielung	Halb versteckte Andeutung auf eine Person oder einen Sachverhalt	„Und [die Nacht, Anm.] heilet den Schmerz, wie Lethes kühle Fluthen." (Günderrode, *Der Kuss im Traume*): Lethe = Unterweltfluss = Tod	Engere Verbindung zwischen Autor und (wissendem) Rezipienten; auch: Erheiterung oder Bestürzung, Auf- oder Abwertung mithilfe des Angedeuteten
Antithese	Gegenüberstellung von Gegensätzen	„Treib' andern Schmerz/Aus dieser Brust!/Voll sei dies Herz/Von deiner Lust." (Rückert, *Kehr ein bei mir*)	Kontrastierung, Auf-/Abwertung
Assonanz	Gleichklang	„Es schmerzt mich seines Lichtes eitles Prangen" (Günderrode, *Der Kuss im Traume*)	Lautliche Zusammenfügung von inhaltlich Zusammengehörendem, Eindringlichkeit
Asyndeton (griech. *unverbunden*)	Aneinanderreihung ohne Konjunktion	„Er kam, sah, siegte"	Hervorhebung, auch pathetische Erhöhung
Aufzählung (Enumeratio)	Häufung von Begriffen oder Sachverhalten	„Habe nun, ach! Philosophie, Juristerei und Medizin, Und leider auch Theologie! […]" (Goethe, *Faust I*)	Intensivierung, Verlebendigung; auch Überfrachtung

3.7 Klassische Rhetorik – ein kurzer Abriss

Begriff	Definition	Beispiel	Wirkung
Ausruf (Exclamatio)	Wort, Ellipse oder Satz mit Ausrufwirkung	„Oh! Ah!"	emotionale Intensivierung, Appell
Chiasmus	(von der Gestalt des griech. Buchstaben „Chi": χ) Überkreuzstellung von Satzgliedern	„Die Kunst ist lang und kurz ist unser Leben" (Goethe, *Faust I*)	Steigerung der Merkbarkeit, auch Verdeutlichung einer Antithese
Diminutiv	Verkleinerung eines Substantivs oder Eigennamens durch entspr. Suffixe: -chen, -lein etc.	„Sah ein Knab' ein Röslein stehn, Röslein [...]"	Verniedlichung, Beschwichtigung, Verharmlosung
Ellipse	grammatisch unvollständiger Satz durch Auslassung von Wörtern oder Satzgliedern	„Kalt, nass, still! Weg von dem Platz! – Das Messer, das Messer!" (Büchner, *Woyzeck*)	Nachdrücklichkeit durch Verknappung; Eile, Dringlichkeit, Kommando, emotionale Unkontrolliertheit
Enjambement (frz. *Überschreitung*)	Zeilensprung, das heißt, Satzende oder Sinneinheit gehen über das Versende hinaus	„Und meine Seele spannte/Weit ihre Flügel aus," (Eichendorff, *Mondnacht*)	Verstärkung der inhaltlichen Zusammengehörigkeit, Verschmelzung
Epipher	Wiederholung des gleichen Wortes am Schluss parallel gesetzter Wortgruppen oder Sätze	„Doch alle Lust will Ewigkeit; / will tiefe, tiefe Ewigkeit!" (Nietzsche, *Also sprach Zarathustra*)	siehe „Anapher" und „Wiederholung"
Euphemismus	Beschönigung eines negativen Begriffs oder Zustandes	„[...] sollen im Zuge der Endlösung die Juden [...] zum Arbeitseinsatz kommen" (Protokoll der Wannseekonferenz 1942), statt „massenhafte Ermordung"	Verschleierung eines negativen Zustandes

Begriff	Definition	Beispiel	Wirkung
Hyperbel	Übertreibung, auch ins Unglaubwürdige	„Von den Elben wird bezaubert mancher Mann, wie durch Minnezauber mir geschehn von der Besten, die ein Ritter lieb gewann." (Heinrich von Morungen)	starke Auf-/Abwertung, auch ironisch, mitunter Propaganda
Hypotaxe	Satzgefüge, Haupt- und Nebensatz	„Einige zwanzig Schritte weiter [...] lief eine [...] Kirchhofsmauer, hinter der der [...] Schindelturm mit seinem blitzenden, weil neuerdings erst wieder vergoldeten Wetterhahn aufragte." (Theodor Fontane, *Effi Briest*)	Differenzierung eines Gedankengangs, argumentative Darstellung, auch: emotionale Kontrolliertheit des Erzählers/Sprechers
Inversion (lat. Umstellung)	Umkehr der gewöhnlichen Wortstellung im Satz	„Und von schwerem Säbelstreiche/ Ward gespalten mir das Haupt." (A.v. Chamisso, *Der Invalid im Irrenhaus*)	Herausstellung eines Vorgangs oder Begriffs, auch: archaisierend, pathetisch
Ironie	Wortlaut besagt das Gegenteil des eigentlich Gemeinten	„Und dann die hohe Intuition – (mit einer Gebärde)" (Goethe, *Faust I*)	Verdeutlichung der Aussage (meist Kritik) durch Spott, Sarkasmus
Klimax (gr. *Leiter*)	Steigende Aufzählung vom Schwächeren zum Stärksten	„Wie habe ich ihn nicht gebeten, gefleht, beschworen" (Lessing, *Philotas*)	Verstärkung der Aussage durch Miterleben der Steigerung
Litotes	Verneinung des Gegenteils	„nicht schlecht", „nicht wenige unter uns"	Hervorhebung durch Untertreibung

3.7 Klassische Rhetorik – ein kurzer Abriss

Begriff	Definition	Beispiel	Wirkung
Metapher	Verwendung bekannter Wortbedeutungen im übertragenen Sinn, Bild	„Ein Platz an der Sonne"	Verlebendigung, bildhafte Unterstützung der Aussage
Neologismus	Wortneuschöpfung	Kollateralschaden, Rentnerschwemme, Nullwachstum	Verdeutlichung durch Erwartungsbruch; hier auch: Verschleierung, Beschönigung
Onomatopoesie	Lautmalerei	knarzen, krächzen, wusch!	akustische Wahrnehmung des dargestellten Vorgangs
Oxymoron	Verbindung von sich ausschließenden Begriffen	„Traurigfroh" (Hölderlin, *Heidelberg*), bittersüß	Verdeutlichung durch Erwartungsbruch, Ausdruck von Widersprüchlichkeit und Ambivalenz
Paradoxon	Scheinbarer Widerspruch, der jedoch einen tieferen Sinn freilegt	„Der Weg ist das Ziel"	Aufmerksamkeit durch Denkanstoß
Parallelismus	Wiederholung derselben Reihenfolge von Wörtern oder Satzgliedern in aufeinanderfolgenden Sätzen	„Ein guter Mord, ein echter Mord, ein schöner Mord" (Büchner, *Woyzeck*)	Verstärkung durch bessere Eingängigkeit

Begriff	Definition	Beispiel	Wirkung
Parataxe	Satzreihe, Folge von Hauptsätzen	„Das Leben der Vornehmen ist ein langer Sonntag, sie wohnen in schönen Häusern, sie tragen zierliche Kleider, sie haben feiste Gesichter und reden eine eigene Sprache; das Volk aber liegt vor ihnen wie Dünger auf dem Acker." (Georg Büchner, *Der Hessische Landbote*)	Direkte Eingängigkeit durch Einfachheit; auch: emotionale Unkontrolliertheit einer literarischen Figur; auch: Vermittlung einfacher Charakterzüge oder Charaktere
Parenthese	Einschub, Einfügung in einen Satz	„Auch die Front des Herrenhauses – eine mit Aloekübeln und ein paar Gartenstühlen besetzte Rampe – gewährte bei bewölktem Himmel [...]" (Theodor Fontane, *Effi Briest*)	Kommentar, Erläuterung, Abgrenzung, Präzisierung; auch: Ausdruck hoher sprachlicher Kunstfertigkeit, Manieriertheit
Periphrase	Umschreibung eines Begriffs	„Der Allumfasser, der Allerhalter" (Goethe, *Faust I*): für Gott	Verdeutlichung; auch: Umgehung der direkten Bezeichnung
Personifizierung	Vermenschlichung von Gegenständen, abstrakten Begriffen oder Vorgängen	„Die Jungfer Europa ist verlobt/ Mit dem schönen Geniusse/Der Freiheit, sie liegen einander im Arm,/Sie schwelgen im ersten Kusse." (Heine, *Deutschland. Ein Wintermärchen*)	Verlebendigung, bildliche Verdeutlichung

Pleonasmus
ein Begriff wird
durch eine überflüssige
Info versteckt

3.7 Klassische Rhetorik – ein kurzer Abriss

Begriff	Definition	Beispiel	Wirkung
Rhetorische Frage	Scheinfrage, die keine Antwort erwartet, sondern Zustimmung oder Ablehnung bereits impliziert	„Habe ich es euch nicht schon immer gesagt?"	durch die indirekt vorgegebene Antwort gedankliche Lenkung des Zuhörers
Symbol	Konkretes Zeichen, das auf einen höheren, abstrakten Sinnzusammenhang verweist und stellvertretend für ihn steht	Weiße Taube, Herz, Kreuz, auch: Farbsymbolik	Aussage wird konzentriert dargestellt, zusätzlich zur laufenden Texthandlung verstärkt
Synästhesie	Verschränkung unterschiedlicher Sinneswahrnehmungen	„Golden weh'n die Töne nieder" (Brentano, *Abendständchen*)	Erwartungsbruch durch unkonventionelle Formulierung
Vergleich	Verbindung der gemeinsamen Bedeutung zweier Bereiche	„Was ein Mann, wie ein Baum! [...] ein Bart wie ein Löw." (Büchner, *Woyzeck*)	Veranschaulichung durch die Weckung von Assoziation, das heißt, bekannten Bildern
Wiederholung	Wörter oder Wortgruppen werden mehrfach angewendet	„Ein guter Mord, ein echter Mord, ein schöner Mord." (Büchner, *Woyzeck*)	Eindringlichkeit, emotionalisierend

Rhetorik heute

Sicherlich hat die klassische Rhetorik weder in der Formgebung öffentlicher Reden noch im Universitätswesen denselben Stellenwert wie früher. Reden kommen heutzutage in **abgewandeltem Aufbau** daher und Redner in Politik oder Recht sind nur noch selten in der klassischen Lehre ausgebildet.

Andererseits jedoch ist zu beobachten, dass sich **Versatzstücke** rhetorischer Prinzipien gegenwärtig in ganz anderen gesellschaftlichen Bereichen wiederfinden. Die **Wiederentdeckung** der verbalen Überzeugungskraft fand in besonderem Maße in der Wirtschafts- und Marketingwelt statt. Die betreffenden Berufsgruppen werden in Gewinnmaximierung, Ökonomisierung, Mitarbeitermotivierung und Kundenorientierung geschult. Das Ziel dieser modernen Rhetorikseminare ist es, das Auftreten zu verbessern. Dabei tritt neben die Körpersprache und die optische Erscheinung auch die Rhetorik.

Aus dieser Richtung ist der Bereich des mündlichen Vortrags auch in die Schulen wieder hereingeströmt, die beim Präsentationstraining zum Teil auf die Postulate der klassischen Rhetorik zurückgreifen. Nicht von ungefähr wurde von der „Hertie"-Stiftung der bundesweite Schulwettbewerb **„Jugend debattiert"** ins Leben gerufen, in dem ebenfalls die Kunst des wirkungsvollen rednerischen Auftritts zuerst im Unterricht geschult und dann in Form des Wettbewerbs sowie auch von Leistungsnachweisen abgerufen wird.

Nicht zuletzt begegnen uns rhetorische Stilmittel in der **Werbung**. Dort treten sie in Form von Slogans auf, die sich uns meist deutlich einprägen, z. B.:

→ „Quadratisch, praktisch, gut" (Ritter Sport Schokolade): Asyndeton, Klimax
→ „Milch macht müde Männer munter" (CEMA): Alliteration
→ „Nichts ist unmöglich" (Toyota): Litotes, Hyperbel
→ „Wir machen den Weg frei." (Volksbanken Raiffeisenbanken): Hyperbel

Für die Vorbereitung auf das Abitur gilt: Auch wenn theoretische Inhalte der klassischen Rhetorik an sich nicht Gegenstand der Prüfung sind, helfen rhetorische Kenntnisse ganz eminent bei der Analyse von Sachtexten (insbesondere Reden), bei der Interpretation poetischer Texte, beim Verfassen eigener argumentierender Aufsätze (Erörterung, Statement etc.) sowie bei der Erarbeitung des Vortrags für die mündliche Prüfung.

3.7 Klassische Rhetorik – ein kurzer Abriss

Rhetorische Stilmittel

Checkliste

Nicht alle rhetorischen Gestaltungsmittel in einem literarischen oder Sachtext sind gleichermaßen gewichtig. Für eine aussagekräftige Interpretation ist es daher notwendig, nur die jeweils bedeutsamsten einzubeziehen. Das sind immer Symbole und Metaphern, häufig Wortgruppen bzw. Wortfelder und manchmal (z. B. bei Gedichten) klangliche Auffälligkeiten, wie z. B. Assonanzen.

Brüche mit gängigen Ausdrucksweisen bzw. Abweichungen davon werden stets verwendet, um Wirkungen hervorzuheben. Solche idealerweise „ins Auge stechenden" Abweichungen sind z. B.: Inversion, Chiasmus, Parallelismus, Ellipse, Asyndeton.

Zur Einteilung der Wirkungsweise von sprachlichen Gestaltungsmitteln eignet sich folgende Übersicht:

Klangfiguren	Reim, Assonanz, Alliteration, Anapher
Wortfiguren	Wortspiel, Wiederholung, Metapher, Symbol, Neologismus
Satzfiguren	Anapher, Hypotaxe, Parataxe, Ellipse, Parallelismus, Chiasmus, Inversion
Gedankenfiguren	Vergleich, Gleichnis, Allegorie, Ironie, Euphemismus, Ab-/Aufwertung

4 Erörtern – Argumentieren

„Beim Erörtern kann man doch schreiben, was man will; wenn der Lehrer eine andere Meinung hat, ist die Prüfung schon gelaufen." So denken viele Schüler. Tatsächlich kann man jedoch mit einer schlüssigen Argumentation auch einen kritischen Korrektor überzeugen Mithilfe einer logischen, allgemeingültigen, sachlichen und am Beispiel veranschaulichten Darstellung kann man Argumente nahezu unangreif bar machen.

4.1 Grundprinzipien der Erörterung

Das Erörtern ist in seinen unterschiedlichen Ausprägungen des Argumentierens in vielen Bundesländern eine zentrale Aufsatzform der Oberstufe. In den Richtlinien und Lehrplänen für das Fach Deutsch in der Sekundarstufe II in Nordrhein-Westfalen heißt es dazu jedoch beispielsweise ausdrücklich: „Alle Aufgabenarten bedingen eine text- bzw. materialgestützte Aufgabenstellung. Sogenannte Zitat-Themen, freie literarische Themen oder freie Erörterungen sind daher nicht zulässig." Für Nordrhein-Westfalen bedeutet das also, dass nur die Erörterung im Anschluss an Texte (→ Seite 209 ff., 211 ff.) im schriftlichen Abitur vorkommen kann.

Aufgrund der zunehmenden Bedeutung des Kompetenzbegriffs im Zusammenhang mit dem Verfassen von Aufsätzen haben die klassischen Aufsatzarten wie z. B. die „Erörterung" ihren ursprünglichen Stellenwert verloren. Vielmehr geht es darum, dass die Schüler bzw. Prüflinge die Fähigkeit zur Lösung einer Aufgabenstellung besitzen, auch wenn sie deren Schema im Detail zuvor nicht eingeübt haben. Mithilfe ihrer Schreibkompetenzen, nämlich des „Analysierens", „Interpretierens" und „Argumentierens" sollen sie die jeweilige Aufgabenstellung bewältigen können.

Von den sehr starren Anforderungen der „Erörterung" bzw. der „dialektischen Erörterung", wie sie früher in den Aufgabenstellungen des Abiturs vorkamen, lösen sich Schreibaufträge wie „Beurteilen Sie ...", „Nehmen Sie Stellung zu ..." oder „Diskutieren Sie ..." in gewissem Maß ab. Meist geht es dabei zwar nach wie vor um antithetische Argumentationsverfahren, die also Für- und Gegenaspekte gegeneinanderstellen, doch müssen diese nicht unbedingt nach einem dialektischen Bauprinzip gestaltet sein. Allerdings ist für eine überzeugende Darstellung eine in sich schlüssige, folgerichtige sowie anschauliche Argumentation Voraussetzung. Insofern ist es notwendig, das klassische Erörtern zu kennen und zu beherrschen. Dabei hilft das aufmerksame Lesen dieses Kapitels.

> **Abi-Tipp: Operatoren**
>
> Die Erörterung (Problemerörterung, Erörterung im Anschluss an einen Sachtext, literarische Erörterung) erkennen Sie an diesen Operatoren: „Erörtern Sie ...", „Diskutieren Sie ...", „Beurteilen Sie ...", „Überprüfen Sie ...", „Weisen Sie nach, dass ...".
>
> Daneben gibt es jedoch auch kürzere Formen des Argumentierens, die nicht dem festgelegten Erörterungsschema folgen, wie z. B. die Stellungnahme, das Statement, den Kommentar oder die Glosse. Diese erkennt man an Aufgabenformulierungen, die mehr auf Knappheit ausgelegt sind: „Nehmen Sie (kritisch) Stellung zu ...", „Kommentieren Sie ...", „Bewerten Sie ...", „Geben Sie ein Statement ab zu ...".

Grundbegriffe der Argumentationslehre

Beim Erörtern handelt es sich um eine intensive, methodisch aufgebaute und logisch strukturierte Auseinandersetzung mit einem Problem bzw. einem Sachverhalt, die in eine Stellungnahme des Schreibenden mündet. Folgende Kategorien sind notwendig für die Abfassung einer Erörterung und sollen die Sinnhaftigkeit der Ausführungen sichern.

→ **Thema:** Allgemeine Festlegung eines Rahmens, der in der Aufgabenstellung genannt werden oder als Problembegriff erscheinen kann.

4 Erörtern – Argumentieren

→ **Problem:** Genaue Fragestellung, die je nach Formulierung mehrere Antworten erfordert.

→ **These:** Behauptung, Forderung oder Urteil eines Textes, die bis zu ihrer Widerlegung Richtigkeit beanspruchen.

→ **Gegenthese:** Gegensätzliche Behauptungen, Forderungen und Urteile, die die These widerlegen.

→ **Argument:** Begründete Aussage, die eine These stützt, indem sie den Sachverhalt genauer darstellt. Dazu zählen Aussagen von Fachleuten und Autoritäten, die Nutzung und Problematisierung von Fakten, Zahlen und Statistiken, die analoge und die logische Ableitung von Aussagen.

→ **Gegenargument:** Begründete Aussage, die eine Gegenthese stützt, die inhaltliche Gestaltung entspricht der des Arguments.

→ **Beleg/Zitat:** Umgangssprachlich auch Beispiel genannt; Hinweis auf Einzelfälle aus dem Erfahrungsschatz des Schreibenden, die sich unter eine allgemeine Aussage unterordnen lassen und diese unterstützen, illustrieren oder plausibel machen. Bei der literarischen Erörterung dienen Zitate aus dem Text als Belege (→ Seite 209 ff.).

→ **Schlussfolgerung:** Ergebnis des Gedankenganges, das am Ende eines Argumentes und am Ende der gesamten Ausführungen stehen kann.

Diese Begrifflichkeiten bilden das „Werkzeug" für eine fundierte Darstellung der Überlegungen. Nach der Erfassung des Problemgehaltes der Aufgabenstellung soll der Schreibende eine These zur aufgeworfenen Fragestellung entwickeln.

Dabei wird er in der Regel auch die Gegenthese berücksichtigen, die konträre Antworten ermöglicht. Um These bzw. Gegenthese zu erläutern, werden Argumente bzw. Gegenargumente als Beweis- und Rechtfertigungsgründe herangezogen. Diese wiederum werden durch Belege, d.h. gesicherte Vorstellungen, anerkannte Tatsachen, akzeptable Erfahrungen oder Textstellen verifiziert. Der Gedankengang mündet in eine sich stringent entwickelnde Schlussfolgerung.

Problemgehalt – These – Argument – Beispiel – Schlussfolgerung

4.1 Grundprinzipien der Erörterung 199

Stoffsammlung

Um den Problemgehalt inhaltlich zu durchdringen, sollte eine ausführliche Stoffsammlung erstellt werden. Dazu soll das gesamte zur Verfügung stehende eigene Wissen aktiviert werden: Was habe ich im Unterricht dazu gehört? Ist dieses Thema gerade in den Medien relevant? Welche eigenen Erfahrungen kann ich einbringen?

Je nach individuellen Vorlieben kann die Stoffsammlung folgende Formen haben, die nicht an bestimmte Erörterungsformen geknüpft sind:

→ **Brainstorming:** Alle Informationen, die einem spontan einfallen, werden ungeordnet niedergeschrieben. Dieses Verfahren ermöglicht zwar einen Einstieg in die Thematik, kostet aber auch einige Zeit, weil alle Informationen noch einmal geordnet werden müssen.

→ **W-Fragen:** Eine Hilfe für jede Stoffsammlung sind diese Fragen: Welche Ursachen ...? Welche Folgen ...? Welcher Schaden ...? Welcher Problembereich ...?

→ **Clustering:** Den Schlüsselbegriffen des Themas werden verwandte Begriffe, Meinungen und Beispiele zugeordnet. Dadurch entsteht eine strukturierte Skizze.

→ **Mind-map:** Strukturierungsmöglichkeit, in der Suchen, Finden und Ordnen eng miteinander verzahnt sind und sich gegenseitig befruchten: Mithilfe von Oberbegriffen werden Informationen gesammelt, geordnet und visualisiert. Nehmen Sie das Blatt hierfür quer, damit Sie genügend Platz zur Verfügung haben.

Gliederungsmodelle – linear, antithetisch und dialektisch

Für eine überzeugende Darstellung werden die gesammelten Argumente und Gegenargumente aneinandergereiht bzw. gegenübergestellt. Dabei sollte man darauf achten, die Argumente nach der Stärke ihrer Überzeugungskraft anzuordnen; demzufolge werden diejenigen Aussagen zuletzt genannt, die die Gültigkeit der These entscheidend untermauern. Die Ausführungen werden in einer strukturierenden und klassifizierenden Gliederung niedergelegt. Diese kann einerseits **linear** gestaltet sein, das heißt, es werden lediglich Aspekte abgehandelt, die für *eine* Position sprechen. (Operatoren, die eine lineare Argumentation fordern, lauten z.B. „Weisen Sie nach, dass ..." oder „Zeigen Sie, dass ...".)

4

In diesem Fall wird auch von einem steigernden Aufbau gesprochen, weil die Argumente vom schwächsten zum stärksten aufsteigend angeordnet werden. Beim **antithetischen** Verfahren werden Argumente und Gegenargumente abgehandelt. Dabei werden in der Regel diejenigen Argumente zuerst genannt, denen der Schreibende kritisch gegenübersteht. Anschließend folgen die Aussagen, die er unterstützt, wobei das stärkste Argument am Schluss anzuordnen ist.

Aus der antithetischen Anordnung ergibt sich folgende Form der Gliederung:

A. Einleitung
B. Hauptteil
   I. These (Behauptung)
      1. Argument (stärkstes)
      2. Argument (schwächstes) } abgelehnte Position
   II. Antithese (Gegenbehauptung)
      1. Argument (schwächstes)
      2. Argument
      3. Argument (stärkstes) } vertretene Position
   III. Synthese
   abschließende Gegenüberstellung, Zwar-Aber-Abwägung und Begründung, weshalb die letztere Position die zu vertretende ist
C. Schluss

Diese Form kann auch **dialektisch** angelegt sein, das heißt, die jeweiligen Pro- und Kontra-Argumente werden dialogisch aufeinander bezogen. Auch hier wird nach der Stärke der Aussagen verfahren.

4.1 Grundprinzipien der Erörterung

Dialektische Gliederung

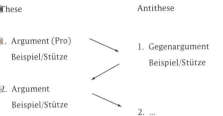

These   Antithese

1. Argument (Pro)   1. Gegenargument
   Beispiel/Stütze   Beispiel/Stütze

2. Argument
   Beispiel/Stütze
                          2. ...

Die Gliederung der dialektischen Erörterung gestaltet sich entsprechend so:
A. Einleitung
B. Hauptteil
   I. (1. inhaltlicher Aspekt)
      1. Argument 1
      2. Gegenargument 1
   II. (2. inhaltlicher Aspekt)
      1. Argument 2
      2. Gegenargument 2
   III. (3. ...)
   IV. Synthese
C. Schluss

> **antithetisches Argumentieren** — Merke
>
> Außer bei explizit linear angelegten Aufgabenstellungen (z. B.: „Weisen Sie nach, dass ...") ist es immer dringend ratsam, Ihre Argumentation antithetisch aufzubauen. Das bedeutet, dass neben die von Ihnen vertretene Position nach dem **„Zwar-aber-Prinzip"** auch die jeweilige Gegenmeinung dargestellt wird. Dies schmälert nicht etwa den Wert Ihrer Darstellung, sondern es erhöht deren Aussagekraft, denn so sind Sie in der Lage, mögliche Gegenpositionen gleich selbst zu entkräften.

> **Abi-Tipp: Formulierungshilfen**
>
> Die einzelnen Gliederungspunkte lassen sich zum Beispiel mithilfe folgender Satzbausteine verknüpfen:
>
> → einerseits – andererseits / zwar – aber
> → Aus dem Gesagten folgt … / Daraus ergibt sich, dass …
> → Außerdem muss bedacht werden …
> → Dagegen lässt sich einwenden …
> → demzufolge / obwohl / im Gegensatz dazu

Überzeugungskraft der Darstellung

Damit das einzelne Argument (und damit die Gesamtdarstellung) schlüssig und überzeugend ist, müssen bestimmte Kriterien erfüllt sein. Zum einen muss eine innere **Logik** eingehalten werden, die ein gründliches, eigenständiges Durchdenken des Sachverhaltes erfordert. Weiterhin muss der Gedankengang **Allgemeingültigkeit** besitzen, d. h. auf möglichst breite Bereiche anwendbar und für große Teile der Gesellschaft relevant sein (z. B. Jugendliche/Schüler, Arbeitnehmer, Raucher, Menschen mit Migrationshintergrund, Handynutzer etc.).

Wichtig ist auch, dass die theoretische Ausführung durch konkrete **Beispiele** für die Leser **anschaulich** gemacht wird, damit es diesen leichter fällt, den behandelten Sachverhalt auch auf sich zu beziehen.

Vor allem aber ist die **Sachlichkeit** der Darstellung zwingende Voraussetzung. Das bedeutet, dass sich in die sprachliche Darstellung und auch in die eigenen Gedankengänge keine Anzeichen von emotionaler Befangenheit und fehlender Distanz zum Thema einschleichen dürfen, sonst wird der Text unglaubwürdig. Folgende sprachliche Mittel gewährleisten einen sachlichen Stil:

→ **Fachbegriffe:** präzises und der Themenstellung angepasstes Vokabular
→ **Bewertungen:** sollten in einer Argumentation als solche gekennzeichnet werden

4.1 Grundprinzipien der Erörterung **203**

→ **logische Beziehungen:** werden mithilfe von Konjunktionen oder
   Adverbien dargestellt

Insbesondere kausale (begründende), finale (folgernde), konditionale
(sich bedingende) und adversative (widersprechende) Beziehungen können mithilfe von Konjunktionen und Adverbien gekennzeichnet werden;
zudem unterstützen einige Verben die logische Struktur:

→ **Konjunktionen:** wenn, falls (konditional), weil, da, insofern (kausal), damit, sodass (final), aber, sondern, doch (adversativ)
→ **Adverbien:** also, so (final), deshalb, darum (kausal), außerdem, auch
   (reihend), ebenso (vergleichend)
→ **Verben:** zeigen, beweisen, hinweisen auf, nahelegen, dafür sprechen,
   bestätigen, dokumentieren, belegen, veranschaulichen, zum Ausdruck bringen, widerlegen, widersprechen, zurückweisen, widerset-
   zen, negieren, ad absurdum führen, falsifizieren

Regelmäßige **Rückbindungen** an das zu erörternde Thema sind dringend
notwendig, um nach einem detailliert ausgearbeiteten Argument dem
Rezipienten – und sich selbst! – die Möglichkeit zu geben, den roten
Faden im Blick zu behalten. Diese Rückbindungen müssen nicht sehr
umfangreich sein, manchmal genügt auch nur ein Halbsatz, in dem ein
auf das Thema bezogenes Signalwort vorkommt, z. B. *„..., insofern lässt
sich beim Versenden von E-Mails mit intimem Gehalt durchaus von sexuel-
ler Gewalt gegen den Empfänger reden"*. Sofort sind die Problemfrage und
die vom Verfasser vertretene Position wieder im Blick.

Ein im Gedankengang vollständiges Argument ist daher folgendermaßen
aufgebaut:

Argument   Merke

1. Behauptung
2. Erläuterung (der Behauptung)
3. Veranschaulichung (durch konkrete Angaben, Beispiele)
4. Schlussfolgerung (im Sinne der vertretenen Position)
5. Rückbindung (an die Themafrage)

4

Fehlerhafte Argumentation

Sobald die oben genannten Kriterien nicht eingehalten werden, gerät die Seriosität der eigenen Ausführungen in Gefahr. Folgende, häufig vorkommende Fehler sollten daher vermieden werden:

→ **Widersprüchlichkeit:** Besonders bei der dialektischen Erörterung stehen das Für und Wider eines Aspekts sehr eng beieinander, sodass es vorkommen kann, dass diese sich gegenseitig ausschließen, wenn sie zu absolut formuliert werden. Damit wäre der ganze Gedankengang hinfällig. Insofern ist eine stark differenzierende sprachliche Formulierung notwendig, um den zwei Seiten eines Arguments nebeneinander ihre Gültigkeit zu belassen.

→ **Unpassende Analogien:** Es würde eine unangemessene Übertreibung bedeuten, einen kritisierten gesellschaftlichen oder politischen Umstand (z. B. die Vorratsdatenspeicherung) etwa mit Überwachungsmethoden eines Terrorregimes zu vergleichen. Hierbei wird verkannt, dass das eine der (vielleicht kritikwürdige) Versuch einer demokratisch gewählten Regierung ist, Bürger und Staat vor Terror zu schützen, wohingegen im anderen Fall totalitäre Staatssysteme zum Selbstzweck des Machterhalts ihre Bürger unterdrücken. Darüber hinaus würden durch solch einen Analogieschluss die Opfer von wirklichen Unrechtsstaaten herabgewürdigt.

Auch andere Vergleiche verbieten sich aus ähnlichen Gründen, etwa biologistische Parallelsetzungen: Verhaltensweisen des Tierreichs auf menschliche, zivilisierte Gesellschaften zu übertragen, verkennt die ganz anders gearteten Intelligenzleistungen des Menschen.

Mit solch unpassenden Vergleichen, mit denen man eigentlich die Stärke seiner Kritik ausdrücken möchte, erreicht man letztlich nur das Gegenteil: Es scheint, als habe man den Sachverhalt nicht durchdacht und damit keine wirklich überzeugenden Argumente parat.

→ **Pauschalisierungen:** Ähnlich wie im obigen Fall wird eine Aussage nicht differenziert, sondern es wird Unterschiedliches gleichgesetzt, weil der Schreiber sich nicht von seinen (positiv oder negativ gearteten) Vorurteilen freimachen konnte, z. B. „die Rentner kosten das Sozialsystem", „die Beschaffungskriminalität der Drogenabhängigen", „das Doping der Olympiateilnehmer", „die gebildeteren Gymnasiasten", „die Selbstlosigkeit der Spender".

4.1 Grundprinzipien der Erörterung 205

Mit solchen Formulierungen wird außer Acht gelassen, dass es in jeder der genannten Gruppen immer auch die anderen gibt, d.h. Menschen mit anders gelagerten persönlichen Umständen oder Motiven, die sich folglich anders verhalten. Es bedarf also nur eines kleinen sprachlichen Schalters, der umgelegt werden muss, damit die Aussage an Differenziertheit und damit Seriosität gewinnt (z.B.: „die Selbstlosigkeit vieler/der meisten/einiger Spender").

→ **fehlende Anschaulichkeit:** Ob eine Aussage möglicherweise nur theoretisch-thesenhaft, aber nicht in der Realität anwendbar ist, merkt man, wenn man nach einem passenden Beispiel sucht. Findet man keines, sollte man eher auf dieses Argument verzichten, denn es wird letztlich auch die Leser nicht überzeugen.

Besonders in Themenbereichen, die nicht allgemein geläufig sind, ist diese Konkretheit nötig. Wenn man etwa in seiner Freizeit Leistungssport betreibt und in diesem Zusammenhang mit der Thematik leistungssteigernder Substanzen in Berührung gekommen ist, sollte man aus seinen eigenen Erfahrungen Beispiele beisteuern, damit auch die Leser einen differenzierteren Zugang zu dieser auch psychologisch diffizilen Problematik erhalten.

→ **mangelnde Sachkenntnis:** Eng einher mit dem letztgenannten Aspekt geht die Notwendigkeit, im Erörterungsthema auch fundiertere Kenntnisse zu besitzen. Allzu oft weichen Schüler auf die Sacherörterungsthemen aus, weil sie glauben, zu wenig literarisches Wissen oder Textverständnis für die Bewältigung der anderen Aufgaben zu haben. Häufig verkennen sie dabei, dass man auch zur Bearbeitung eines Sachthemas umfangreiche Kenntnisse benötigt. Literatur und Literaturgeschichte wurden lange im Unterricht behandelt, einzelne Sachthemen eher nicht. Daher Vorsicht: Finger weg von Erörterungsthemen, in denen man sich eigentlich kaum auskennt! Dies kann nämlich nur zu einer Anhäufung von Allgemeinplätzen führen. Ein Schüler, der ehrenamtlich Sach- und Geldspenden in seiner Gemeinde für soziale Zwecke sammelt, weiß sicherlich Genaueres über die (vielleicht nicht immer) positiven Motive der Spender zu berichten. So fällt dessen Darstellung zutreffender und damit letztlich überzeugender aus als bei jemandem, der sich vorurteilsbehaftet

4

über die Charity-Veranstaltungen der Promiwelt auslässt, die er nu
aus dem Fernsehen kennt.

→ **fehlende Allgemeingültigkeit:** Die eingebrachten Argumente müs
sen darüber hinaus von einer möglichst breiten Adressatengruppe
nachvollzogen werden können. Ein aktuelles mögliches Erörte
rungsthema könnte sich beispielsweise auf den Mobilitätsaspekt be
Jugendlichen beziehen: Hier etwa fühlen sich nur wenige Adressaten
von Fragen des Neuwagenkaufs betroffen, während etwa die Kosten
des Pendelns für in der Ausbildung befindliche Jugendliche ein deut
lich virulenteres gesellschaftliches Thema darstellen.

Arbeitsschritte bei der Bearbeitung einer Erörterungsaufgabe

Erfassen der Aufgabenstellung und der Themafrage

Bestimmte Signalwörter in der Aufgabenstellung zeigen an, ob es sich
um einen antithetischen oder einen linearen Ansatz handelt. Meist sind
gesellschaftliche Themen jedoch nur kontrovers zu betrachten, sodass
nahezu immer eine Pro-Contra-Struktur vorgegeben ist.

BEISPIEL:

a) „Ich glaube, wir sind die informierteste und gleichzeitig ahnungsloseste
Gesellschaft, die es je gegeben hat."
Setzen Sie sich mit dieser Einschätzung des Schriftstellers Peter Turrini
kritisch auseinander.

b) Erfolg, Flexibilität und Jugendlichkeit stehen in der Wertehierarchie
unserer Gesellschaft ganz oben.
Erörtern Sie Chancen und Probleme, die eine Orientierung an diesen Idea-
len mit sich bringt.

In den beiden obigen Beispielen stellen sich folgende Hauptfragen:

a) Sind wir eher eine in besonders hohem Maße informierte Gesellschaft oder eine ziemlich ahnungslose?
Was ist mit *informiert* gemeint? Was versteht Turrini unter *ahnungs-
los*? Inwiefern besteht ein Spannungsfeld zwischen der Informations-
flut des Medienzeitalters und der gleichzeitigen Unwissenheit der
Menschen?

Da die Begriffe *Chancen* und *Probleme* als Signalwörter für positive und negative Aspekte eines Sachverhalts fungieren, lautet die Erörterungsfrage übersetzt: Welche Vor- und Nachteile bringt eine gesellschaftliche Orientierung an den Werten Erfolg, Flexibilität und Jugendlichkeit?

Zu hinterfragen sind hierbei die genannten Begriffe: Welche Formen von *Erfolg* könnten relevant sein? Welche Bereiche der *Flexibilität* sind gemeint? Welche diskussionswürdigen Auswirkungen kann eine große gesellschaftliche Wertschätzung von *Jugendlichkeit* haben?

Anlegen einer Stoffsammlung

Entsprechend den in der Themafrage vorgegebenen Positionen Pro und Contra werden nun These und Antithese formuliert, um anschließend nach Stichpunkten zu suchen, die diesen beiden Seiten zugeordnet werden.

1. Vorteile der Orientierung an Erfolg, Flexibilität und Jugendlichkeit: ...
2. Nachteile ...

Es versteht sich von selbst, dass nach einem Brainstorming, das ja ungeordnete und noch undurchdachte Stichpunkte zutage bringt, ein Sortieren stattfinden muss. Auch muss überprüft werden, ob die möglichen späteren Argumente wirklich zum Thema passen.

Ausformulieren der Gliederung und des Aufsatzes

Wichtigster Gedankenschritt hier ist die eigene Positionierung in der vorgegebenen Fragestellung: Welche Ansicht vertrete ich selbst? Für welche Meinung habe ich die besseren Argumente? Diese wird dann später die **Antithese** in meiner Gliederung und in meinem Aufsatz sein. Besondere Aufmerksamkeit sollte jedoch auch der **These** gelten: Es wirkt als Zeichen besonderer Souveränität, wenn man den Argumenten der Gegenseite ihre Berechtigung einräumt und sie gelten lässt. Entsprechend darf auch die These im Erörterungsaufsatz nicht abwertend, nachlässig oder tendenziös formuliert sein. Wie ein Gemälde vor seinem Hintergrund durch einen gewissen Kontrast besser zu Geltung kommt, ist auch meine Position überzeugender, wenn ich die Gegenmeinung klar zu Wort kommen lasse.

Parallel dazu entwickelt sich nun die **Gliederung**; wichtig hierbei: Die Argumente nach deren Überzeugungskraft **fallend bzw. steigend** anordnen und in dieser Reihenfolge auch ausformulieren.

Keinesfalls darf als Abschluss auf eine zusammenfassende und abwägende eigene Positionierung (ggf. Synthese) verzichtet werden! Hierbei geht es nicht darum, einfach nur die wichtigsten Argumente noch einmal zu wiederholen, sondern darum, zu begründen, warum man selbst die Position befürwortet, die man in der Antithese dargelegt hat.

Die eingangs vorgenommene Hinterfragung der vorgegebenen Begriffe Erfolg, Flexibilität und Jugendlichkeit könnte beispielsweise als **Einleitungsgedanke** übernommen werden. So ist man schnell beim Thema und kann mit den aufgeworfenen Fragen auch leicht die Leser für seine Ausführungen interessieren.

Entsprechend könnte der **Schluss** eine Kompromissidee formulieren, eine Zukunftsvision zeichnen oder persönlich-subjektiv den eigenen Umgang mit dem betreffenden Thema schildern.

> **Merke**   **Erörtern und Argumentieren**
>
> Mit *Erörtern* bezeichnet man eine eher komplexe Form des Argumentierens, die vollständig ausgearbeitete Argumente, meist eine antithetische Struktur sowie eine ausführliche Schlussfolgerung beinhaltet.
> *Argumentieren* stellt zugleich den Oberbegriff für viele weitere Darstellungsleistungen dar, wie sie im Abitur verlangt werden können, z. B. Beurteilen, Bewerten, Stellung nehmen, Diskutieren etc. Diese kommen, im Anschluss an Texte, im Abitur wesentlich häufiger vor als das Erörtern und sind im Erwartungshorizont weniger umfangreich angelegt, da ihnen ja meist eine Analyseaufgabe vorangeht. Das bedeutet, dass sich der Verfasser des Aufsatzes argumentativ etwas freier bewegen kann, weniger Aspekte liefern und diese auch nicht umfassend ausbauen muss. Nichtsdestotrotz muss hier ebenfalls eine den Rezipienten überzeugende Abhandlung erscheinen.

4.2 Erörtern im Anschluss an literarische Texte

Beim literarischen Erörtern behandelt man Sachverhalte und Probleme, welche

→ die Literatur
→ den Literaturbetrieb
→ die Funktion literarischer Erzeugnisse
→ die Literaturtheorie
→ die Sprachbetrachtung

betreffen können.

Ziel des literarischen Erörterns ist es, mithilfe eines objektivierenden, an logischen Denk- und Darlegungsstrukturen sich orientierenden Verfahrens, Zusammenhänge zwischen literarischen Werken, zwischen Autor und Epoche sowie zwischen künstlerischen Phänomenen offenzulegen.

Da dieser Aufsatztyp dem argumentativen Schreiben zugerechnet wird, gelten bezüglich seiner stringenten logischen Darstellung die gleichen Anforderungen wie für die Erörterung im Anschluss an Sachtexte. Als Beweismittel eines Gedankenganges werden Textstellen, literarisches Wissen, Aussagen der Sekundärliteratur sowie das Textverständnis des Verfassers herangezogen. Gerade letzteres verdient eine besondere Beachtung, da mithilfe persönlicher Erfahrungen und Eindrücke argumentiert werden darf, die sich aus der Lese-Erfahrung und den damit verbundenen Einsichten und Deutungsversuchen speisen.

In einigen Bundesländern gibt es **freie** und **textgebundene** literarische Erörterungen. Die literarische Erörterung ohne Textbindung setzt bei den Bearbeitern umfassende Sachkenntnisse aus dem Bereich Literatur voraus, da in der Regel die zum Beleg von Aussagen benötigten Textpassagen selbst gewählt werden müssen. Dies kann zum einen, falls eine gesicherte Textkenntnis vorliegt, in Form von Zitaten geschehen; zum anderen sind Umschreibungen, insbesondere zur Inhaltszusammenfassung, vonnöten; überdies kann zur Darstellung von bestimmten Phänomenen die indirekte Rede verwendet werden.

Die textgebundene Erörterung befasst sich ausgehend von bestimmten Texten bzw. Textausschnitten mit spezifischen Problemen und Sachver-

halten im Umkreis dieser Werke. Die literarische Erörterung erschein
zumeist als Teilaufgabe eines umfassenden Auftrages im Rahmen vo
erschließenden, analysierenden und interpretierenden Formen.

BEISPIEL: **Literarische Erörterung**

a) Untersuchen und vergleichen Sie die Darstellung des Motivs der Eifersuch
   in zwei literarischen Werken aus unterschiedlichen Epochen. Beziehen Si
   dabei den jeweiligen zeit- und literaturgeschichtlichen Hintergrund mit ein
b) Stellen Sie anhand zweier literarischer Werke unterschiedlicher Epoche
   vergleichend dar, wie eine Tabuverletzung jeweils geahndet wird.

Anders als in den bisherigen Beispielen für antithetische Erörterungs
aufträge ist hier kennzeichnend, dass es **nicht per se** um die **Gegenüber
stellung zweier gegensätzlicher Standpunkte** geht. Vielmehr stehe
literarische Motive (hier: Eifersucht, Tabuverletzung) im Mittelpunkt
deren Umsetzung in literarischen Werken aus unterschiedlichen Zeite
und damit mit unterschiedlicher ästhetischer Programmatik vergliche
werden soll. Dabei können **sowohl Unterschiede als auch Parallele**
aufgezeigt werden.

Die besondere Leistung des Aufsatzes besteht nun darin, basierend au
fundierter Literaturkenntnis **eigene Vergleichskriterien zu entwickel**
und an ihnen den Aufsatz entlangzuführen. Diese Vergleichskriterie
bilden die einzelnen Punkte der Gliederung.

Die Ahndung von Tabuverletzungen in der Literatur (Aufgabenbeispie
b) könnte man beispielsweise unter folgenden Aspekten betrachten
„Sanktion durch das Umfeld/die Gesellschaft", „Sanktion durch di
Obrigkeit", „ausbleibende Ahndung", „Anerkennung statt Ahndung"
etc. In jedem Fall ist es wichtig die dicht gedrängt formulierten Einzel
anweisungen zu berücksichtigen. „Untersuchen und vergleichen" bzw
„vergleichend darstellen" bedeutet, in beiden herangezogenen Werke
das jeweilige Motiv **hinreichend darzustellen** und auf **Gemeinsam
keiten bzw. Unterschiede zu überprüfen**. Ein echter **Vergleich** darf sich
also **nicht** in der **bloß nebeneinander erfolgten Darstellung** der beide
Vergleichsbereiche erschöpfen!

Auch die Einbeziehung unterschiedlicher epochentypischer Hinter
gründe muss eingehend berücksichtigt werden, da sie einen zentrale
Teil der Aufgabenstellung bildet.

4.3 Erörtern und Argumentieren im Anschluss an Sachtexte

Regelmäßig werden im Abitur Themen vorgegeben, die eine Erörterung im Anschluss an Texte verlangen. Diese stammen zumeist aus den Bereichen

→ des literarischen Lebens
→ der Reflexion über Sprache
→ der audiovisuellen Medien
→ der Philosophie und Ethik.

Die verwendeten Textsorten reichen über → Sachtexte und Sekundärliteratur, politische Reden bis zu Essays und gedanklicher Prosa. Auch nicht-lineare Texte, z.B. Grafiken, Karikaturen, Diagramme oder Schaubilder können als Grundlage zur Gewinnung von Argumenten vorgegeben sein. Hier ist es notwendig, sowohl den Text inhaltlich und formal zu durchdringen (→ Seite 172 ff.) als auch einen eigenen Standpunkt, der argumentativ begründet werden muss, zur Problemfrage zu entwickeln.

Das Verhältnis zwischen untersuchendem und erörterndem Teil kann dabei, je nach Aufgabenstellung, unterschiedlich akzentuiert sein: Zum einen ist eine zusammenfassende Wiedergabe der wesentlichen Aussagen verlangt, an die die Erörterung anzuschließen hat; zum anderen kann die Herausarbeitung wesentlicher Aussagen des Textes zum Ausgangspunkt für weiterführendes Erörtern dienen, sodass die Gedanken des Textes durch die des Schreibenden ergänzt werden. Schließlich kann neben der inhaltlichen Gestaltung auch die argumentative Struktur in das Erörterungsgefüge integriert werden.

BEISPIEL: Erörterung im Anschluss an Sachtexte

a) *Textgrundlage: Uwe Timm, Der Gedankenstrich* (2002)
Erarbeiten Sie die Argumentationsstruktur des folgenden Textes und klären Sie, welche Leistungen der Autor dem Gedankenstrich zuschreibt. Berücksichtigen Sie dabei auch auffällige sprachlich-stilistische Merkmale.
Erörtern Sie, auch unter Einbeziehung Ihrer Ergebnisse, inwiefern Schriftsprache der Regelhaftigkeit bedarf. Berücksichtigen Sie dabei insbesondere kommunikative Erfordernisse von Sprache und Möglichkeiten poetischen Sprachgebrauchs.

4 Erörtern – Argumentieren

b) *Textgrundlage: Jeremy Adler,*
Die Kunst, Mitleid mit den Mördern zu erzwingen (2002)
Erschließen Sie unter Berücksichtigung der sprachlichen Gestaltung die
wesentlichen Kritikpunkte der vorliegenden Rezension *Die Kunst, Mitleid*
mit den Mördern zu erzwingen von Jeremy Adler.
Nehmen Sie kritisch Stellung zu der These, ob Bernhard Schlink mit seinem
Roman *Der Vorleser* Lessings Botschaft des Dramas *Emilia Galotti* auf den
Kopf stellt.

Die **Vorgehensweise** bei der Bearbeitung von Erörterungsaufgaben
im Anschluss an Sach- oder literarische Texte entspricht derjenigen im
vorigen Abschnitt mit der Ausnahme, dass die Argumente nicht alle frei
generiert werden müssen, sondern z. T. schon im Vorlagetext enthalten
sind. Wie im Kapitel zur Analyse von Sachtexten schon gesagt, darf sich
der argumentative Horizont jedoch nicht auf den betreffenden Vorlagetext beschränken, sondern muss deutlich darüber hinausgehen.

Auch hier ist für das Gelingen der Arbeit entscheidend, dass man die
Arbeitsaufträge und Signalwörter erkennt und richtig umsetzt. So geht
es auch in den folgenden Beispielen aus unterschiedlichen Bundesländern grundsätzlich um antithetisches Erörtern:
a) „Erörtern Sie (…), inwiefern Sprache der Regelhaftigkeit bedarf.
b) „Nehmen Sie kritisch Stellung zu der These, ob Bernhard Schlink (…)
   die Botschaft (…) auf den Kopf stellt.“

Hieraus lassen sich die beiden antithetischen Positionen des Aufsatzes
entwickeln:
a) – Sprache bedarf in vielen Fällen der Regelhaftigkeit.
   – Sprache kann in bestimmten Bereichen auch auf Regelhaftigkeit
     verzichten.
b) – Bernhard Schlink setzt Lessings Postulate um.
   – Bernhard Schlink setzt sich über Lessings Botschaft hinweg.

Stellungnahme – Statement

In einigen Bundesländern kann im Anschluss an die Analyse eines
Sachtextes (→ Seite 172 ff.) als erweiterter Schreibauftrag eine Stellungnahme oder ein Statement verlangt werden. Dabei handelt es sich
im Grunde genommen um eine sehr kurz gehaltene Erörterung, und es

4.3 Erörtern und Argumentieren im Anschluss an Sachtexte

gelten im Wesentlichen dieselben Begrifflichkeiten und Arbeitsschritte wie bei der Erörterung im Anschluss an Sachtexte (→ Seite 211 f.).

Statement (Entlehnung aus dem Englischen: Erklärung/Verlautbarung) meint die Stellungnahme zu einem aktuellen Problem. Das Statement ist eigentlich der mündlich vorgetragene Eingriff in eine öffentliche Debatte, wobei eine Meinung präzise formuliert und oft zugespitzt begründet wird. Im Gegensatz zur Rede handelt es sich um einen Beitrag, der zwar vorher zumindest skizziert sein sollte, bei dem der Sprechende aber auch in der Lage sein muss, Diskussionsaspekte aus einer laufenden Debatte in das eigene Statement kurzfristig einzubeziehen.

Für das Entwickeln einer Stellungnahme oder eines schriftlichen Statements sind folgende Schritte günstig:

→ Intensive Auseinandersetzung mit dem im Text behandelten Gegenstand oder Problem (Benennen der im Text vertretenen Position/ Benennen möglicher anderer Positionen zum selben Sachverhalt);

→ Entwickeln der eigenen Position (wesentliche Argumente/Gewichtung nach den mich selbst leitenden Aspekten), Stichworte notieren;

→ Ausformulieren der Stellungnahme/des Statements: Skizzierung der Position des zu analysierenden Textes; Begründungen für die eigene Position unter Bezug auf die Textgrundlage bzw. andere bekannte Positionen zum Gegenstand.

Essay

Der Essay wurde in jüngster Zeit bereits in manchen Bundesländern als Aufsatzform des argumentierenden Schreibens eingeführt. Hierbei handelt es sich – zumindest im Abitur – um eine Abhandlung mittlerer Länge (manchmal im Umfang sogar auf eine bestimmte Wortzahl begrenzt), die im Gegensatz zum rein sachlichen und faktenbezogenen Erörtern die **subjektive Haltung des Verfassers** widerspiegelt.

Im Gegensatz zur Erörterung verfolgt der Essay nicht das Ziel, alle für das betreffende Thema relevanten Aspekte und Standpunkte möglichst vollständig zu beleuchten, sondern leistet sich eine subjektive Auswahl, einen eigenen gedanklichen Pfad, der dem Geschmack und Stil des Verfassers entspricht. So arbeitet der Essay auch mit Seitenblicken auf Randgebiete des behandelten Themas, doch darüber hinaus baut e durchaus umfangreichere **Exkurse** aus, um am Schluss an ein gedank liches Ziel zu kommen. Der Essay möchte, ebenfalls anders als di Erörterung, den Rezipienten nicht rein kognitiv überzeugen, sonder eher durch eine auch stilistisch-ästhetische Gestaltung des Textes ein Stimmung erzeugen. Essayistisches Schreiben ist auch unterhaltsame Schreiben: Die gezielte Verwendung **rhetorischer Mittel**, der Einsat von Humor, aber auch **Sarkasmus** oder anderer Stimmungslagen soll de Leser mitnehmen auf einen gedanklichen Weg.

Dabei darf nicht außer Acht gelassen werden, dass der Essay eine **wis senschaftsbezogene Herkunft** hat, und folglich – anders als etwa di Glosse – **faktenorientiert** vorgeht. Ein genaues Studium unterschiedli cher Quellen zum Thema ist also für die Abfassung eines gehaltvoller Essays unabdingbar.

In der Abiturprüfung bildet daher stets ein Dossier aus unterschied lichsten linearen und nicht-linearen Texten die Grundlage für die Ent wicklung eines eigenen Standpunktes. Diese beigefügten Materialie (Sachbuchtexte, Lexikoneinträge, Kommentare, Grafiken, Schaubilde etc.) müssen von den Schülern gründlich durchdrungen und ausgewer tet werden, sie **müssen** in der Regel auch inhaltlich Eingang in den Essay finden und sind nicht nur gedankliche Hilfestellung.

Die grundsätzlichen Arbeitsschritte bei der Abfassung des Essays ent sprechen weitgehend denen des Statements (→ Seite 212 f.), doch spieler hier zusätzlich die planvolle Verwendung sprachlicher Gestaltungsmitte sowie die Entwicklung eines eigenen, erkennbaren Stils eine wichtige Rolle bei der Bewertung.

| Checkliste | **Erörtern – Argumentieren** |

Erfassen des Themas
→ Welcher Problemhorizont verbindet sich mit der Fragestellung?
→ Welche Aussagen sind strittig?

4.3 Erörtern und Argumentieren im Anschluss an Sachtexte

Checkliste

→ Finden sich in der Fragestellung Hinweise für die Bearbeitung (linear, antithetisch oder dialektisch)?
→ Kenne ich den Verfasser des Textes (bei Textvorlage)?
→ Welche Meinung/Position vertrete ich zum Thema?

Erschließung des Textes (→ Kapitel 3)

Stoffsammlung
→ Was fällt mir spontan zu diesem Thema ein (Brainstorming)?
→ Welche Schlüsselbegriffe der Themenstellung kann ich mit Inhalten füllen?
→ Welche Informationen kenne ich aus den Medien?
→ Welcher aktuelle Bezug ergibt sich?

Gliederung
→ Wie muss ich entsprechend der Aufgabenstellung Erörterung und Analyse gewichten?
→ Welche Form der Gliederung – linear, antithetisch oder dialektisch – eignet sich für den Aufsatz? Sind meine Argumente sinnvoll angeordnet (fallend – steigend)?
→ Welche Thesen kann ich formulieren?
→ Welche Überzeugungskraft haben die Argumente?
→ Passen Thesen, Beispiele und Argumente zusammen?

Niederschrift und abschließende Kontrolle
→ Welcher Einleitungsgedanke würde mich als Leser ansprechen, mitziehen und interessieren? Passt er zum Thema?
→ Habe ich aus dem Einleitungsgedanken die Themafrage schlüssig abgeleitet?
→ Bestehen meine Argumente aus den obligatorischen Bausteinen „Behauptung", „Erläuterung", „Beweisführung/Beleg", „Schlussfolgerung/Rückführung"?
→ Steht auch wirklich das stärkste Argument am Schluss?
→ Ist meine Synthese auch wirklich eine abschließende Abwägung und nicht nur eine Wiederholung der wichtigsten Argumente?
→ Ist meine Darstellung sachlich?

Stichwortverzeichnis

A

Abenteuerroman   147–148
absurdes Theater   164–165
Allegorie   187
Alliteration   187
Anakoluth   187
Anakreontik   21, 28, 30, 139
analytisches Drama   67, 158
Anapher   187
Anglizismen   102
Anrede   188
Anspielung   188
Antiheld   69
Antithese   188
Arbitrarität   94
Argument   198
Argumentation   197–204
aristotelisches Drama   44, 160–162
Arnim, Achim von   51
Arnim, Bettina von   31
Artusepik   14
Assonanz   142, 188
Asyndeton   188
Athenäums-Fragment Nr. 116   50
Aufgabenarten   119
Aufklärung   22–30, 142
Aufzählung   188
Ausruf   189
Autor   146

B

Bachmann, Ingeborg   82, 85
Ballade   31, 38, 55, 72, 76, 139
Barock   17–20, 142
Becher, Johannes Robert   82
Becker, Jurek   84
Beckett, Samuel   164
Benn, Gottfried   80

Bergengruen, Werner   80
Berlin Alexanderplatz   76
Biedermeier   53–56
Bildlichkeit   141
Bildungsroman   39, 85, 147–148
Boas, Franz   105
Böll, Heinrich   82, 84
Borchert, Wolfgang   81
Börne, Ludwig   53
Brecht, Bertolt   76, 77, 80, 82,
   159–160
Brentano, Clemens   47, 51
Briefroman   28, 31, 37–38
Buchdruck   14, 41, 73
Büchner, Georg   54, 59, 72, 76
Bühler, Karl   96
Bürger, Gottfried August   34, 48
bürgerliches Trauerspiel   28, 30, 158

C

Chiasmus   189
Chiffre   46, 50
Chomsky, Noam   107
Chor   44
Clavigo   37
Code   95
Collage   165

D

Das Amulett   65
Das Käthchen von Heilbronn   51
Das Parfum   86
Das siebte Kreuz   80, 87, 88
DDR-Literatur   82
Defoe, Daniel   28
*Der Bauer an seinen Durchlauchtigen
   Tyrannen*   34
Der Biberpelz   71

Stichwortverzeichnis   **217**

Der blaue Engel 76
Der Gott und die Bajadere 45
Der grüne Heinrich 60, 65
Der Heilige 65
*Der Hofmeister oder Vorteile der
   Privaterziehung* 37
*Der kleine Unterschied und seine
   großen Folgen* 85
Der Ring des Polykrates 45
Der Schimmelreiter 65
Der Schuß von der Kanzel 65
Der Stellvertreter 85, 165
Der Taucher 45
Der Untertan 76
Der Zauberlehrling 39, 45
*Des Knaben Wunderhorn – Alte deut-
   sche Lieder* 51
Dialekt 100
Dialoganalyse 168
didaktische Literatur 17, 23, 29
Die Braut von Korinth 45
Die Braut von Messina 156
Die Bürgschaft 45
Die Ermittlung 164
Die Familie Selicke 70
Die Jungfrau von Orleans 43, 156
Die Kindsmörderin 32, 37
Die Kraniche des Ibykus 45
Die Leiden des jungen Werther 32,
   37 f.
Die Leute von Seldwyla 65
Die Physiker 81
Die Räuber 32, 37
Die Soldaten 37
*Die Verwirrungen des Zöglings
   Törleß* 76
Die Wahlverwandtschaften 44 – 45
Die Weber 71
Die Zwillinge 37
Diminutiv 189
Dinggedicht 65, 139
Dingsymbol 149
Döblin, Alfred 76, 77, 80
dokumentarische Literatur 85

Don Carlos 43, 156
Drama 65, 70, 76, 155 – 168
Dr. Katzenbergers Badereise 44
Droste-Hülshoff, Annette von 55
Dürrenmatt, Friedrich 81

E
Egmont 156
Eichendorff, Joseph Freiherr von 47
Eich, Günther 81
Einheiten, die drei 70, 161
Einleitung 128 – 130
Elegie 139
Ellipse 75, 189
Emblem 21
Emilia Galotti 28, 30
Empfänger 94
Enjambement 189
Enzensberger, Hans Magnus 82
Epigramm 28
Epik 146 – 153
Epipher 189
episches Theater 159, 163
Epocheneinteilung 10 – 13
Epochenumbrüche 10
Er ist's 55
Erlebnislyrik 31, 37
erlebte Rede 151
erzählende Texte 146 – 153
Erzähler, fiktiver 146
Erzählerstandort 151
Erzählform 150
Erzählhaltung 149
Erzählperspektive 150
Erzähltempus 152
erzählte Zeit 151
Erzählverhalten 149 – 150
Erzählzeit 151
Essay 173
Euphemismus 189
Exilliteratur 77, 79
Experimenteller Roman 148
Expressionismus 72 – 76, 143

F

Fabel 28
Fallersleben, Heinrich Hoffmann
  von 54
Familienstück 55
Faust 11, 44, 156
Feature 77
Feuchtwanger, Lion 77, 80
Feuilleton 58
Fichte, Johann Gottlieb 48
Figurendrama 159
Flegeljahre 44
Fleming, Paul 18
Flugblatt 173
Fontane, Theodor 64
Formulierungshilfen 176
Frankfurter Hymnen 38
Frauenbewegung 85
Frauenbild 49
Frauenroman 31
Freiligrath, Ferdinand 54, 60
Freud, Sigmund 79
Freytag, Gustav 65, 161
Frisch, Max 84
Frühromantik 46

G

Gebrauchslyrik 77
Gedankenlyrik 28, 39
Gedicht 137–143
Gedichtformen 139–140
Gedichtinterpretation 137–143
Gedichtinterpretation, Bei-
  spiel 132–136
Gegenwartsliteratur 83–86
Geniekult 32, 33, 36
Gerhardt, Paul 18
*Geschichte des Fräuleins von Stern-
  heim* 31
Geschichtsdrama 39
Gliederung 128–130, 199
Glosse 173
Goethe, Johann Wolfgang von 32,
  35, 37, 39, 43, 45–46, 138, 156

Gotthelf, Jeremias 55
Göttinger Hain 38, 48
Gottsched, Johann Christoph 7, 29
Götz von Berlichingen 32, 35, 37
Grabbe, Christian Dietrich 55, 59
Graf, Oskar Maria 80
Grass, Günter 84, 88, 164
Greiffenberg, Catharina Regina
  von 18
Grillparzer, Franz 55
Grimmelshausen, Hans Jakob Chri-
  stoffel von 18, 20
Grimm, Jacob 47, 51, 61
Grimm, Wilhelm 47, 51, 61
Groteske 81, 157
Grünbein, Durs 88
Gryphius, Andreas 18
Günderrode, Karoline von 31
Gutenbergs Bibeldruck 14
Gutzkow, Karl 53, 59

H

Hahn, Ulla 85
Hamburgische Dramaturgie 7, 30
Handke, Peter 164
Handlungsdrama 158
Hardenberg, Friedrich von 47
Hartmann von Aue 15
Hauptmann, Gerhart 68, 70–71
Hausmärchen 51
Hebbel, Friedrich 60, 64–65
Hegel, Georg Wilhelm Friedrich 57
Heine, Heinrich 53, 54, 59
Heldenepik 14, 51
Herder, Johann Gottfried von 39,
  104–105
Hermann, Judith 90
hermetische Literatur 82
Herwegh, Georg 53, 59
Hesse, Hermann 77
Heym, Stefan 84
Hildebrandslied 15
Hildesheimer, Wolfgang 164
Hiller, Kurt 72

Stichwortverzeichnis

Historischer Roman 148
Hochhuth, Rolf 85, 165
Hochromantik 47
Hoffmann, E.T.A. 47
Hoffmannswaldau, Christian Hofmann von 18
höfische Dichtung 14–16
höfische Epik 14
Holz, Arno 68–71
Horváth, Ödon von 77
Humanismus 17, 42
Humboldt, Wilhelm von 42, 104–105
Hume, David 23
Humor 44, 63
Hymne 140
Hyperbel 190
Hypotaxe 190

I
Idealismus 41
Ideendrama 39, 158
Idiolekt 100
Idylle 54
Im Schloß 65
In der Sache J. Robert Oppenheimer 85
ingenium 36
innere Emigration 80
innerer Monolog 151
Interjektion 75
Interpretationsmethoden 9
Interpretation, werkimmanente 8
Intertextualität 86
Inventur 81
Inversion 190
Ionesco, Eugène 164
Iphigenie auf Tauris 39, 43, 156
Ironie 50, 190

J
Jandl, Ernst 140
Jean Paul 44
Jelinek, Elfriede 85, 89

Jenaer Romantik 46
Johnson, Uwe 84
journalistische Texte 58–59
Jugendsprache 100
Junges Deutschland 52–53, 56–59

K
Kabale und Liebe 37
Kafka, Franz 11
Kant, Immanuel 24, 36, 41
Kästner, Erich 72, 76, 77, 80
Kehlmann, Daniel 89
Keller, Gottfried 60, 64, 65
Keun, Irmgard 77
Kipphardt, Heinar 85, 164
Kirsch, Sarah 84, 85
Klammerreim 142
Klang 142
Klassik 39–45, 142
Klausur, Verfassen der 128, 145
Kleist, Heinrich von 51
Klimax 190
Klinger, Friedrich Maximilian 32, 35, 37
Koeppen, Wolfgang 84
Kolumne 173
Kommentar 173
Kommunikation 94–97
Komödie 28, 157
Konkrete Poesie 83, 140
Kontext 139
Kraniche des Ibykus 39
Kraus, Karl 77
Kreuzreim 142
Kunert, Günter 84
Kunze, Rainer 84

L
Laube, Heinrich 53, 59
Leben des Galilei 80
Lebert, Benjamin 90
Lehrgedicht 28, 39
Lehrstück 77
Leitmotiv 149

Lenz, Jakob Michael Reinhold 35–37
Lenz, Siegfried 84
Leser 146
Leserbrief 174
Leser, fiktiver 146
Lesestrategien 122
Lessing, Gotthold Ephraim 7, 29
Literatur, Begriff 6–8
Litotes 190
Lustspiel 30
Lyrik 137–143
Lyrik, politische 14, 56, 59, 72, 76
lyrisches Ich 137

M

Mächtiges Überraschen 45
Mann, Heinrich 76, 80
Mann, Klaus 80
Mann, Thomas 77, 80
Märchen 46, 51, 55
Maria Magdalena 60, 65
Maria Stuart 39, 43, 96–97, 156
Massenmedien 79, 110–116
Medienkritik 110–116
Mehrsprachigkeit 102
memento mori 19
Menschheitsdämmerung 75
Merseburger Zaubersprüche 138
Metapher 191
Metrum 44, 75, 137, 141
Meyer, Conrad Ferdinand 64, 65
Migrantenliteratur 85
Milieustudie 68–70
Mind-map 199
Minna von Barnhelm 30
Minnesang 14, 138
Miß Sara Sampson 30
Modalität 151
Moderne 67
Montagetechnik 83, 165
Mörike, Eduard 55
Moritz, Karl Philipp 39
Mundt, Theodor 53, 59

Musenalmanach 45
Musil, Robert 76

N

Nachahmungstheorie 108
Nach Damaskus 76
Nachkriegsliteratur 81
Nathan der Weise 26, 30
Nativismustheorie 107–108
Naturalismus 66–70
Neologismus 75, 191
Nestroy, Johann Nepomuk 55
Neuber, Friederike Caroline 30
Neue Sachlichkeit 77–79
Neue Subjektivität 85
Nibelungenlied 15, 51
nichtaristotelisches Drama 56, 59, 70, 159, 163–164
Nietzsche, Friedrich 73
Novalis 47
Novelle 55, 59, 60, 64

O

Ode 18, 21, 140
Opitz, Martin 7, 18, 21
Organonmodell 96–97
Originalität 36
Oxymoron 191

P

Paarreim 142
Papa Hamlet 70
Parabel 72, 76
Paradoxon 191
Parallelismus 191
Parataxe 192
Parenthese 192
Parodie 174
Parzival 15
Patrouille 75
Periphrase 192
Personifizierung 192
Phantasus 59
Pietismus 22, 26, 31, 35
Pinthus, Kurt 75

Stichwortverzeichnis 221

Plautus im Nonnenkloster 65
Plenzdorf, Ulrich 84
Poetiken 7–8, 36, 138
Pole Poppenspäler 65
Popliteratur 90–92
Positivismus 68
Postmoderne 85–86
prodesse et delectare 7, 28
Professor Unrat 76
Prometheus 33
psychologischer Roman 67, 70

R

Raabe, Wilhelm 64
Raimund, Ferdinand Jakob 55
Raumgestaltung 151, 168–169
Realismus 60–65
Rede 174
Regiolekt 100
Reihung 75
Reim 75, 142
Reinig, Christa 85
Reisebrief 56–58
Reiseroman 148
Relativitätsprinzip, sprachliches 105
Remarque, Erich Maria 80
Renaissance 16
Reportage 77
Rezension 174
Rhetorische Frage 193
Rhythmus 137
Richter, Johann Paul Friedrich 44
Ringparabel 26
Ritterroman 148
Robinsonade 148
Roche, Sophie von La 31
Rokoko 20, 28
Roman 147–148
Romantik 46–51, 142
romantische Ironie 50
Romantypen 148
Rousseau, Jean Jacques 35
Rührstück 55

S

Sachtextarten 172–173
Sapir-Whorf-Hypothese 105–107
Satire 81, 174
Schachnovelle 80, 87, 88
Schäferlyrik 28
Schelling, Friedrich 48
Schelmenroman 18, 148
Schiller, Friedrich von 32, 37, 39, 41, 44–45, 96, 156
Schlafes Bruder 86
Schlaf, Johannes 68–70
Schlegel, August Wilhelm 47
Schlegel, Friedrich 47, 50, 126
Schneider, Robert 86
Seghers, Anna 80, 82
Seidel, Ina 80, 87, 88
Sender 94
Sesenheimer Lieder 32, 38
Shakespeare, William 32
Simplicissimus Teutsch 18, 20
Soll und Haben 65
Sonett 18, 21, 140
Song 72, 76
Sozialistischer Realismus 82, 83
Soziolekt 100
Spätromantik 47
Sprachfamilien 97–99
Sprachgeschichte 97–99
Sprachgesellschaften 21, 101
Sprachkritik 101–102
Sprachpflege 101–102
Sprachpurismus 102
Sprachskepsis 81, 85
Sprachvarietäten 97–98, 100
Sprechwerkzeuge 97
Stabreimdichtung 14
Ständeklausel 30, 71
Standort des Erzählers 151
Stationendrama 158
Statische Gedichte 80, 87, 88
Stella 37
Stifter, Adalbert 55
Storm, Theodor 64, 65

Stramm, August   75
Strophe   141
Struck, Karin   85
Stuckrad-Barre, Benjamin von   90
Sturm und Drang   31 – 37, 37
Surrealismus   81
Symbol   46, 193
Syntax   142, 152

T

Tagelied   14
These   198
Tieck, Ludwig   47, 59
Torquato Tasso   43, 156
Tragikomödie   83
Tragödie   28, 29, 157
Trivialroman   148 – 149
Trümmerliteratur   81
Tucholsky, Kurt   72, 76, 77

U

Über Anmut und Würde   41
Über die ästhetische Erziehung des Menschen   41
umarmender Reim   142
Umgangssprache   69, 100
Universalgrammatik   107 – 108
Universalpoesie   49

V

vanitas   19
Varnhagen, Rahel   31
Vergleich   179, 193
Vers   137, 141
Versmaß   43, 75, 137, 141
Volkslied   46, 51
Volksmärchen   51
Volkspoesie   46
Volksstück   55
Vorausdeutung   152
Vormärz   53, 56 – 59
Vor Sonnenaufgang   71
Voß, Johann Heinrich   35, 38

W

Wackenroder, Wilhelm Heinrich   47
Wallenstein   39, 43, 156
Wallraff, Günter   85
Walser, Martin   84
Walther von der Vogelweide   15, 138
Warten auf Godot   164
Weimarer Klassik   39 – 45
Weise des Dichters   126
Weiss, Peter   164
Wendeliteratur   87
Werfel, Franz   80
Wessobrunner Gebet   138
Whorf, Benjamin Lee   105
Widmer, Urs   89
Wiederholung   193
Wieland, Christoph Martin   39
Wilhelm Meisters Lehrjahre   39, 44
Wilhelm Tell   43, 156
Winckelmann, Johann Joachim   42
Wohmann, Gabriele   85
Wolf, Christa   84, 87
Wolfram von Eschenbach   15 – 16, 138
Wortwahl   141, 152
Woyzeck   59, 76

Z

Zeh, Juli   90
Zeichen, sprachliches   93 – 94
Zeitdeckung   152
Zeitdehnung   152
Zeitgestaltung   151
Zeitraffung   152
Zeitroman   149
Zeitsprung   152
Zeitstück   77
Zensur   27, 40, 53, 56 – 57
Zuckmayer, Carl   77
Züricher Novellen   65
Zweig, Arnold   80, 82
Zweig, Stefan   77

Literaturverzeichnis

Anders, Günther, Der Blick vom Turm. Fabeln. 3. Auflage 1984. Verlag C.H.BECK, München

Äsop: Wolf und Lamm. Zitiert nach: Lesebuch. 6. Schuljahr. Verlag Moritz Diesterweg, Frankfurt am Main, Berlin und München 1983, Seite 156

Bichsel, Peter: Ein Tisch ist ein Tisch. Aus: Kindergeschichten, Luchterhand (= Sammlung Luchterhand 144), Darmstadt und Neuwied 1977, Seite 18–27. © Suhrkamp

Brecht, Bertolt: Anmerkungen zur Oper „Aufstieg und Fall der Stadt Mahagonny". Aus: Gesammelte Werke in 20 Bänden, Band 17, Herausgegeben vom Suhrkamp Verlag in Zusammenarbeit mit Elisabeth Hauptmann, Frankfurt am Main, Suhrkamp 1975

Bürger, Gottfried August: Der Bauer an seinen Durchlauchtigen Tyrannen (1778). Aus: Ça ira. Deutsche politische Lyrik vom Mittelalter bis zum Vormärz. Text und Arbeitsbuch. Hrsg. von Alwin Binder und Dietrich Scholle. Hirschgraben Verlag, Frankfurt am Main 1975, Teil II, Seite 28.

Goethe, Johann Wolfgang von: Mächtiges Überraschen. Aus: Goethes Werke. Band 1: Gedichte, West-Östlicher Diwan. Hrsg. von Hendrik Birus und Karl Eibl. Wissenschaftliche Buchgesellschaft, Darmstadt 1998, Seite 191

Goethe, Johann Wolfgang von: Prometheus. Aus: Echtermeyer / von Wiese: Deutsche Gedichte. Von den Anfängen bis zur Gegenwart. Auswahl für Schulen. Cornelsen Verlag, Berlin 1990, Seite 190

Jandl, Ernst: lichtung. Aus: Ernst Jandl, poetische Werke, hrsg. von Klaus Siblewski © 1997 Luchterhand Literaturverlag, München, in der Verlagsgruppe Random House GmbH.

Kant, Immanuel: Beantwortung der Frage: Was ist Aufklärung? Aus: Was ist Aufklärung? Thesen und Definitionen. Hrsg. von Ehrhard Bahr. Reclam jun., Stuttgart 1975, Seite 8 ff.

Lessing, Gotthold Ephraim: Der Wolf und das Schaf. Aus: Arbeitstexte für den Unterricht. Fabeln. Reclam jun., Stuttgart 1975, Seite 29 f.

Meyer, Conrad Ferdinand: Der römische Brunnen. Aus: Echtermeyer / von Wiese: Deutsche Gedichte. Von den Anfängen bis zur Gegenwart. Auswahl für Schulen. Cornelsen Verlag, Berlin 1990, Seite 491

Pinthus, Kurt: Menschheitsdämmerung. Ein Dokument des Expressionismus. Rowohlts Klassiker der Weltliteratur. Herausgegeben von Ernesto Grassi unter Mitarbeit von Walter Hess. Rowohlt Taschenbuchverlag, Hamburg 1980.

Stramm, August: Patrouille. Aus: Kurt Pinthus: Menschheitsdämmerung. Ein Dokument des Expressionismus. Rowohlts Klassiker der Weltliteratur. Herausgegeben von Ernesto Grassi unter Mitarbeit von Walter Hess. Rowohlt Taschenbuchverlag, Hamburg 1980, Seite 87.

Whorf, Lee: Im vorhergehenden Artikel ... Auszug aus: Sprache, Denken, Wirklichkeit. Hrsg. und übersetzt von Peter Krauser. Rowohlt, Reinbek 2003, Seite 20 f.